ANDREI STOICIU
ÉNIGMES DE LA SÉDUCTION POLITIQUE

Nous remercions le Conseil des Arts du Canada de l'aide accordée à notre programme de publication.

Illustration de la couverture: Mircea Tomescu (Roumanie)

CANADA
Humanitas
990 Picard, Montréal, Québec J4W 1S5
Téléphone/Télécopieur: (450) 466-9737
humanitas@cyberglobe.net
ISBN 2-89396-201-7

ROUMANIE
Libra
Calea Mosilor 125, Bucuresti 70314
Téléphone/Télécopieur: 40-1-222-6721
office-libra@itcnet.ro
ISBN 973-8038-07-3

Dépôt légal - 2ᵉ trimestre 2000

Imprimé au Canada

Andrei Stoiciu

Énigmes
de la séduction politique

Les élites roumaines entre 1989 et 1999

ESSAI

HUMANITAS – Libra

À la mémoire de mon grand-père cheminot,
qui m'a appris le goût des voyages
et des légendes qui séduisent les hommes.

AVANT-PROPOS

Depuis sept années déjà, nous nous sommes intéressé au problème des élites politiques roumaines, nous les avons côtoyées, nous avons travaillé avec une partie d'entre elles, que ce soit au gouvernement ou dans les médias. Nous avons mis à profit nos connaissances des instruments techniques de monitorisation des médias, d'analyse de discours, de communication institutionnelle.

Ainsi cet essai est le fruit d'un travail qui a traversé plusieurs frontières. D'abord celle qui mène un jeune chercheur formé en Occident de retour dans son pays de naissance. Ensuite, celle qui a vu le travail assidu dans le domaine de la consultance politique évoluer dans une synthèse analytique, rédigée. Enfin, celle qui permet de voir au-delà des rapports et des conclusions, des mouvements, des procédures, des échanges. Après plusieurs années de doutes, de réflexion, et d'effort, nous en sortons avec un apprentissage plus riche et plus satisfaisant que prévu.

Toutefois cet apprentissage n'aurait pas eu lieu si nous n'avions pas été séduit par la qualité de l'exemple de nos professeurs et coordonnateurs de l'Institut d'Études politiques de Paris qui nous ont accompagné dans la préparation et l'élaboration de la thèse de doctorat qui a inspiré ce livre. Nous sommes heureux d'avoir pu bénéficier de l'éclat de la présence intellectuelle et spirituelle de Mme Hélène Carrère d'Encausse lors de nos deux premières années de séminaires de doctorat. Le professeur Jacques Rupnik a attiré notre attention sur les bonnes stratégies d'analyse comparative. Quant à notre besoin de vérifier notre approche du cas roumain, il a été pleinement servi par la richesse des connaissances du professeur Catherine Durandin.

Nous remercions également le professeur Dominique Colas pour son écoute et ses remarques.

En Roumanie, nous avons pu compter sur la sollicitude et l'appui intellectuel du professeur Andrei Pleşu lors des séminaires tenus au Collège New Europe où nous avons présenté et discuté une bonne partie de nos recherches.

Pour mener à bon port cet essai, les recherches particulièrement riches mises à notre disposition par la société IDEE, spécialisée en analyse et communication politiques, se sont avérées indispensables.

INTRODUCTION

Quelles sont les élites politiques en Roumanie après 1989 ? D'où proviennent-elles ? Quels messages transmettent-elles, quel est leur répertoire d'actions ? Quelles sont les ressources à leur disposition, quels sont les enjeux importants pour elles ? Où ont-elles été recrutées et quel est leur comportement dans les arènes politiques ? De quelle façon se procurent-elles des appuis ? Quels sont leurs arguments pour asseoir la crédibilité de leur message, quels moyens utilisent-elles pour acquérir et maintenir une légitimité ? Quelle est la base politique de cette légitimité ?

Nous avons abordé cettte étude en dépassant le stade de l'analyse des partis ou des leaders politiques parce que nous croyons qu'il ne permet pas de répondre à toutes les questions que nous avons soulevées. Nous aurons l'occasion de faire valoir ce point dans la première partie.

En Roumanie plus qu'ailleurs, la géographie des intérêts politiques n'est pas saisie dans ses nuances à travers une présentation des partis politiques. Il nous faut distinguer ce qui, dans la vie politique roumaine après 1989, a conditionné la formation de nouvelles élites, ce qui a permis l'institutionnalisation de leur influence et les relations qu'elles entretiennent entre elles.

Pour cela, notre approche analytique sera double, comme une lentille à double foyer : un travail d'observation et un travail explicatif des phénomènes politiques. La description couvrira la période qui s'étend de décembre 1989 à l'été 1999 et sera en fait une cartographie des forces politiques, des enjeux, des institutions et des débats qui font l'objet de l'étude. La seconde approche visera à expliquer les phénomènes à partir de la

11

perception que les acteurs principaux en ont, à évaluer les décisions qu'ils prennent en fonction des ressources dont ils disposent et à comprendre le processus de reformulation du rapport des forces politiques en fonction des procédures et des représentations que ces acteurs utilisent.

La chute du communisme (1989) a entraîné en Roumanie des bouleversements importants, surtout sur le plan du fonctionnement des structures politiques. D'un système fermé, contrôlé par l'administration du parti communiste et, à son niveau supérieur, par les proches du dictateur Ceauşescu, la société a vu se redéfinir les structures du pouvoir.

En Roumanie, il n'y avait pas d'élite politique jouant un rôle important qui ne soit membre de l'administration du parti avant 1989. À l'époque communiste, l'État et l'administration du parti étaient les seules forces politiques agissantes. La centralisation du pouvoir était telle qu'une étude des mécanismes de l'administration de l'État et du parti, et de sa *nomenklatura* de premier rang, pouvait rendre intelligible le processus du fonctionnement du pouvoir politique dans le pays. La dictature de Ceauşescu et son régime clientéliste réduisait davantage la diversité et le nombre d'acteurs possédant un rôle réel dans le contrôle du pouvoir politique. La société roumaine a donc commencé sa transition vers la démocratie à partir d'un régime totalitaire, personnalisé, très fermé, répressif, différent de ceux des autres pays d'Europe de l'Est.

L'éclatement du système communiste n'a pas seulement renversé une dictature ; il a ouvert la voie de l'influence politique à des catégories sociales diverses, dont les rôles premiers furent des fonctions culturelles, médiatiques, administratives et économiques. Ces nouvelles élites rivalisent depuis avec les anciennes élites ou les élites politiques reconverties en vue de dominer le pouvoir politique en Roumanie. Nos observations rejoignent celles des autres analystes dans la conviction que dans des pays comme la Pologne ou la Hongrie, où une certaine marge d'autonomie de la société civile existait, des forces politiques capables de guider

12

la transition démocratique ont pu commencer à se former avant la chute du régime communiste. Avec Timothy Garton Ash et d'autres auteurs, nous pensons que la nature des régimes communistes d'avant leur chute a déterminé le caractère, le rythme et la nature de leur transition démocratique.

La théorie des élites s'est développée pour tenir compte de l'évolution des sociétés contemporaines, du pluralisme démocratique et du rôle de la société civile. Ainsi, sont considérées comme faisant partie de l'élite, les personnes détenant des fonctions importantes dans le domaine politique, économique, militaire, des communications ou académique : les personnes aptes, en vertu de leur position d'autorité dans les organisations de pouvoir et des mouvements de ce type, d'affecter les résultats politiques de manière régulière et significative[1]. Dans le cas roumain, le dictionnaire de sociologie définit l'élite comme un groupe social qui a monopolisé le pouvoir et l'autorité en les exerçant à travers une forme ou une autre de domination politique, économique, culturelle[2]. La définition classique de Pareto fait abstraction, dans l'analyse des élites, de l'aspect moral, en distinguant les individus qui en font partie des autres selon le critère valorique de performance, d'excellence dans leur domaine d'activité. Ainsi, en présupposant qu'on puisse accorder des indices à chaque individu en rapport avec sa branche d'activité, indices par lesquels nous pouvons caractériser ses capacités (de la manière dont on évalue des performances à un examen), nous attribuerons l'indice 10 à celui qui excelle dans sa profession, à celui qui gagne des millions l'indice 6 et l'indice 1 à celui qui parvient à ne pas mourir de faim[3].

---

[1] G. Michael BURTON, John HIGLEY. *Elite Settlements*. American Sociological Review, vol 52, 1987, p. 296.
[2] Cătălin ZAMFIR, Lazăr VLASCEANU (coord.). *Dicţionar de sociologie*. Bucureşti : Ed. Babel, 1992, p. 215.
[3] Vilfredo PARETO. *Traité de sociologie générale*. Paris : 1933, p. 1296.

Dans cette étude, nous allons nous pencher sur ces élites qui sont capables d'influencer régulièrement et substantiellement les résultats politiques. Nous entendons par résultat politique non seulement les échéances électorales, mais aussi les enjeux qui deviennent déterminants lors de ces échéances. Cette faculté à orienter la direction de l'actualité politique et à en déterminer les enjeux est, à notre avis, une caractéristique de l'autorité des élites.

Cette influence agit à un double niveau : des élites vers les autres élites et des élites vers le public/la majorité de la population. Le point de vue des élites, lorsqu'il est exprimé publiquement, et leurs actions sont de nature à à influencer la prise de décisions par d'autres élites, pour la poursuite ou le changement des politiques publiques adoptées. De la même façon, le régularité de cette influence est observable : par exemple, même si tous les hauts fonctionnaires du ministère X ne prennent pas systématiquement position face à une certaine politique, le cadre définitoire de celle-ci, son adoption et son application sont conditionnés par l'expérience et les opinions exprimées par ces hauts fonctionnaires. Enfin, le caractère substantiel de cette influence est déterminé par le pouvoir et la position stratégique détenus par ces élites ; sans leur appui ou dans les conditions de leur opposition, l'adoption d'une certaine politique serait problématique ou impossible.

Afin de distinguer clairement le champ de notre étude, nous allons procéder par élimination. Ainsi, un groupe de rebelles s'emparant d'un poste de télévision peut obtenir des avantages politiques substantiels, de la même façon qu'un assassin peut mettre fin au destin politique d'un grand leader mais, faute d'une organisation politique, cet acte restera isolé et n'aura pas d'effet durable. Un citoyen exprimant son vote dans un pays démocratique aura une influence régulière sur les résultats politiques mais l'évolution politique du pays ne dépendra pas d'une maniére importante de ce seul vote. Enfin, nous porterons une attention toute particulière à ces élites capables de donner une dimension publique à leur prise de position, dimension qui soulignera d'une façon marquante leur influence. Ainsi, un groupe de hauts fonctionnaires de l'administration de l'État, travaillant dans des régions différentes peuvent avoir une préférence marquée pour une certaine politique mais, pour des raisons organisationnelles et géographiques, cette position sera moins facilement communiquée que celle d'un groupe de journalistes ou d'experts réunis pour un projet commun dans une institution.

Les études récentes sur les élites en Europe de l'Est post-1989 ont abordé cette problématique à partir de trois hypothèses principales : celle que Nee[4] appelle la compensation structurelle, celle de la continuité technocratique et celle de la conversion du pouvoir. La théorie de la compensation structurelle suggère qu'avec l'apparition des nouvelles opportunités offertes par l'économie de marché, la mobilité sociale sera accrue et l'effort individuel sera le principal déterminant de la réussite économique. La théorie de la continuité technocratique soutient que l'éducation et la méritocratie jouent un rôle important qui favorise les anciennes élites managériales du secteur économique de l'État dans la transition vers l'économie de marché. Enfin, la théorie de la **conversion du pouvoir** voit les élites de l'ancienne *nomenklatura* comme les plus avantagées dans la transition vers l'économie de marché grâce à leur capacité de transformer les connaissances politiques, les relations et les informations accumulées en capital économique[5]. Disons tout de suite que notre recherche empirique sur 440 élites roumaines contredit directement cette théorie de conversion du pouvoir.

À notre connaissance, l'étude sociologique la plus ample effectuée sur l'ensemble des pays de l'Est est celle réalisée par Ivan Szelenyi : *Winners and Loosers in the transition*

---

[4] Victor NEE. «A theory of Market transition : from the redistribution to Markets in State Socialism , dans *American Sociological Review*: N⁰ 54, 1989, p. 663-681.
[5] Voir Akos RONATAS. «The first shall be last ? Entrepreneurship and communist cadres in the transition from the socialism», dans *American Journal of Sociology*, 1994.

(1988-1993). L'objectif de cette étude était de réaliser une géographie de la réussite professionnelle des élites en Europe de l'Est en comparant leur statut en 1993 à celui de 1988 et en corrélant diverses variables (comme l'éducation, l'appartenance aux niveaux supérieurs du PC, la mobilité professionnelle, etc.). L'échantillon utilisé fut délimité de la façon suivante en 1988 : les détenteurs de positions dans l'appareil gouvernemental et de parti et les directeurs des plus grandes entreprises et institutions culturelles dont la nomination nécessitait l'approbation directe du Comité central. Le total était d'environ 500-600 personnes pour des pays comme la Hongrie ou la Tchécoslovaquie et de plusieurs milliers pour l'URSS. En 1993, l'échantillon fut délimité de la façon suivante : les fonctions politiques du gouvernement, les managers des 200 plus grandes entreprises (économiques ou culturelles) du pays, les principaux responsables des partis politiques représentés au parlement. L'étude de Szelenyi a démontré que l'éducation supérieure (économique ou en sciences humaines), les relations et les connaissances personnelles, l'expérience managériale étaient des facteurs plus significatifs pour la réussite sociale en 1993 que l'appartenance antérieure à des fonctions politiques, le domicile, le sexe de l'individu. La même étude a révélé que, parmi ceux qui avaient le moins de probabilités de se retrouver parmi les nouvelles élites, se trouvaient en majorité des gens qui avaient dépassé la cinquantaine, des fonctionnaires de rang moyen, des professeurs, etc.[6] Les limites reconnues par l'auteur de cette étude sont que celle-ci offre une photographie d'une situation existante sans pourtant montrer la dynamique de la formation de ces élites, leurs réseaux de pouvoir et d'influence, les relations qu'elles entretiennent entre elles.

Il ne suffit pas, à notre avis, de substituer à la recherche des processus une focalisation de l'intérêt sur les résultats des dynamiques de redistribution du pouvoir. Ces logiques de

---

[6] *Winners and loosers in the transition*, conférence présentée par le prof. I. Szelenyi au New Europe College, 12 décembre 1997, Roumanie.

redistribution du pouvoir politique sont tranformées, façonnées par une historicité bien plus chaotique et moins fonctionnelle que ne laissent entendre les théories de la conversion du pouvoir ou de la continuité technocratique évoquées plus haut. En effet, nulle part dans ces théories n'est-il fait allusion à l'idée que ces élites – qui sont l'objet de la théorie – peuvent elles-mêmes théoriser sur leur destin, qu'elles sont en fait engagées dans une lutte continue pour modeler et redéfinir l'interprétation des circonstances qu'elles affrontent ainsi que l'interprétation de leur propre rôle.

En ce qui nous concerne, nous allons définir ces élites, qui sont capables de jouer un rôle régulier et substantiel dans l'influence des résultats politiques, de la façon suivante :

- le gouvernement et la haute administration d'État (ministres, secrétaires d'État) actuels (1999) ;
- les leaders des principaux partis politiques ;
- les députés et sénateurs qui détiennent au moins deux mandats consécutifs ;
- tous les ministres et les secrétaires d'État, depuis 1989, qui ont détenu cette fonction au moins un an ;
- les directeurs et les rédacteurs en chef ayant le pouvoir de déterminer la politique éditoriale d'un moyen de communication de masse (quotidiens nationaux, chaînes de télévision nationale, radio nationale, etc.) ;
- les managers des principales entreprises d'État ou privées, les principaux leaders de syndicats qui se sont impliqués dans la vie politique ;
- les directeurs des principaux ONG, centres d'étude d'opinion, experts de la société civile, représentants des institutions nationales impliqués dans des activités politiques.

Plusieurs études portant sur les processus de démocratisation dans les pays de l'Est identifient des paramètres au fonctionnement des élites politiques. Certaines études ont développé le concept des **arènes de la démocratie**, soit les sphères de la société qui sont critiques pour le développement démocratique. Le rôle de la société civile, l'organisation de la société politique, l'établissement d'une hiérarchie de normes prévisibles pour les actions politiques, le contrôle des institutions et le fonctionnement économique sont fréquemment évoqués sous une forme ou une autre[7].

Comment allons-nous suivre les interactions de ces acteurs dans cette analyse ? Les arènes qui nous intéressent nous ont été inspirées en partie par les travaux de Linz et Stepan[8] sur la consolidation des démocraties. Certains auteurs, comme Bailey[9], désignent par arènes politiques toutes les situations d'interaction et de compétition diverses entre acteurs politiques.

Cependant, notre objectif est d'éclairer les procédures et les ressources politiques dont font usage les acteurs afin d'en mesurer l'intégration et la convergence. Or, une vision purement comptable de ces arènes nous conduirait à chercher désespérément des moyens objectifs d'évaluation de ces ressources de types différents et à négliger le fait qu'en substituant, après la sanction de l'événement, nos propres calculs à ceux des acteurs politiques, on écarte l'autonomie de ces derniers. Nous pensons au contraire que la valeur des ressources et des procédures politiques qu'utilisent les acteurs connaît de très grandes fluctuations et que celles-ci sont façonnées à leur tour par une historicité plus chaotique que leur valeur comptable.

Les arènes dans lesquelles nous allons suivre la confrontation des acteurs doivent donc permettre de tenir compte de l'incertitude structurelle, c'est-à-dire du brouillage de repères et d'indices par lesquels ces acteurs calculent et décident leur comportement respectif. Elles doivent aussi représenter des

---

[7] Juan J. LINZ & Alfred STEPAN. *Problems of democratic transition and consolidation*. Baltimore, London : John Hopkins University Press, p. 15.
[8] *Ibid*.
[9] F.G. BAILEY. *Les règles du jeu politique*. Paris : PUF, 1971.

saillances situationnelles, selon la terminologie de Dobry[10], c'est-à-dire des points de convergence (des points d'intérêt) des calculs des acteurs en fonction de leurs ressources.

Ces arènes sont de deux natures : institutionnelle (schéma de Linz et Stepan) et situationnelle (Dobry, Bailey). Celles que nous définirons sont les suivantes : organisation politique, message politique, ressources institutionnelles contrôlées, procédures et calculs politiques (spécialement recrutement, échange et négociations) et, enfin, position par rapport aux enjeux suivants: développement démocratique, nature des rapports économiques, nationalisme et politique étrangère.

L'introduction méthodologique de la deuxième partie s'étendra non seulement aux arènes où nous allons étudier le comportement de ces élites mais aussi à la constitution des logiques sectorielles (ou logiques spécifiques) qui se caractérisent par l'implication des acteurs dans un grand nombre d'arènes.

Par ailleurs, d'autres analyses ont relevé deux dimensions importantes dans l'observation du rôle et de la fonction joués par les élites politiques : **l'intégration structurelle** et l'extension du **consensus sur les valeurs**. L'intégration structurelle mesure la proportion dans laquelle les structures de communication, de pouvoir et d'influence des groupes différents composant les élites sont intégrées[11]. Le consensus sur les valeurs implique l'accord des élites sur les règles de fonctionnement des mécanismes de négociation, les codes de conduite publique, les repères fondamentaux de la légitimité du système politique, le répertoire d'actions politiques autorisées et celui des institutions en place, le degré d'anticipation de leurs calculs d'intérêt.

---

[10] Michel DOBRY. *Sociologie des crises politiques*. Paris : Presses de la Fondation Nationale de Sciences politiques, 1992.

[11] John HIGLEY, Gwen MOORE. «Elite integration in the United States and Australia» in *American Political Science Review*, 75, 1981, pp. 581-597.

Dans les régimes totalitaires (comme celui de la Roumanie de Ceauşescu), on parle souvent d'un système d'élites unifiées idéologiquement. Dans ce système, les réseaux de pouvoir et d'influence comprennent toutes les élites et un code de conduite publique règne parmi celles-ci ; pourtant, une toute petite faction de ces élites imprègne la ligne directrice en politique, les règlements de compte. Quant à la compétition publique pour des solutions de rechange, elle est inexistante.

Dans tous les autres pays de l'Est, les révolutions qui ont mené au changement des régimes communistes ont été causées par un mélange de protestations populaires et de négociations entre élites[12]. La confrontation entre modérés et radicaux a modelé les nouveaux rapports de force à partir de la moitié des années 1980 dans tous les partis communistes des pays de l'Est, sauf la Roumanie et l'Albanie. Dans la dernière phase pré-1989, des groupes et formations d'opposition (comme Neues Forum, Civic Forum, etc.) ont réussi à négocier directement avec le Parti le transfert graduel du pouvoir. Là où existaient des groupes alternatifs (comme résultat d'une politique moins répressive) et où le pouvoir communiste était peu uni, les négociations ont été le principal moyen qui a fait que les communistes ont cédé le pouvoir à leurs adversaires politiques. Là où ces groupements alternatifs sont apparus trop tard pour se structurer, les mouvements pacifiques de rue ont déterminé le recul forcé, mais sans violence, des leaders communistes. Enfin, là où ces groupements ne sont pas apparus du tout et où l'unité monolithique du parti est restée intacte jusqu'au dernier jour (Roumanie) le problème de négociations pour transférer le pouvoir à un autre groupe ne s'est pas posé[13].

Notre prémise, dans ce travail, est que la Roumanie post-1989 a vu l'éclatement d'un système politique centralisé, fonctionnant avec des élites unifiées idéologiquement, sans place pour les contre-élites. Notre hypothèse est que ce système s'est

---

[12] Timothy Garton ASH. *The Magic Lantern*. London : Vintage Books, 1990.
[13] *Sfera Politicii*, N° 22, novembre 1994.

transformé en un système politique où règne un consensus valorique relatif, peu intégré structurellement.

Dans les nouvelles démocraties, les analystes s'accordent à dire que le consensus valorique est absent lorsque des élites importantes et influentes nient la légitimité du régime existant et entretiennent une suspicion permanente par rapport aux élites qui contrôlent le pouvoir. Chacun des groupes différents qui constituent les élites considère que le processus démocratique est soutenu par ses opposants, seulement lorsqu'il ne menace pas ses intérêts fondamentaux. Dans ces conditions, la polarisation est entretenue par les soupçons permanents qui règnent entre les élites, brouillant un processus de négociations transparent et rendant le système politique peu intégré, éminemment vulnérable à toute crise de légitimité. C'est notre hypothèse pour le cas roumain.

La convergence valorique est perçue par nombre d'analystes comme un élément fondamental de la stabilité des nouvelles démocraties et de leur consolidation[14]. En Roumanie, ce relatif consensus valorique se traduit par l'existence de structures et d'institutions démocratiques, par l'acceptation de leur légitimité par toutes les élites, par leur accord sur les repères fondamentaux du fonctionnement du système politique (démocratie par exemple), et aussi par l'absence de normes communes pour le fonctionnement efficace des structures/institutions démocratiques. Ce consensus valorique des élites est miné par la polarisation en miroir[15] (allant jusqu'au mimétisme de leur discours politique et des enjeux qu'il définit), par le peu d'intégration de leurs structures d'information, d'influence et de pouvoir, par l'enclavement de leurs secteurs

---

[14] «Elites transformation and Democratic Regimes» in John HINGLEY, Richard GUNTHER, *Elites and Democratic consolidation in Latin America and Southern Europe*. Cambridge University Press, 1992, pp. 1-37.

[15] Ainsi le discours radical contre le FSN sera construit de la même facon que celui en sa faveur, l'électorat nationaliste roumain aura les mêmes caractéristiques sociodémographiques que l'électorat nationaliste des minorités, etc. Voir plus loin.

d'intérêts. Le tout nuit fortement à la cohérence, à l'efficacité et à la transparence des décisions politiques adoptées.

Nous croyons que ce qui déterminera principalement l'évolution de la démocratie roumaine dans les prochaines années est la capacité des élites actuelles à admettre une intégration structurelle accrue, dans les conditions où leur consensus valorique sera un enjeu important à être réglé par voie de négociations.

En somme, notre analyse part de la prémisse que les élites politiques roumaines post-1989 ont partagé un consensus valorique parce qu'elles provenaient pour la plupart des élites unifiées idéologiquement dans le système totalitaire qui les a précédées. Ce consensus valorique s'est exprimé par le soutien à la création d'institutions et de structures permettant le passage à une démocratie et à une économie de marché et par un accord consensuel sur le mode de fonctionnement (procédures, répertoire d'actions) du système politique.

Nos hypothèses sont les suivantes :

1) ce *consensus valorique* a été accompagné d'une très faible intégration structurelle de ces élites, de leurs réseaux de pouvoir et d'influence et d'une polarisation en miroir de leurs discours politiques et des enjeux qu'ils définissent;

2) cette faible *intégration structurelle* a contribué à la transition démocratique, mais elle nuit au renforcement de la légitimité, de la transparence, de la stabilité, et au fonctionnement efficace du système politique en place.

Aux termes de notre démonstration, nous pourrons expliquer la logique de la distribution du pouvoir politique, ainsi que le type, les calculs, les représentations et le fonctionnement des intérêts et des relations que 440 élites politiques roumaines ont établis. Nous orienterons notre réflexion sur les rapports existant entre ces élites, leurs stratégies d'échange politique et de communication publique, les enjeux

22

qu'elles estiment cruciaux pour leur engagement et le répertoire d'actions qu'elles utilisent pour faire valoir leurs intérêts.

PREMIÈRE PARTIE

ÉVOLUTIONS POLITIQUES

CHAPITRE PREMIER

L'ÉCLATEMENT D'UN SYSTÈME (1989-1990)

La Révolution

Le 16 décembre 1989, à Timişoara, ville située près des frontières yougoslaves et hongroises, une foule d'environ deux cents personnes se réunit pour défendre un pasteur hongrois menacé de mutation disciplinaire.

Le 17 décembre, lors d'une réunion du Comité central du parti, Ceauşescu ordonne une répression sans pitié. Les troupes spéciales de la Securitate viennent renforcer les unités de la milice. Les ouvriers se joignent aux manifestants et c'est pendant cette journée qu'on enregistre les premiers morts par balles. Au cours des journées suivantes, le nombre de manifestants atteint 100 000 et ces derniers prennent le contrôle de la ville. Devant la délégation du premier ministre envoyé de Bucarest par Ceauşescu, les habitants de Timişoara ne demandent rien de moins que la démission de tous les dirigeants communistes. Malgré le fait que la répression continue (une quarantaine de cadavres sont incinérés), la foule parvient à chasser les unités de la Securitate de Timişoara[1].

Le 21 décembre, la révolte se propage dans les rues de Bucarest. Pendant la nuit, plusieurs dizaines de Bucarestois sont tués sur les barricades. Le 22 décembre, une foule de plusieurs centaines de milliers de personnes prend d'assaut le palais du Comité central ; le couple Ceauşescu s'enfuit, l'armée se solidarise avec le peuple révolté.

---

[1] Voir le rapport de la Commission d'enquête publié dans *Evenimentul Zilei*, N° 325, 19 juillet 1993.

Quelques heures après la chute de Ceauşescu, la télévision roumaine annonce la formation d'une nouvelle organisation du pouvoir, le Front du Salut national (FSN) qui réunit toutes *«les forces saines du pays»* et dont le but est *«d'instaurer la liberté, la démocratie et la dignité du peuple roumain»*. Sous cette appellation, se retrouve dans le studio 4 de la télévision un groupe très hétéroclite. Il y a là d'anciens membres du Comité central du parti (Alexandru Bârlădeanu, Corneliu Mănescu, Ion Iliescu), des gens du cinéma, et des poètes (Mircea Dinescu, Ion Caramitru, Sergiu Nicolaescu, Ana Blandiana), des figures importantes de l'administration de l'État (le général Guşă et Stănculescu, l'ancien conseiller de Dej, Silviu Brucan), les dissidents les plus connus du pays (Doina Cornea, le pasteur Tokes), et des visages inconnus (dont Petre Roman). Parmi eux, Ion Iliescu est choisi, du fait de son expérience, pour lire le communiqué du FSN. Le FSN (Front du Salut national) déclare tout d'abord ne pas être un parti politique, mais un organisme chargé d'assurer la transition du pays vers la démocratie.

Les ennemis désignés de cette transition à ses débuts sont les terroristes. C'est ainsi que la télévision, à l'occasion de chaque événement, nomme ceux qui s'opposent au changement de régime. Qu'il s'agisse de l'arrière-garde de Ceauşescu, de fanatiques décidés à défendre leur peau ou de diversionnistes, la nature de ces opposants reste inconnue pendant ces journées. Mythisés, ces ennemis deviennent les représentants du régime politique passé et la frontière qui les sépare des leaders actuels devient infranchissable. Le nouveau pouvoir politique base sa première légitimité sur cette séparation imaginaire entre passé et présent.

Dans ce qui reste un des épisodes les plus mystérieux de l'histoire roumaine récente, plusieurs groupes se disputent le pouvoir, les armes à la main, dans les rues des principales villes du pays. À Constanţa, à Târgovişte et à Bucarest, il existe plusieurs témoignages de terroristes étrangers, arrêtés (ils se sont évadés par la suite), ou tués au combat aux côtés des fidèles de Ceauşescu[2].

Le nouveau pouvoir reçoit l'appui des généraux de l'armée et du ministère de l'Intérieur. Au cours d'une déclaration à la télévision nationale, présentée par Ion Iliescu, on fait valoir que «... *la priorité absolue est donnée à la lutte contre les terroristes. L'existence de ceux-ci, leur organisation... est une preuve supplémentaire du caractère antipopulaire de la dictature de Ceauşescu... toute l'armée et la plupart des unités du ministère de l'Intérieur agissent contre les terroristes*»[3].

En somme, les nouveaux leaders politiques se déclarent «populaires» et le fait, pour eux, de désigner leurs adversaires comme des représentants du régime passé escamote la question de leur propre légitimité.

Le 25 décembre, le couple Ceauşescu est arrêté et exécuté après un procès sommaire. Outre un procureur et un avocat, le Tribunal est formé de représentants du CNFSN : Virgil Măgureanu, Victor Atanasie Stănculescu (alors ministre de la Défense) et Gelu Voican Voiculescu. Une partie du déroulement du procès et l'exécution du couple sont présentés sur la chaîne nationale de télévision dans la nuit symbolique du 25 décembre. Selon Iliescu, «...*le procès et la sentence contre les époux Ceauşescu ont eu une motivation fondamentale, liée à la responsabilité de la catastrophe dans laquelle ils ont poussé le pays. Dans les circonstances données, cela représentait une mesure nécessaire pour mettre fin au conflit qui provoquait continuellement des pertes de vies humaines*[4]».

Les décisions subséquentes du CNFSN confirment les premières nominations politiques ; Petre Roman, un ingénieur formé en France, devient premier ministre.

---

[2] Voir *Express magazin*, 15-21 mai, 1991.

[3] Domniţa STEFANESCU. *Cinci ani din Istoria României*. Bucureşti : Editura Maşina de Scris, 1995, p. 33.

[4] Ion ILIESCU. *Momente de Istorie*. Bucureşti : Editura Enciclopedică, 1995, p. 28-29.

Près de 1300 personnes meurent, victimes des combats entre le 16 et le 31 décembre 1989. Le consensus national est total en ces journées. La télévision n'a de cesse de présenter des témoignages de gens venus de tous les coins du pays, qui racontent leur calvaire, leur souffrance sous la dictature de Ceauşescu. Les directeurs des services publics prennent l'engagement de servir désormais l'intérêt de la démocratie, de la Révolution, du peuple, et non plus de la clique du dictateur. Les responsables des services commerciaux et d'alimentation racontent comment les directives du pouvoir les obligeaient à exporter les meilleurs produits et à réserver les autres pour la population locale.

On assiste alors à un phénomène intéressant, l'apparition de la Révolution sans ennemis. Les terroristes arrêtés disparaissent des yeux du public, alors que l'armée et les services de sécurité se hâtent de décliner toute responsabilité dans la répression des premiers jours. Le consensus sur la culpabilité du dictateur (dont le nom est écrit en caractères minuscules pendant des semaines dans la presse) est total. Son exécution ne provoque aucun questionnement réel. Dans un discours télévisé, le 26 décembre, Iliescu présente les lignes générales de l'action qu'envisage le FSN. Il insiste sur la particularité de la Révolution, «...*résultat d'une action spontanée des masses*». Il enjoint les administrations centrales à retourner au travail, les rassure, leur demande ...*d'accorder une attention absolue aux problèmes concrets*. Il proclame les principes généraux permettant la démocratisation de la société : élections libres, mandats limités. Il insiste sur le caractère unique de la Révolution et exprime son inquiétude : ...*Ce que d'aucuns souhaitent aujourd'hui, c'est notre déstabilisation... Si nous ne réussissons pas à consolider l'unité qui est le fruit du processus spontané des masses populaires qui ont renversé l'ancien pouvoir, cela sera notre plus grande faiblesse. Notre seule force aujourd'hui est le maintien de cette unité basée sur le consensus général de toutes les forces créatrices de la société roumaine...*[5] .

Comme la plupart des attaques terroristes cessent lors de ces journées, le risque de déstabilisation paraît écarté. Le discours d'Iliescu appelant à la prudence semble raisonnable ; à ce moment-là, personne ne l'accuse encore de vouloir fermer le jeu politique et limiter le nombre d'acteurs concurrents.

Deux événements (qui seront repris dans la presse quelques années plus tard) passent inaperçus. Le 26-27 décembre, des tracts sont distribués dans le centre de Bucarest appelant à la mobilisation de la population (encore armée) pour renverser le nouveau gouvernement, formé de communistes. La télévision nationale passera des messages répétés expliquant à la population qu'il s'agit d'une provocation des terroristes. Enfin, Corneliu Coposu, leader de l'ancien parti paysan, tente sans succès de rentrer en contact avec le FSN ; sous le regard indifférent de la majorité du FSN, Iliescu et les autres leaders communistes du FSN qui le connaissent de nom, refusent de l'accueillir[6]. C'est ainsi que le FSN perd l'occasion d'établir un dialogue avec ceux qui pouvaient prétendre à une légitimité politique historique. De plus, en refusant de tenir compte des nouvelles revendications de la rue, dès le 26 décembre, le FSN tente de faire valider son aspiration à une réelle légitimité, dans le contexte de la chute de Ceauşescu et de sa propre formation. En fait, c'est à la fermeture de cette organisation qu'on assiste, à la consolidation de ses acquis et à une rapide structuration du pouvoir.

Le message de la nouvelle année présenté par Iliescu et le FSN est pourtant plein d'encouragements. La Révolution triomphante, le sacrifice des jeunes, la promotion de la démocratisation de la société, la condamnation des crimes du régime précédent, la dignité retrouvée sont les points principaux abordés dans ce message.

---

[5] Ion ILIESCU. *Ibid*., p. 33.
[6] *22*. Bucarest : N° 20. 27 mai-2 juin 1993.

31

Le FSN, qui refuse de passer pour l'héritier du pouvoir communiste, agit en tant que possesseur légitime de l'autorité. Il est le sauveur de la nation et il n'a pas encore d'ennemis. La crise révolutionnaire étant dépassée, chacun garde ses illusions.

Ivresse de la liberté ou fin de la participation ?

Les premiers mois qui ont suivi la Révolution de décembre ont été cruciaux pour le développement ultérieur du système politique au pays. C'est au cours de cette période que se sont manifestées les premières tendances qui allaient marquer l'isolement des élites politiques roumaines et la lente démocratisation du pays. Nous verrons comment les acteurs politiques cherchent de nouvelles formes d'action et quelles sont les premières ruptures dans le consensus révolutionnaire.

Président de facto de la Roumanie, Iliescu présente le FSN comme la véritable structure du pouvoir. Les premières mesures politiques (visant surtout la réorganisation de l'administration et la nomination des hauts fonctionnaires d'État) sont accompagnées d'une rhétorique mobilisatrice présentant la Révolution comme la légitimité suprême du nouveau pouvoir[7]. Au culte de Ceauşescu succède le nouveau culte de la Révolution. Fait remarquable, le FSN aborde les événements révolutionnaires avec une attitude ambiguë : il refuse d'être perçu comme en étant l'organisateur conscient (de peur qu'on l'accuse d'avoir fomenté un coup d'État) et ne considère pas ces événements comme une conséquence logique des insatisfactions diverses provoquées par le régime précédent. En somme, la Révolution n'est héroïque que par l'action des individus (dont les leaders actuels) et sa victoire n'est pas la conséquence de calculs rationnels. Mythisée, cette Révolution devient une « surprise divine », un élan populaire, autant dire une innovation (le terme

---

[7] Voir le discours télévisé d'Iliescu, 7 janvier 1990 : *Revoluţia înseamnă acum muncă!* (La Révolution signifie maintenant le travail !).

sera utilisé fréquemment dans la presse proche du pouvoir) politique.

Cette attitude, qui refuse d'aborder la nature politique et sociale des changements qu'implique une Révolution, doublée d'une paternité mythisée assumée par le FSN, est la cause principale, à notre avis, de la fragmentation du pouvoir politique. Dix années plus tard, la Roumanie continue de souffrir de l'abandon des aspects politiques de la Révolution au profit des aspects mythiques qui ont pris naissance à cette époque. Privés de moyens d'envisager la Révolution comme un moteur de réaménagement de la légitimité politique, les nouveaux acteurs chercheront dans la rue le répertoire d'actions leur permettant d'accéder à leurs objectifs.

Durant le mois de janvier, la mythologie révolutionnaire se déchaîne. L'approvisionnement alimentaire s'améliore grandement, ainsi que la fourniture d'électricité, d'eau chaude et de gaz. Le compte dénommé *Libertatea* (Liberté) chargé de recueillir des donations pour venir en aide aux familles victimes des combats de la Révolution reçoit en quelques semaines la somme fabuleuse de 1 Md lei (soit l'équivalent du salaire moyen mensuel de 3 millions de Roumains).

Parallèlement au ralliement des institutions administratives, un autre phénomène d'une envergure beaucoup plus importante se produit. Dans tout le pays, au niveau des entreprises, des collectifs d'ouvriers prennent forme ; au niveau des petites municipalités, il s'agit plutôt d'organisations populaires. Purement démocratiques dans leur esprit, avec des leaders d'opinion locaux, formées souvent autour d'un noyau de gardes patriotiques ou de participants à la Révolution, ces organisations se proposent de représenter le Front du Salut national et le nouveau pouvoir politique du pays. Ce sont elles qui remplacent les syndicats communistes et qui sont présentes dans les locaux de l'administration de l'État lors du transfert du pouvoir. Ce sont elles, enfin, qui proclament leur adhésion à la plate-forme du programme du FSN, lors des premières journées de la Révolution, et qui envoient certains de leurs membres à Bucarest au coeur des événements.

Ces conseils du FSN étaient essentiellement issus des collectifs de travail et élus par les ouvriers. Ils représentaient leurs membres et dépendaient d'eux, parce qu'en l'absence d'une règle de fonctionnement et d'un mandat provenant d'un forum supérieur, ces délégués populaires pouvaient être démis de leurs fonctions dès que leur activité ne convenait plus à la foule[8]. On voit donc que dans les petites collectivités locales, des centres de pouvoir politique et social s'organisent et profitent de l'effervescence révolutionnaire, mais loin des préoccupations des leaders politiques.

Lorsque le président du FSN prend la parole pour présenter les décisions de son organisation, il le fait en évoquant son rôle historique et le pouvoir qui lui revient grâce au succès de la Révolution. Cette évocation résonne donc dans le pays entier et contribue à renforcer le prestige des conseils locaux du FSN. La diffusion du pouvoir politique dans le pays entier semble pendant quelques jours être la forme que prendra la transition démocratique. Les conseils locaux négocient directement avec les représentants de l'administration centrale ou assurent la mise en place des décisions adoptées par le FSN (surtout celle concernant l'approvisionnement alimentaire lors des premières semaines). Pourtant, faute d'avoir des liens correspondants avec la haute administration, leur participation réelle au pouvoir sera de courte durée.

C'est au niveau des structures de la *Securitate* que le premier signal de la nouvelle concentration du pouvoir sera donné. Les *terroristes* arrêtés par les gardes patriotiques locaux, ou tenus en surveillance dans les bureaux de police, sont pris en charge par des délégués du pouvoir central. Les armes sont confisquées par l'armée ou par le ministère de l'Intérieur. Dès le début de janvier, les seuls inculpés pour qui des preuves sont sollicitées par les tribunaux sont ceux faisant partie de ce qui allait devenir

---

[8] Vladimir PASTI. *România în tranziție*. București : Editura Nemira, 1995, p. 102.

« le lot des vingt et un ». Il s'agissait de hauts responsables du Comité central proches du couple Ceauşescu. Les groupes armés de la population qui avaient pris part au combat et avaient accumulé des témoignages sur la responsabilité des troupes impliquées dans la répression sont dissous et ignorés. Par ailleurs, le ralliement rapide des hauts responsables de l'armée et de la Securitate (dont le général Vlad qui la dirigeait) autour des figures connues réunies par Iliescu sera la cause des accusations ultérieures portées au FSN pour son peu d'efficacité dans l'identification des responsables de la répression.

Nous avons vu que le FSN était formé, à son début, par un groupe hétéroclite à l'intérieur duquel celui formé par d'anciens responsables de l'administration du parti était devenu le plus important. Au fil des semaines, les autres groupes se retrouvèrent marginalisés. Les intellectuels et artistes (comme Doina Cornea ou Ion Caramitru), bien qu'ayant une bonne visibilité publique, ne disposaient pas des connaissances et de l'expérience de la gestion administrative pour influencer de quelque manière les affaires courantes. Le groupe, plus nombreux, de révolutionnaires qui s'était retrouvé un peu par hasard dans les studios de la télévision et qui s'était impliqué dès le début dans le FSN était trop hétéroclite pour constituer un véritable contrepoids. La même situation était valable pour les délégués de province des conseils locaux qui manquaient à la fois d'expérience et de relations et qui vivaient sous la pression des demandes insatisfaites de leur base ouvrière.

C'est dans ces conditions que le groupe d'Iliescu devint le plus influent. Il réunissait des gens de la même génération, avec une expérience dans l'administration, et il possédait en outre plus de relations et de connaissances dans les structures de l'administration. Ainsi, dans un Conseil formé d'une centaine de personnes, seulement une poignée d'entre elles (entourant Iliescu) avaient un véritable rôle, communiquant avec les responsables des préfectures ou s'assurant du soutien de l'armée ou du ministère de l'Intérieur grâce au ralliement des amis d'hier.

Le 8 janvier 1990, le PNTCD (parti national paysan) est officiellement autorisé à renaître par une décision du Tribunal de Bucarest. Une semaine plus tard, c'est le PNL (parti national libéral) qui reçoit une autorisation du même tribunal. Dans les deux cas, la poignée des membres fondateurs réunit des personnages historiques (comme Radu Câmpeanu ou Ion Raţiu), assez âgés.

Le 23 janvier 1990, dans une séance qui rassemblait tous les membres du CFSN, celui-ci décide (128 voix pour, 8 contre, 5 abstentions) de se présenter aux élections en tant que formation politique. Ce qui est remarquable, ce n'est pas tant la quasi-unanimité du vote, mais la manière dont cette décision sera justifiée dans le communiqué officiel. *C'est la pression populaire de gens de plus en plus nombreux, de toutes les catégories sociales qui exprime cette sollicitation... La légitimité du Front du Salut National ne peut être contestée par personne. Elle provient de la Révolution populaire... Le FSN n'est ni plus ni moins que l'émanation de la Révolution ... cette réalité l'oblige à ne pas abandonner l'ample processus de reconstruction démocratique... La plate-forme du FSN n'est pas valable seulement pour quelques mois, elle vise un ensemble d'orientations et de perspectives pour le renouveau de la société roumaine sur le plan politique, économique, social et moral[9].*

En même temps qu'elle proclamait l'intention du FSN de continuer son rôle historique, la déclaration entérinait aussi la fin du rôle des conseils locaux du FSN. On y soulignait qu'il ne fallait pas identifier ces conseils avec l'organisme central du FSN, que le processus de désignation des candidats restait ouvert et que les conseils locaux devaient s'intégrer à l'administration ou aux syndicats.

Cette décision du FSN lui sera plus tard imputée. Presque tous les analystes politiques y verront en effet une preuve de la récupération de la Révolution et de sa tentation totalitaire. Si elle correspondait bien à un intérêt précis du FSN (celui

---

[9] Ion ILIESCU. *Momente de Istorie.* Bucureşti : Editura Enciclopedică, 1995, p. 85-86.

d'accentuer la concentration du pouvoir dans la phase préparatoire des élections), elle confortait aussi, et c'est moins su, la volonté de ceux qui allaient composer l'opposition. Les nouveaux partis politiques (plus d'une vingtaine s'étaient enregistrés dès le mois de janvier) eurent tôt fait de clamer leur indignation de voir le FSN s'installer dans la course électorale avec l'appui d'un large mouvement populaire qui enrégimentait la population comme l'avait fait le Parti communiste. Dans un article intitulé *Les illusions ont duré seulement un mois*[10], Octavian Paler, qui allait devenir une des figures importantes de l'opposition, accusait le nouveau pouvoir de s'être approprié la mythologie de la Révolution et de s'approprier le capital de la mobilisation naturelle des masses contre la dictature.

La destitution des conseils populaires du FSN et leur séparation du Conseil national du FSN correspondait donc à un enjeu politique qui allait dans le sens d'une satisfaction (au moins partielle) des critiques de l'opposition naissante. Dans la concentration du pouvoir et sa centralisation à Bucarest, tant la future opposition que le pouvoir en place y trouvaient des intérêts. Avec la Révolution mythisée, la dissolution des conseils locaux est la seconde étape décisive qui limite les ressources politiques disponibles aux acteurs et aux élites.

La presse, libre désormais, voit ses tirages doubler ou tripler[11] et malgré tout être insuffisants alors que des files de centaines de personnes s'arrachent les journaux à peine sortis de typographie. Un salaire moyen permet encore d'acheter 6000 quotidiens par mois (le prix du papier est subventionné). Les journaux abordent dans l'ivresse de la parole libérée tous les sujets interdits auparavant. La biographie non censurée des dictateurs, l'avenir radieux (désormais), le mythe de la Révolution font l'unanimité. *Comment te débrouilles-tu en enfer, cet enfer auquel tu étais destinée depuis si longtemps ?* demande

---

[10] *România Liberă*, 25 janvier 1990.
[11] Entre janvier et mars 1990 les quotidiens *România Liberă* et *Adevărul* oscillaient entre un tirage de 1 million et 1 million et demi.

rhétoriquement un journaliste à la femme de Ceaușescu[12]. *La liberté de parler de la vérité*[13], *La vérité, toute la vérité, seulement la vérité, voilà notre promesse*[14] s'exclament dans deux des journaux nouvellement reconvertis des journalistes qui y travaillaient depuis longtemps. L'avenir ne semble inquiéter personne et surtout pas les gestionnaires des entreprises d'État (ex : la sidérurgie) qui trouvent maintenant l'occasion de condamner la politique économique désastreuse du régime Ceaușescu et d'assurer que *désormais, tous les travailleurs vont produire davantage, gagner plus, et qu'il n'est pas question de chômage*[15].

Dans l'opposition ou dans les nouveaux journaux, on nage dans la même félicité: *Dreptatea*[16], par exemple, propose une longue analyse des souffrances des paysans roumains et promet par ailleurs à la population que son alimentation va désormais beaucoup s'améliorer. L'épreuve de la réalité ne va pas tarder à rattraper ces illusions.

Le 28 janvier, une grande manifestation a lieu à Bucarest. Elle réunit les sympathisants des partis d'opposition nouvellement fondés (PNL/PNTCD) et, d'une manière générale, tous ceux qui s'opposent au FSN. Les manifestants, au nombre de quelques milliers, accusent le FSN d'avoir récupéré la Révolution et de poursuivre la tentation totalitaire du PC ; ils demandent la démission du FSN ou alors qu'il partage son pouvoir avec un groupe de transition politique nationale plus représentatif. En réplique à cette manifestation, un autre mouvement beaucoup plus important, réunissant autour des partisans du FSN des ouvriers et des mineurs de la vallée de Jiu, fait entendre un message tout aussi radical. Ces manifestants clament leur refus du capitalisme sauvage, des leçons venues de l'étranger, des intellectuels (le slogan *Mort aux intellectuels !* fera carrière) représentés selon eux par les partis d'opposition.

---

[12] *Adevărul*, 6 janvier 1990.
[13] *Tineretul Liber*, 4 janvier 1990.
[14] *Contemporanul*, 29 décembre 1989.
[15] *Tineretul Liber*, 2 mars 1990.
[16] 17 février 1990.

La violence éclate entre les deux groupes. Chacun d'eux se déclare le plus authentique représentant de la Révolution ; les slogans utilisés prétendent à la même légitimation: *C'est contre eux (les membres du FSN) qu'on a tiré dans les villes et les places du martyre roumain*[17] clame un journal proche du FSN alors que ses opposants scandent : *Les héros ne sont pas morts dans les parcs !* (allusion à l'interdiction proclamée par le FSN de manifester ailleurs que dans les parcs).

Le lendemain, le siège du PNTCD sera dévasté par des sympathisants du FSN. Les jours suivants, la presse reflète l'éclatement de l'opinion publique ; *România Liberă* prend définitivement le parti de l'opposition alors que la majorité des autres quotidiens soutiennent le FSN[18].

Certains analystes roumains, comme Alina Mungiu, soutiennent que c'est dès cette période que l'opposition s'est engagée dans une voie peu prometteuse pour s'assurer du soutien public. Le premier message utilisé par l'opposition, qui fut d'accuser le CNFSN de ne pas respecter le principe de la séparation des pouvoirs dans l'État, était trop complexe pour être compris par la population ; il était infiniment plus simple à celle-ci d'accepter le message du FSN qui prétendait qu'il était le continuateur naturel de la Révolution dans la vie publique[19]. La plupart des commentateurs relèvent que c'est autour de cette date que se sont cristallisés les deux camps (celui du FSN et celui de l'opposition) et que se sont structurés leurs messages respectifs.

Il nous paraît plus intéressant d'explorer une autre hypothèse qu'on peut déduire du recoupement des attitudes des nouvelles élites politiques du pays. Il s'agit d'un premier *consensus valorique* des élites roumaines, c'est-à-dire d'un accord

---

[17] *Adevărul*, 25 janvier 1990.

[18] Voir par exemple le titre d'une demi-page de *Libertatea* : «Le Front est le peuple», 30 janvier 1990.

[19] Alina MUNGIU. *Românii după 1989*. Bucureşti : Editura Humanitas, 1995, p. 32.

tacite entre elles en faveur de certaines valeurs et appréciations sur le fonctionnement du nouveau système politique.

Les premiers éléments de cet accord consensuel sont :

1) *la Révolution sans ennemis*. La Révolution, devenue rapidement le mythe préféré des médias, devient la légitimation ultime de la volonté populaire, autant pour le FSN (qui déclare en être le descendant naturel) que pour l'opposition (qui accuse le FSN d'avoir détourné ou accaparé la Révolution). Propulsée au stade de métacatégorie de communication, la Révolution devient l'étendard absolu de tous les discours politiques. La disparition des terroristes et le jugement des vingt-et-un responsables du CC provoqueront quelques remous mais, autant pour le pouvoir que pour l'opposition, il s'agit là des responsables de la répression et non pas des déclencheurs ou des cibles de la Révolution populaire. Celle-ci, qu'elle soit de nature populaire-spontanée (version du FSN) ou manipulée-récupérée par un groupement avec des visées politiques (version de l'opposition) est un mouvement global qu'on ne cherche pas à disséquer ni à traduire en termes d'objectifs politiques.

La Révolution sans ennemis est le premier *consensus valorique* des élites politiques du pays. Elle signifie qu'en l'absence d'ennemis désignés de la Révolution, celle-ci devient une catégorie vide de sens, dans laquelle toutes les attentes sont permises (y compris les plus fabuleuses, comme un rapide progrès économique) et à laquelle tout le monde peut se rallier (y compris les hauts responsables de l'administration de l'État).

La Révolution sans ennemis signifie donc que les questions de calcul politique, du coût, des priorités, des étapes et des méthodes d'application du changement qu'elle apporte sont totalement ignorées.

2) *le consensus sur la participation politique*. Le phénomène qui semble se dessiner est le refus des organisations locales et la concentration du pouvoir. À la suite des manifestations du 28 janvier, les principaux leaders des partis d'opposition (dont Coposu et Câmpeanu) sont invités aux négociations avec Iliescu. À cette occasion, ils accusent avec insistance le FSN de

vouloir contrôler toute l'administration locale à travers des conseils organisés localement. La confirmation de la dissolution de ces conseils locaux, qui étaient les seuls véritables liens d'influence politique démocratique du peuple à ce moment est un résultat de cette réunion[20]. Une des conséquences de cette décision est la marginalisation de la population des centres de décisions politiques et, indirectement, l'apparition de la violence et des manifestations publiques comme seule forme alternative de participation politique pour le peuple. Une autre de ses conséquences sera la concentration de la lutte politique au niveau des partis politiques centraux et l'abandon pendant une longue période de temps de toute tentative de changer ou d'influencer les hauts responsables de l'administration publique et économique locale. Constituée en contre-pouvoir, celle-ci se manifestera comme un des adversaires les plus coriaces des réformes décidées politiquement et comme une véritable contre-élite, très peu intégrée aux élites politiques de l'opposition ou du FSN.

---

[20] Ion ILIESCU. *Momente de Istorie*. Bucureşti : Editura Enciclopedică, 1995, p. 85-86.

CHAPITRE DEUXIÈME

DU CONFLIT INAUGURAL

La période qui s'étend du début de février 1990 jusqu'aux élections municipales de février 1992 sera une période d'importantes confrontations sur la scène politique du pays. Elle verra aussi ce que d'aucuns ont appelé le règne des masses dans la vie politique roumaine[1]. Nous aborderons ces événements avec l'intention de voir dans quelle mesure les élites politiques se sont cristallisées en groupes d'intérêt et aussi afin de vérifier si on peut parler de l'apparition d'un certain consensus valorique sur le fonctionnement politique, les enjeux et les relations (fragmentées et séparées) que les élites entretiennent entre elles.

Structuration du CPUN : un pouvoir plus représentatif

Le 1er février 1990, à la suite d'une réunion des représentants principaux des partis avec les membres du FSN, on annonce dans un communiqué public la constitution imminente d'un nouveau Conseil provisoire d'Unité nationale (CPUN) destiné à assurer une meilleure représentation des partis politiques. Le même jour, Ana Blandiana (poète), qui avait été une des rares figures connues d'intellectuelle marginalisée sous le régime précédent, décide de se retirer du FSN et de revenir à ce qu'elle appelle son *devoir d'intellectuelle*.

Ces deux événements font partie de ce qui se dessine comme la première réorganisation de l'espace politique roumain

---

[1] *Sfera Politicii*, Anul III, N° 20, septembre 1994.

et de ses élites. Cette réorganisation se fait d'abord sous le signe de la segmentation.

Ainsi, le décret de Loi du FSN prévoit que le CPUN comprendra 112 membres représentants du FSN initial, 112 représentants des autres partis à raison de 3 membres par parti (37 partis en tout), 27 représentants des minorités nationales, 3 représentants de l'Association des détenus politiques et un président (Ion Iliescu). Les représentants des partis politiques les plus importants (parti libéral, PNTCD, parti social-démocrate et celui de la minorité hongroise) saluent cette décision même si elle permet l'accès au pouvoir aux représentants de partis fantômes, à l'existence légale encore plus récente et au nombre de membres totalement inconnu. En fait, il semble y avoir un consensus sur l'idée que la légitimité de ces nouveaux partis est égale[2] puisqu'une évaluation de leurs ressources est impossible à ce moment.

Les débats qui ont mené à la constitution du CPUN, bien que très fastidieux, ont été transmis en direct par la télévision roumaine. Ils ont montré une image déplorable des capacités d'organisation et de négociation de ceux qui aspiraient à devenir les nouvelles élites politiques du pays. Sans cesse interrompus par des interventions de la salle, ne suivant pas d'ordre du jour, voyant des participants qui n'étaient même pas membres du CPUN se lever pour lire de longues déclarations d'ordre polémique ou historique, les débats ont permis à Ion Iliescu de s'imposer comme un leader équilibré à la personnalité définie. La longue liste des partis ayant des représentants dans le CPUN contribuait aussi à accroître la confusion et à renforcer le rôle du FSN (désormais établi en tant que parti politique) qui apparaissait comme familier.

Les partis politiques membres du CPUN étaient les suivants : Parti National Paysan Chrétien et Démocrate, Parti Socialiste Démocratique Roumain, Parti National Libéral, Union Démocrate Chrétienne, Parti Démocrate de Roumanie, Parti de

---

[2] Ion ILIESCU. *Momente de Istorie*. Bucureşti : Editura Enciclopedică, 1995, p. 142.

l'Unité Démocratique, Parti Démocrate de Cluj, Parti Écologiste Roumain, Parti de l'Union Chrétienne, Parti Socialiste de la Justice, Parti Social Démocrate, Parti National Démocrate, Parti de l'Union Démocratique de Moldavie, Parti Socialiste Libéral, Parti Paysan Roumain, Parti Libre Démocrate, Parti Républicain, Parti Social Démocrate Chrétien Roumain, Parti de la Liberté et de la Démocratie Roumaine de Craiova, Parti Démocrate Agraire de Roumanie, Parti Démocrate du Travail, Parti Démocrate Constitutionnel de Roumanie, Syndicat Fraternité Ouvriers et Paysans de Roumanie (organisé en parti), Mouvement Écologiste Roumain, Union Démocratique Magyare de Roumanie, Parti Progressiste de Baia-Mare, Parti du Travail, Parti Indépendant Magyar, Parti Démocrate Progressiste, Parti de la Liberté Sociale, Parti Libre-Démocrate, Parti du Peuple, Parti Coopératiste, Front du Salut national, Front Démocrate Roumain, Association des anciens détenus politiques de Roumanie, Parti de la jeunesse libre et démocrate, Parti Écologiste et Humaniste, Parti Libéral de la Liberté de Roumanie.

Un simple coup d'œil sur la liste de ces 38 partis nous indique que, dix années plus tard, tous sauf trois ont disparu de la vie politique.

Il nous a semblé intéressant de réfléchir sur les caractéristiques des personnes qui s'étaient réunies sous l'égide du FSN. Sur les 113 membres du CPUN qui se revendiquaient comme membres FSN (Front du Salut national), seulement 31 avaient auparavant détenu une fonction publique d'une certaine visibilité (professeur, militaire, diplomate, etc.). Tous les autres, c'est-à-dire une proportion de 77%, accédaient pour la première fois à une fonction de représentation. Voilà qui contredit l'opinion fortement répandue que les anciens hauts fonctionnaires communistes dominaient, par leur nombre, ce mouvement.

Une division par profession de ces membres du FSN nous apprend aussi des choses intéressantes :

Profession des membres du FSN (1990)

Profession	Nombre
Médecin, chercheur	9
Économiste	9
Administrateur, officier, diplomate	16
Ingénieur	28
Juriste, sociologue, prof. libérale	22
Ouvrier	15
Acteur, écrivain	12
Agriculteur	2

Nous sommes en présence d'une structuration bien définie du groupe du FSN, malgré son apparente hétérogénéité. Dans chacune des professions, les personnages les plus connus, qui détenaient les fonctions les plus hautes, étaient liés au groupe d'Iliescu. Ainsi, le prof. V. Măgureanu (futur Directeur des Services secrets), le sociologue L. Vlăsceanu, le metteur en scène A. Sârbu, l'ingénieur P. Roman, le juriste A. Severin, l'économiste I.M. Pascu, qui deviendront des figures importantes de la vie publique dans les années suivantes, appartenaient à la même génération de cadres formés au début du régime Ceaușescu. Bénéficiant d'une instruction supérieure, exclus par la politique préférentielle pratiquée par Ceaușescu des sphères du pouvoir politique, frustrés dans leurs aspirations, *ces nouvelles anciennes élites*[3] partageaient avec le groupe proche d'Iliescu et avec les représentants de l'administration de l'État le même désir de prendre le contrôle du FSN.

Dans ces conditions, l'apparition d'un nouveau centre de contre-pouvoir, autour des élites libérales ou des élites techniques était impossible à l'intérieur du FSN – et à fortiori à l'intérieur du CPUN qui était encore plus hétérogène dans sa structure et ses aspirations.

Certains analystes politiques roumains vont plus loin en soutenant que l'apparition du CPUN, sous cette formule, bien

---

[3] Voir aussi *Sfera Politicii*, N⁰ 34, Janvier 1996.

loin de menacer le pouvoir du groupe d'Iliescu n'a fait que l'accroître. En présentant le modèle de coopération et de négociation comme un consensus national, en offrant au public une image de large représentativité accompagnée d'une désorganisation flagrante, le CPUN a permis au groupe d'Iliescu de s'imposer comme le plus cohérent et le plus sérieux[4]. Cette hypothèse mérite de retenir notre attention surtout que, nous l'avons vu, la plupart des autres partis politiques membres du CPUN disparaîtront rapidement de la vie publique.

C'est au cours des semaines suivantes que la séparation des élites du FSN des élites concurrentes va prendre forme alors que vont se définir en miroir les messages politiques de ces dernières.

Entre la Place de l'Université et les élections : les ruptures

Le 18 février 1990, d'autres manifestations violentes ont lieu à Bucarest. Partis de la Place de l'Université, les manifestants (au nombre de quelques milliers) se sont déplacés vers la Place du Gouvernement où ils ont scandé des slogans hostiles au FSN : *À bas la Securitate ! Dernière solution, une autre révolution ! FSN-istes, voleurs de la Révolution !* Une partie des manifestants s'en prend aux soldats de garde et pénètre dans le siège du gouvernement, curieusement abandonné par les services de sécurité. Pendant quelques heures, des actes de vandalisme se produisent à l'intérieur de l'édifice, les manifestants mettant le feu et jetant par la fenêtre des meubles, des documents, etc. Le soir, alors qu'une délégation des mineurs de la vallée de Jiu exprime sa désapprobation face à ces événements, des compagnies de parachutistes interviennent enfin pour arrêter les manifestants les plus violents.

---

[4] Voir Vladimir PASTI. *România în tranziţie*. Bucureşti : Nemira, 1995, p. 152-154.

Réuni lors d'une séance exceptionnelle, le CPUN condamne *vigoureusement l'événement qui menace le climat social et politique du pays, la stabilité nécessaire pour le processus d'avancement vers la démocratie...* Il proclame le *besoin d'un consensus, pour développer le dialogue civilisé et la réceptivité face aux impératifs de développement de la société démocratique, assurant aux diverses forces sociales et politiques un cadre de coopération responsable et lucide, à travers lequel, en respectant les différences légitimes, les intérêts nationaux vont primer*[5]. Dans une entrevue, le lendemain, le président Iliescu revient sur le sujet du consensus national, en soulignant que ce *genre de manifestations inspirées par des cercles déstabilisateurs... se produit au champ arrière d'une situation politique pleine d'espoir, au moment où sur le plan politique, entre tous les partis il y a un consensus national... et que le Bureau exécutif analyse avec calme et en esprit de collaboration les problèmes auxquels est confronté le pays, les voies de stabilisation de la vie économique, sociale et politique*[6].

Quelques jours plus tard (23 février), le CPUN promulguait un décret pour assurer l'ordre public et accroître les pénalités encourues par les participants de manifestations violentes.

À l'époque, la réaction du CPUN et de ses leaders face aux manifestations est intéressante parce qu'elle ne répond pas du tout aux questions réelles soulevées par les manifestants ni aux problèmes importants du moment. La majorité de la presse reprend les arguments soutenus par le CPUN : *La déstabilisation continue ! Le siège du gouvernement assailli et dévasté par les vandales !*[7], alors que les voix de l'opposition (comme celle de R. Câmpeanu, leader du PNL) ne se font entendre que pour accuser le CPUN d'avoir mis en scène la manifestation et avoir délibérément permis aux assaillants d'entrer dans l'édifice du gouvernement. La violence est dénoncée aussi par le GDS (Groupe pour le Dialogue social), organisation regroupant des intellectuels : *L'atmosphère s'enflamme tous les jours.*

---

[5] Communiqué du CPUN à la radio et à la TVR, 19 février 1990.
[6] *Adevărul*, 20 février 1990.
[7] *Libertatea*, 19 février 1990.

Malheureusement, le langage politique que nous utilisons ne contient que des extrêmes : des huées (doublées d'assauts), des acclamations (doublées d'assauts)[8].

Dans ces conditions, personne ne remarque que (ce qui va être appelé plus tard) **«le règne des masses» dans la vie politique roumaine, entre 1990 et 1992, débute parce qu'une partie de la population se sent frustrée de la monopolisation du pouvoir par les nouvelles élites politiques et parce qu'il n'existait pas, dans le cadre de l'époque, de voie de réelle négociation et d'expression politique.** La rue devient le théâtre des mécontentements les plus radicaux et le reflet de la réelle polarisation des opinions politiques. La reprise, par les partis de l'opposition, de la rhétorique consensuelle et le rejet du déclenchement des manifestations (et du conflit) sur le FSN reflète bien le début ce qui deviendra une polarisation en miroir des discours politiques des élites.

Dans une entrevue parue dans le journal officieux de l'opposition, le 27 février 1990, entrevue intitulée *Invitation au calme*, le président Iliescu expose ses idées principales : son désir de consensus dans le gouvernement, son amertume de voir certains intellectuels s'éloigner de lui, son refus des manifestations, ses préoccupations sociales[9].

Il est frappant de constater qu'en ces moments de rupture claire entre élites politiques, des questions fondamentales sont passées sous silence par le commentaire critique de l'entrevue. Ainsi le silence d'Iliescu sur la politique économique, sur les investissements étrangers, sur la situation économique, sur les priorités de développement n'est pas mis en cause, alors que sont contestées la capacité de dialogue, la popularité, l'ouverture aux négociations du FSN.

En fait, les idées politique d'Iliescu sur la nécessité d'un compromis et sur l'importance d'une ouverture consensuelle du

---

[8] *22*, 23 février 1990.
[9] *România Liberă*, 27 février 1990.

pouvoir politique sont acceptées par les élites politiques de cette période. Il y a là un véritable consensus valorique des élites. Leur opposition débute seulement lorsqu'il s'agit de définir les partenaires de ce consensus, leur rôle dans celui-ci et leur pouvoir respectif. Ainsi, si le principe du CPUN est accepté, la monopolisation des décisions par la majorité du groupe d'Iliescu est dénoncée.

Ce consensus des élites ne se reflète pas seulement dans ce qu'il cautionne (le fonctionnement du CPUN dans la forme qu'il a adoptée, le pluralisme comme voie nécessaire de la stabilité) mais aussi dans ce qu'il omet ou ce qu'il considère peu important. Ici, la liste est autrement plus longue : la légitimité des mouvements de rue, le besoin d'une définition claire des priorités de développement, le besoin d'une distinction idéologique, le besoin d'assumer la responsabilité des choix politiques et économiques difficiles, le contrôle des décisions administratives, l'analyse lucide des responsabilités après la chute du régime communiste.

D'aucuns ont étiqueté les élites roumaines, à la fin du communisme, de l'expression d'« émigrants moraux », reprenant ainsi à leur compte l'attitude de la majorité de la population. *Après 1989, il apparaissait que l'entière société roumaine revenait d'exil, sans mémoire, sans héros ni crapules, sans victimes ni coupables. À la différence des Allemands ou des Italiens après la guerre ou, plus récemment, des Chiliens sortis de la dictature ou des Sud-Africains libérés du racisme – comme d'autres Est Européens par ailleurs – les Roumains ne paraissent pas être porteurs d'un traumatisme collectif*[10].

À la fin du mois de février 1990, l'Institut central des Sciences économiques de l'Académie roumaine (plusieurs centaines de chercheurs) reçoit la mission de préparer une stratégie de réforme économique pour le CPUN. Lorsqu'elle est achevée, deux mois plus tard, cette étude de plusieurs milliers de

---

[10] Daniel BARBU. *Şapte teme de politică românească* Bucureşti : Antet, 1997, p. 66.

pages est totalement ignorée par les élites politiques. Ni le FSN, ni les partis d'opposition ne considèrent utile de consacrer de l'énergie ou des efforts de mobilisation pour la définition d'une plate-forme politique qui propose une quelconque stratégie de réforme. Il y a là un nouveau consensus des élites sur ce que nous pouvons appeler la tentation de retarder le moment des choix difficiles et de s'en tenir à des généralités quant à la nécessité d'une réforme économique qui corresponde aux intérêts nationaux. On note aussi que le refus de se comparer à la situation existant dans d'autres pays de l'Est se maintient.

Dans la même période (23 février), le gouvernement présente devant le CPUN le premier rapport sur la situation économique du pays. Ce rapport passe complètement inaperçu et ne fait l'enjeu d'aucun débat, même au sein du CPUN.

Pourtant, au premier coup d'œil, ce rapport offre une image d'un pays qui s'est offert quelques mois de vacances économiques et qui n'est aucunement préparé pour l'avenir que ses élites lui présentent comme acquis (économie de marché, démocratie pluraliste). Le rapport[11] commence par définir les objectifs du gouvernement : l'amélioration du niveau de vie de la population et le fonctionnement de l'économie.

En vue de l'amélioration du niveau de vie, les mesures prises par le gouvernement sont nombreuses :

- réduction des tarifs pour l'électricité et le gaz naturel ;
- réduction des tarifs pour les communications téléphoniques ;
- augmentations de salaires et restitution des sommes versées par les employés comme parts sociales dans les entreprises ;
- subventions agricoles et aux entreprises pour permettre la création de 500 000 emplois supplémentaires ;
- fin des pénalités encourues pour le non-respect du plan, notion incompatible avec l'économie de marché.

---

[11] *Cartea albă a guvernării Roman*. Bucureşti : Azi, 1992, p. 9-15.

Les subventions accordées étaient équivalentes à une augmentation nette des revenus de 1270 lei/habitant, soit le tiers du salaire moyen, ou de 2703 lei/actif (les deux tiers du salaire moyen).

La fin de la politique d'exportation de biens alimentaires menée par Ceauşescu et le début des importations alimentaires avaient coûté au pays l'équivalent de 88,6 millions de roubles et 240 millions de dollars en 3 mois. D'autre part, on prévoyait que les dépenses encourues dans le domaine de l'agriculture coûteraient 800 millions de dollars à la fin de la même année.

Autant le rapport était précis dans la description des mesures prises pour améliorer le niveau de vie de la population, autant il devenait vague et imprécis dans sa deuxième partie. Le danger de l'inflation était évoqué au passage, alors que de longs paragraphes faisaient référence au consensus du gouvernement quant au passage à l'économie de marché. Toujours au niveau des généralités, on mentionnait des processus importants concernant la démocratisation des structures des entreprises, la décentralisation organisationnelle, l'encouragement des investissements étrangers. Le passage de 47,4% des terres agricoles sous la responsabilité des *Coopératives associées des producteurs* était annoncé comme une mesure de libéralisation de la propriété agricole et de soutien à l'amélioration de la production.

Les mesures prises par le gouvernement pour améliorer le niveau de vie de la population reçurent l'assentiment de toutes les élites politiques du pays réunies au sein du CPUN. Cependant, ni le FSN, ni les partis d'opposition, ni les médias ne semblaient prêter attention au fait que, économiquement, le pays avait été en congé plusieurs mois sans qu'on puisse en prévoir les conséquences.

Le désengagement politique de la sphère économique et sociale, l'abandon de la gestion de l'économie aux mains d'une administration conservatrice sont une autre caractéristique de l'attitude des élites politiques de cette période. La population, quant à elle, considérait dans une importante majorité que le principal acquis de la Révolution était l'amélioration de l'approvisionnement alors qu'un tiers seulement de l'opinion publique appréciait l'apparition du pluralisme politique comme un acquis[12].

Les enjeux politiques importants auxquels les élites du pays allaient accorder de l'attention étaient tout autres : légitimité politique, légitimité des élites elles-mêmes, récupération du rôle de défenseur de l'intérêt national, récupération du rôle de représentant de la Révolution.

Dans la période qui s'étend de février jusqu'à la fin de l'été 1990, alors que la polarisation des élites politiques est totale, que leurs structures et leurs organisations se différencient nettement, que leur légitimité respective est mutuellement contestée, il est intéressant de constater la similarité de leur message politique, de leur approche de la compétition politique et des enjeux. La rupture qui suivra ne se fera pas entre les différentes élites, mais entre la rue et les élites.

Le 11 mars 1990, à Timişoara, ville où avait débuté la Révolution, une importante manifestation a lieu. À la fin, une proclamation est lue et présentée au public ; elle soutient que la Révolution roumaine de 1989 n'était pas seulement dirigée contre Ceauşescu mais contre le communisme et que celui-ci est la cause de tous les maux de la Roumanie moderne. *Par conséquent, nous proposons que la loi électorale interdise pendant trois prochaines législations, le droit à la candidature, sur toutes listes, des anciens activistes communistes et anciens officiers de la Securitate. Leur présence dans la vie politique du pays est la principale source des tensions et des suspicions qui agitent aujourd'hui la vie politique roumaine*[13].

Ce dernier point représentera la rupture radicale entre les adeptes du FSN et ceux de l'opposition et un repère important

---

[12] Voir Pavel CAMPEANU, Ariadna COMBES, Mihnea BERINDEI. *România înainte şi după alegerile de la 20 mai.* Bucureşti : Humanitas, 1991.
[13] Voir Domniţa STEFANESCU. *Cinci ani din istoria României.* Bucureşti : Editura Maşina de Scris, 1995, p. 454.

pour cette dernière. Au cours des journées suivantes, les organisateurs de la manifestation de Timişoara (Alliance civique) vont commencer à réunir des signatures à l'appui de cette déclaration. C'est donc dans la rue que vont se recruter les appuis des deux forces politiques désormais clairement définies : le FSN et l'opposition.

Le premier congrès du FSN réunit tous ses membres initialement présents dans le CPUN, et les dirigeants des structures administratives de l'État : l'armée, les services du ministère de l'Intérieur, les responsables économiques et, d'une manière générale, tous les fonctionnaires de la haute administration communiste. Parmi les leaders politiques, outre le président Iliescu, on remarque la présence d'Adrian Năstase, de Constantin Ivanovici, de Dan Iosif, de Vasile Văcaru. Les principaux médias du pays, dont la chaîne de télévision nationale, les quotidiens *Adevărul, Azi, Dimineaţa, Tineretul Liber* sont dirigés par des gens favorables au FSN. Enfin, des hommes favorables au FSN (ou nommés par celui-ci) contrôlent toutes les sources d'information brute ; ainsi les archives de l'État sont mises sous la responsabilité d'un général du ministère de l'Intérieur. La Commission nationale de Statistique est muette durant cette période…

Pour ce qui est de l'opposition, elle est animée au début par un groupe d'intellectuels faisant partie du GDS (Groupe pour le Dialogue social), et par les partis social-démocrate, libéral, et paysan-chrétien. La dimension réelle des appuis dont elle bénéficie est difficile à évaluer lors de cette période ; des rumeurs laissent entendre que plusieurs millions de personnes ont signé la déclaration de Timişoara (considérée comme emblématique de ceux qui s'opposent au FSN). À part le quotidien *România Liberă*, seuls quelques hebdomadaires (comme les nouveaux *Express* et *Zig Zag,* à grand tirage) sont favorables à cette déclaration.

Au cours des semaines suivantes, et jusqu'aux élections, ce sont autour de ces deux pôles que vont se regrouper les élites du pays. Il est intéressant de noter que, jusqu'au résultat des élections, le rapport des forces paraissait équilibré. Nombre d'analystes qui sont revenus depuis lors sur l'étude de cette période ont tendance à omettre dans leur réflexion que le climat de tension existant était en grande partie dû à l'incertitude quant à la proportion des appuis pour un camp ou pour l'autre. La victoire du FSN aux élections du 20 mai apparaît ainsi comme la conclusion inéluctable d'un processus de monopolisation du pouvoir par un groupe restreint se servant de tout l'appareil de propagande de l'État. *Les intellectuels – qui ne s'étaient pas préparés à la chute du pouvoir avec une opposition significative et collective et qui n'avaient même pas participé en grand nombre aux manifestations du 16-21 décembre – se trouvaient maintenant devant une classe politique renouvelée, une élite communiste reformée, qui bénéficiait d'un grand appui populaire et qui ne voulait pas partager avec quelqu'un d'autre l'accès aux ressources du pouvoir de l'État*[14].

Il nous paraît enrichissant de revenir sur cette notion d'incertitude sur le rapport réel des forces entre les élites, non seulement parce qu'il s'agit d'un fait souvent ignoré, mais aussi parce qu'elle jette une lumière beaucoup plus intéressante sur cette période. Elle permet de dévoiler les mécanismes par lesquels les deux camps reprennent les mêmes arguments pour faire valoir leur légitimité et illustre les similarités de leur attitude politique.

Ainsi le mois d'avril voit l'organisation en opposition, par les deux groupes politiques, d'importants mouvements de rue. Aux manifestations des syndicats hostiles au FSN (1er avril) succède le premier meeting électoral du FSN (8 avril) à Bucarest, d'importance équivalente.

Au même moment a lieu l'inscription officielle de plus de 80 partis politiques différents ; 250 signatures suffisent pour l'enregistrement d'un parti et pour l'obtention, de la part de

---

[14] Daniel BARBU. *Ibid,* p. 80.

l'État, d'une somme de 1 million de lei de l'époque (20 000 dollars américains). Mais ces partis ne sont que des organisations fantômes dont la liberté d'organisation est présentée comme principale légitimité. D'autre part, le FSN, les partis libéral, paysan-chrétien et social-démocrate se lancent dans une surenchère quant à leur supposé nombre de membres. Pendant ces semaines, aucun de ces partis ne songe à commander un sondage d'opinion ou à évaluer d'une façon plus sérieuse leurs appuis respectifs. Des listes improvisées, dans les grandes villes, sont établies pour recruter de nouveaux membres ; le plus souvent une simple signature suffit et la même personne peut se présenter plusieurs fois de suite au cours de la même journée puisque son identité n'est jamais vérifiée. Les nouveaux partis n'ont ni plate-forme électorale, ni programme ; au mieux, sont énoncés sur des feuilles tapées à la machine à écrire des principes généraux ou de simples doléances. *Les partis politiques roumains n'avaient pas de politique. Ils ne représentaient personne et ne représentaient les intérêts de personne, à l'exception bien sûr de ceux de leurs principaux leaders*[15].

Ces actions peuvent être mises sur le compte des premiers balbutiements de la démocratisation de la vie politique. De même, la liberté de se réunir et de manifester publiquement est largement établie[16] au prix de l'insatisfaction croissante des habitants des quartiers centraux des principales villes. C'est ici qu'apparaît un des traits principaux de la campagne électorale des principaux partis : personne ne se soucie des campagnes et de la province, où l'activité politique est inexistante. Les enjeux de la lutte politique deviennent la domination du centre-ville de Bucarest et, thématiquement, ils se réduisent au contrôle de la télévision et à l'appropriation symbolique de l'héritage révolutionnaire et du mythe du Sauveur de toute la nation.

---

[15] Vladimir PASTI. *România în tranziție*. București : Editura Nemira, 1995, p. 168.
[16] Dans un rapport présenté le 11 mai devant le CPUN, le ministre de l'Intérieur, Mihai Chițac, estime à 249 le nombre de meetings qui ont eu lieu entre le 19 mars et le 11 mai 1990.

Le 24 avril, la police intervient en force pour contrer une manifestation organisée sur la Place de l'Université. À partir du 25 avril, les opposants au FSN se retrouvent au cœur même de Bucarest, sur la Place de l'Université qu'ils occupent. Catalysateur de l'opposition, représentant d'une deuxième révolution symbolique, lieu où des éléments déclassés de la société essayaient de défier l'ordre constitutionnel, tous les appellatifs ont été utilisés pour définir un mouvement politique original qui – cette fois-ci tous les analystes sont d'accord – a été la principale arme utilisée par l'opposition contre le FSN.

Jour et nuit, des milliers de manifestants participent à cet événement qui a des allures rituelles avec ses incantations anticommunistes, ses hymnes à la mémoire des morts de la Révolution, ses discours présentés au balcon de l'Université, ses spectacles, ses signes de reconnaissance, son propre service de sécurité et d'approvisionnement en nourriture. Les organisateurs sont le GDS et des associations établies pour représenter les participants à la Révolution de décembre : *16-21 décembre, 21 décembre*. Les représentants de l'opposition sont unanimes à considérer alors les événements organisés sur la Place de l'Université comme la plus efficace, la plus symbolique forme d'action politique. La participation à ces événements devient alors le critère d'identification de l'action politique des élites opposées au FSN alors que leur condamnation est totale au sein du FSN.

Pour ceux qui soutiennent la manifestation de la Place de l'Université, il s'agit de la dernière tentative – aussi la plus désespérée – pour garder intact l'esprit de la Révolution de décembre. *Le sens de zone libre de communisme doit être apprécié pour ce qu'il est. À mesure que la restauration gagnait du terrain, l'esprit anti-communiste s'est cherché sur la Place de l'Université... la seule forme d'expression qu'il pouvait encore espérer*[17]. Prendre la parole sur le balcon de la Place de l'Université devient le

---

[17] Nicolae MANOLESCU. *Le droit à la normalité : le discours politique et la réalite*. Bucureşti : Editura Litera, p. 243.

principal moyen de communication des leaders de l'opposition : libéraux, monarchistes, révolutionnaires, intellectuels et étudiants forment le gros des participants.

Le message politique exprimé par cette opposition commence à se définir. Il reprend les arguments de la déclaration de Timişoara, exigeant la mise à l'écart des anciens membres du PC dans la course électorale. Le FSN et ses leaders sont accusés d'avoir volé, trahi, utilisé la Révolution pour asseoir leur pouvoir.

Les revendications des manifestants, exprimées dans un message intitulé pompeusement *Communiqué pour l'instauration dans le pays d'un climat de compréhension et stabilité, pour éviter l'escalade de la tension et de l'incompréhension, pour l'ordre démocratique de droit*[18], étaient les suivantes:

- adoption de la déclaration de Timişoara comme loi électorale ;
- formation d'une commission pour l'épuration de l'administration de l'État des cadres de la *nomenklatura* communiste. Cette commission sera formée de représentants des groupes indépendants ;
- autonomie universitaire ;
- commission d'enquête pour les événements de 1989.

Jour et nuit se succèdent au balcon de l'Université des orateurs aussi divers qu'impatients d'exprimer leurs idées, leur rejet du communisme et leur refus du FSN. Il y a là des vieux membres des partis d'avant-guerre, emprisonnés durant l'époque communiste, des poètes improvisés et de jeunes chanteurs, des prêtres et d'autres qui viennent prêcher l'unification avec les territoires roumains qui faisaient encore partie de l'URSS (l'ancienne Bessarabie et la Bukovine roumaine, aujourd'hui république de Moldavie et région d'Ukraine). Dans ce brassage bon vivant, les paradoxes ne manquent pas : la nuit, agenouillés à la lumière des chandelles, les manifestants reprennent en

---

[18] Domniţa STEFANESCU. *Ibid,* p. 66-67.

chœur les chansons patriotiques apprises lors des réunions de la revue *Flacǎra*, écrites par Pǎunescu, barde nationaliste par excellence de l'époque communiste. Le poète lui-même évite de justesse un lynchage par la foule quelques ruelles plus loin ! Les thèmes les plus populaires abordés par ce happening communicationnel : la réunification avec la Bessarabie, le sort de la Roumanie abandonnée par les Occidentaux aux mains des communistes, les hymnes à la gloire des parents, des paysans, de la sagesse nationale traditionnelle, etc. Les manifestants reprennent aussi, sans toujours en connaître l'origine, des messages utilisés par les mouvements nationalistes fascisants (légionnaires) des années 1930 ; la chanson «*Capitaine, nous t'aimons*» est transformée en «*Liberté, nous t'aimons*», mais le refrain reste le même[19]. Enfin, l'hymne des *voyous* (terme utilisé par le président Iliescu pour condamner les manifestants de la Place de l'Université) est composé et mis en musique par un groupe conduit par le rocker Vali Sterian. Cet hymne a comme refrain «*Mieux vaut être un voyou qu'un activiste de parti / mieux vaut être mort que communiste*» et l'une de ses strophes fait référence à une demande très importante des manifestants : la création d'une chaîne de télévision indépendante.

Sur un écran géant, Place de l'Université, les manifestants présentent des documents filmés dans le siège du Comité central pendant les événements de décembre avec la conviction qu'ils parviendront à convaincre les électeurs de la thèse du complot : la récupération par le groupe proche d'Iliescu de la Révolution, le contrôle de ce groupe par les soviétiques.

Contre le pouvoir qui organisait le consensus populaire autour d'une lente transition, sans coupables et sans exclus, les intellectuels ont aménagé une zone libre de néo-communisme, une place libre de discours et de slogans, un théâtre de valeurs, un terrain de veille et de miracles, administré par les étudiants et animé par les personnalités culturelles les plus célèbres. En fait, un spectacle improvisé dont les

---

[19] *Liberté nous t'aimons ! Nous vaincrons ou nous mourrons !* Le refrain faisait référence au serment des légionnaires, dans les années 1930, pour la défense du Capitaine Codreanu.

personnages principaux étaient la démocratie, la liberté, la vérité, interprété par des acteurs connus ou par le premier venu[20], écrit un intellectuel éminent proche de l'opposition.

On le voit, il n'est pas question d'un projet politique ou de réformes sociales mais d'actions symboliques. Dans les revendications, comme dans les mesures destinées à y répondre, l'opposition opère avec des catégories très réduites qui ne sont pas aptes à réunir des appuis populaires et institutionnels importants.

Il est essentiel de remarquer que les slogans utilisés sur la Place de l'Université étaient généralement dirigés contre le FSN et l'instauration du communisme et aucunement en faveur des réformes libérales de l'économie. On ne parlait pas d'argent ou de privatisation dans ces manifestations, pas plus que de projets politiques libéraux, d'autonomie locale, de décentralisation, etc.

Contre la mise en place d'une organisation politique réelle, les intellectuels et les autres élites politiques présentes sur la Place de l'Université décident d'utiliser le mouvement contestataire pour se présenter sous le visage d'une troisième force, d'un pouvoir indépendant. Rejetant ce qu'ils appellent la formalisation politique, ils accusent le FSN de ne viser que le pouvoir politique qu'ils estiment nécessairement corrompu.

Dans la presse d'orientation civique (*22, România literară*), on soutient, en faisant des allusions à Platon, que *le pouvoir ne doit appartenir qu'à ceux qui n'en veulent pas*[21]. Ce mouvement des indépendants a contribué à la confusion des électeurs de bonne foi, *en les poussant à imaginer que les partis politiques représentaient une forme dépassée,* selon Octavian Paler, premier sur la liste des candidats du GDS au Sénat[22].

La presse d'opposition reprend à souhait cette argumentation en dressant le portrait idyllique d'un pays révolutionnaire où un

---

[20] Daniel BARBU. *Ibid.*, p. 79.
[21] Voir par exemple «*Nu iubeau cărţile*» (Ils n'aimaient pas les livres) dans *România Literară,* 1ᵉʳ mars 1990.
[22] Octavian PALER. *Vremea întrebărilor.* Bucureşti : Ed. Albatros, 1995, p. 44.

peuple, épris de liberté, est en train d'être manipulé par un groupe restreint de communistes qui a abusé de sa confiance pour s'instaurer au pouvoir en infiltrant toutes les structures de l'administration[23].

L'inconvénient est que ce portrait ne correspond pas à la réalité. Mais la théorie du complot continue longtemps de faire la une des médias d'opposition : *Et si tout cela n'avait été qu'une formidable mise en scène... et si les terroristes n'avaient pas été capturés parce qu'ils ne pouvaient s'arrêter eux-mêmes... et si notre élan révolutionnaire avait entraîné un changement de 360 degrés ? Et si nous ne nous étions pas rendu compte et si nous nous étions rendu compte mais n'avions rien fait parce qu'il est plus facile de ne pas faire un geste, alors nous méritons notre sort[24]*, se lamente un journaliste.

Le 28 avril, est constituée à Timişoara *l'Alliance nationale pour la Révolution de Timişoara*, qui a comme but déclaré l'accomplissement, par voie pacifique, de tous les objectifs de la Révolution. Plus de 24 partis politiques, 51 syndicats et 154 collectifs de représentants des entreprises, ainsi que 29 associations culturelles prennent part à la création de l'Alliance. Parmi les leaders, on remarque le professeur Basil Popovici, les écrivains Stelian Tănase, Ana Blandiana et Marian Munteanu, leader des étudiants.

Alors que les messages de solidarité internationale se multiplient en faveur des manifestants de la Place de l'Université (dont une lettre d'appui d'Eugène Ionescu, signée *Un voyou académicien*), le dialogue demeure bloqué avec le FSN. Les autorités refusent de discuter avec les représentants de *l'Alliance pour la Proclamation de Timişoara* et interdisent à la presse l'accès aux discussions.

---

[23] Voir par exemple *Mai bine mort decât comunist* (Mieux vaut être mort que communiste) ou *Alina, liceenii, tinerii.* (Alina, les lycéens, les jeunes) dans *Viitorul*, 18 mai 1990 et *România Liberă*, 27 mai 1990.
[24] *Baricada*, 5 juin 1990.

Le 9 mai, onze jours avant les élections, les deux principaux candidats de l'opposition, Radu Câmpeanu (Parti national libéral) et Ion Raţiu (PNTCD) décident de retirer leurs représentants du CPUN à la suite du refus du FSN d'ajourner les élections.

La proclamation de Timişoara a, dès le début, suscité la plus grande hostilité de la part du FSN. Pour les leaders du FSN, c'est la crainte de voir l'électorat voter avec le FSN qui a poussé l'opposition à tenter de limiter les conditions de participation aux élections. Par conséquent, la proclamation de Timişoara est considérée comme un acte profondément antidémocratique sur lequel le CPUN s'est exprimé d'une façon négative. De toute façon, *cette proclamation de Timişoara ne représentait même pas l'opinion des habitants de Timişoara... Plus encore, l'idée n'appartenait même pas à ses auteurs, mais a été formulée dans la Commission de la loi électorale par le représentant du PNL,* peut-on lire dans un article contestant toute légitimité au mouvement, paru dans un journal proche du pouvoir[25].

Pendant le mois de mai, au cours d'une tournée électorale effectuée dans le département de Vaslui (une des régions les plus pauvres de la Roumanie, située à la frontière ukrainienne), les organisations locales du FSN proposent, en réplique, ce qu'ils appellent la Proclamation de Podul Inalt. S'opposant à la proposition de la déclaration de Timişoara qui veut interdire l'accès aux anciens membres du Comité central aux fonctions politiques, la proclamation de Podul Inalt vise à recréer, par consensus, une nouvelle unité nationale. *Les héros du peuple ne se sont pas sacrifiés pour des intérêts mesquins, pour la moitié, le quart ou moins de ce pays. Ils sont les nôtres, autant à Timişoara, qu'à Bucarest, Sibiu, Iaşi, Cluj, Braşov, sur toutes les terres roumaines. Ils ne sont pas les premiers ou les derniers. Ils sont tous les héros de notre révolution, des Roumains*[26]. La manifestation de la Place de l'Université est comparée aux événements similaires organisés en

---

[25] *Tineretul Liber*, 9 mai 1990.
[26] *Neamul Românesc*, 15 mai 1990.

Bulgarie et en Yougoslavie ; rapidement on en vient à accuser les manifestants d'être manipulés et payés de l'extérieur pour accentuer la déstabilisation du pays. La légitimité de ces manifestants (des *voyous,* dit Iliescu) n'est pas reconnue ; on conteste surtout leurs moyens d'action : on les accuse d'actes de violence, de contribuer à accroître la tension dans le pays, d'entretenir la suspicion nationale, de créer un climat d'instabilité nocif pour le bon déroulement des élections. Dans le CPUN, on présente des rapports sur la situation hygiénique désastreuse de la Place de l'Université, sur les encombrements causés à la circulation, aux commerces centraux, à l'enseignement supérieur. Le leader des étudiants, Marian Munteanu, est accusé par la presse proche du FSN d'avoir accumulé plus de 500 000 dollars dans les derniers mois grâce à ses actions de déstabilisation[27]. Le président Iliescu lui-même déclare que *là bas on paie de l'argent, on apporte des aliments... je ne parle pas des intellectuels raffinés qui se présentent parfois comme les porte-parole du mouvement et qui sont contestés par certains, mais de ceux qui y restent jour et nuit... certains en étant payés. J'ai des informations directes de deux retraités qui restent, nuit après nuit, se couvrent bien et prennent 500 lei par nuit... Il y a des gens qui travaillent derrière ces actions; si ceux-là renoncent, toute l'action va s'arrêter*[28].

Le message électoral du FSN, qui se veut en contraste avec ces agitations, se présente comme consensuel, pacificateur. Tous les problèmes évoqués par l'opposition (comme l'enquête sur les responsables des morts de la Révolution, la violence de la campagne électorale...) sont considérés comme en voie de résolution, ou comme faisant l'objet d'une attention soutenue de la part du gouvernement. La reconstruction spirituelle et civique du pays est elle-même présentée comme une priorité du FSN, en accord avec les idéaux de la Révolution de décembre, dont il se présente comme le naturel représentant.

---

[27] *Adevărul,* 18 mai 1990.
[28] Ion ILIESCU. *Momente de Istorie.* Bucureşti. Editura Enciclopedică : 1995, p. 263.

En bref, *l'acte salvateur que le* FSN *propose comme mécanisme politique est le dialogue de toutes les forces, l'harmonisation des intérêts de toutes les catégories sociales et leur coopération pour la résolution réaliste des grands et complexes problèmes de la société. Dans ce cadre, le* FSN *évite tout dogmatisme et garde toujours la voie ouverte pour répondre d'une façon adéquate aux demandes de la réalité*[29].

Ce message globalisant reflétait bien aussi la grande diversité des appuis politiques que le FSN avait recrutés et la variété d'opinions qu'on y retrouvait. Ainsi, dans la délégation chargée de négocier avec les manifestants de la Place de l'Université se trouvaient Andrei Pleşu (écrivain), Mircea Dinescu (poète) et Sergiu Nicolaescu (metteur en scène). Le 15 mai, le vice-président du FSN, Ion Caramitru (acteur de profession), lance aussi un communiqué dans lequel il considère comme bénéfiques toutes les manifestations anticommunistes et enjoint le gouvernement à ne pas faire usage de la force contre les manifestants. Par ailleurs, le responsable de la sécurité pour la capitale, le général Diamandescu, participant aux séances du gouvernement, ou le ministre de l'Intérieur, le général Chiţac étaient impliqués directement dans le commandement des actions de la police dirigées contre les manifestants en décembre 1989 et en avril 1990. Le rédacteur en chef du journal *Adevărul*, Darie Novăceanu, et Constantin Sorescu, rédacteur adjoint des quotidiens *Tineretul Liber* et *Azi*, qui s'étaient fait remarquer par la virulence de leurs attaques contre l'opposition, étaient aussi candidats sur les listes du FSN. Au niveau régional, les candidats proposés par le FSN sur les listes électorales avaient été désignés d'une manière absolument obscure, leur nom et leur spécialité étant largement inconnu ; la campagne électorale elle-même était orchestrée autour des grands repères : les figures principales du pouvoir (Iliescu, Roman), l'héritage et la poursuite des idéaux de la Révolution et le message consensuel, pacifique, social, du FSN. Il n'y eut ni meetings électoraux, ni

---

[29] *Azi*, 20 avril 1990.

affiches imprimées localement au bénéfice des acteurs politiques régionaux du FSN.

Enfin, sur le plan doctrinaire, le FSN restait dans le vague, se présentant tantôt comme un mouvement politique de type nouveau, tantôt comme représentant la forme la plus avancée de pluralisme politique, comme le défenseur des intérêts nationaux et des classes les plus défavorisées, et comme le moteur des changements révolutionnaires entrepris[30] ; il entretenait une confusion permanente sur son identité qu'il était dans l'impossibilité de définir autrement que par le cliché suivant : la seule force capable d'assurer la stabilité du pays.

Cette variété d'opinions, ce vague idéologique et ce manque de transparence dans la structure du FSN avaient été remarqués et critiqués même de l'intérieur. Ainsi, Silviu Brucan, qui s'est retiré du FSN après le 20 mai, estimait que le FSN devait définir ses trois composants principaux : l'idéologie, son comité directeur et sa structure organisationnelle. Pour éviter la création d'une nouvelle oligarchie de parti, il fallait accorder un grand degré d'autonomie aux organisations locales du parti afin d'empêcher la création d'un centre dictatorial[31]. Ses opinions furent loin de faire l'unanimité, étant rejetées par la plupart des membres de la direction du FSN qui continuèrent à soutenir l'approche consensuelle, globalisante, vague. L'opposition, quant à elle, réagit avec véhémence à ces propos en y voyant la nostalgie d'un parti unique, l'utopie d'une structure cohérente de gouvernement de nature communiste, de l'institutionnalisation idéologique au détriment de l'amalgame révolutionnaire improvisé[32].

L'unique débat télévisé entre les trois principaux leaders politiques (Iliescu, Raţiu et Câmpeanu) eut lieu le 17 mai sur la chaîne nationale et fut modéré par le directeur général de la

---

[30] *Tineretul Liber*, 9-10 mai 1990.
[31] Entrevue, à la TVR, du 31 mai 1990.
[32] *România Literară*, 7 juin 1990.

TVR, le président de celle-ci et le chef du département des émissions d'information.

Nous avons fait une analyse de ce débat télévisé qui a duré presque trois heures et qui est, à notre connaissance, la seule analyse de discours effectuée en Roumanie d'une façon empirique.

Nous avons éliminé de l'analyse les interventions des modérateurs. Nous avons ensuite formé une base de données complète des interventions des trois candidats et nous avons de plus séparé leurs discours en trois bases partielles pour identifier les spécificités de chacun d'entre eux. Pour l'analyse du discours, nous avons utilisé le logiciel TACT, breveté par l'Université de Toronto, capable de reconnaître les mots selon leurs racines (exemple : immigrants, immigration, immigrer, etc.) et de procéder à des regroupements.

La première conclusion à laquelle nous sommes arrivé est le nombre relativement pauvre de mots différents utilisés : seulement 3735 mots différents sont utilisés sur un total de 16 356 mots prononcés par les trois candidats. À part celui de l'économiste Galbraith, aucun nom d'expert, d'institution, ou de recherche, n'est cité par les candidats à l'appui de leurs dires.

Par la suite, nous avons sélectionné un nombre de mots clés (et leurs racines) que nous considérons importants pour identifier une attitude politique.

Mots clés – Attitude politique – Débat du 17 mai 1990

Agriculture (11), années (30), argent (4), bien (27), capital (8), changement (11), chômeurs (10), coûts (3), croire (70), démocratie (33), dépenses (3), droite (1), électorat (29), emprunt (3), État (10), étudiant (1), exil (3), gauche (1), gens (34), gestion (2), héritage (4), industrie (23), informatisation (1), institutions (1), intellectuels (1), investissements (5), jeunes (4), libéralisation (2), management (5), manifestants (2), marché (22), moderne (11), national (31), opposition (7), organiser (9), ouvriers-travailleurs (3), partenaires (1), parti (48), paiements (1), parler pays (82), paysans (11), peuple (20), politique (37), presse-médias (4), prix (2), privatisation (2), profit (1), propriété (1), public (5), responsabilité (23), révolution (3), retraités (1), Roumain (70), salarié (16), services (5), spécialistes (1), techniciens (0), tourisme (3), travail (25), vendre (1), voter (16).

Pour le téléspectateur roumain, le débat politique des trois candidats à la présidence fut donc un débat d'une construction sémantique assez pauvre, sans références à des études ou à des experts réputés qu'on aurait eu du mal à identifier. L'univers simple construit par le discours combiné des trois candidats a été dominé par la Roumanie, les Roumains (70), qui vivent, se préoccupent pour et dans leur pays (82). Les partis (48), font de la politique (37), pour la démocratie (33). Celle-ci est reliée au travail (25), qui est réalisé par les gens (34), dans l'industrie (23), et l'agriculture (11), et qui ne touche pas les services (5). Ces gens sont salariés (16) et paysans (11), et aucunement techniciens (0), ingénieurs (0), experts (0), et rarement jeunes (4), intellectuels (3), retraités (1) ou même ouvriers (3). On croit (70) à la privatisation (31) et au marché (22) et l'électorat (29) va voter (16), puisque le bien (27) et la modernisation (11) sont certains, même sans l'argent (4), le profit (1), la vente (1), les investissements (5). Enfin, il suffit d'être responsables (14) pour faire le changement (11), sans chômeurs (10), avec l'État (10), sans coûts (3) ou dépenses (3), ni libéralisation (2). L'essentiel étant de parler[33] (44) et d'analyser (20).

Une analyse plus détaillée des discours des trois candidats situe Iliescu en première place pour la pauvreté de son intervention. Il prononce très rarement des mots définissant une attitude politique précise : démocratie (6), privatisation (6), vote (1), jamais les mots argent, dépenses, emprunt. Il utilise rarement aussi des mots indiquant des actions ou des catégories sociales. Par ailleurs, il est le seul à parler d'agriculture (11) et parle beaucoup de travail (17). L'analyse du discours de Ion Rațiu montre aussi une proportion importante de mots comme Roumain (28), pays (35), national (13) et peuple (8), équivalente à celle d'Iliescu. Sur le terrain du nationalisme, au

---

[33] Et synonymes.

moins, il est faux de dire que dans le débat télévisé le candidat Iliescu a été plus ardent que ceux de l'opposition. Par ailleurs, contrairement à ce qu'on aurait pu croire, Iliescu parle fréquemment de marché et seulement une fois de chômage. L'usage des autres mots est distribué d'une façon trop équilibrée ou est trop peu important pour en tirer des conclusions significatives, à part celle d'une similarité d'ensemble, consensuelle, du discours des trois candidats.

Enfin, nous avons pris l'usage du mot **privatisation** dans son contexte pour déceler quelques différences dans le discours des trois candidats:

Pour Iliescu, le mot privatisation (privé) est corrélé quatre fois d'une manière négative, une seule fois d'une manière positive et deux fois d'une façon neutre. Dans ces corrélations, la privatisation est aussi rapprochée à quatre reprises du mot analyse, comme dans *«...c'est une question qui mérite d'être analysée. Il est très facile de lancer une formule comme privatisation immédiate, mais il faut voir quels coûts sociaux cela implique.»*

Pour Raţiu, le même mot est corrélé trois fois d'une manière négative et trois fois d'une manière neutre comme dans *«initiative privée pour libérer la force latente du peuple roumain.»*

Pour Câmpeanu, le même mot est corrélé quatorze fois d'une manière positive et quatre fois d'une manière neutre comme dans *«un secteur privé qui a plusieurs avantages.»*

Finalement, nous avons étudié le contexte dans lesquel Iliescu utilise le mot **analyse** pour arriver à la conclusion que, treize fois sur quatorze, la phrase qui le contient exprime la temporisation ou l'attente et non pas l'action définie. Ainsi, *dans tous les cas, il peut y avoir des variantes multiples pour diverses solutions qui doivent être pesées et analysées avec beaucoup de compétence, avec l'aide de collectifs...*

Les conclusions partielles que nous pouvons tirer de cette analyse sont que, lors de l'unique débat télévisé de la campagne électorale entre les trois principaux candidats:

- le débat a été très pauvre en contenu sémantique et en précisions de plans ou projets de réforme ;
- on a très peu parlé de la réforme économique dans des termes indiquant la libéralisation, les coûts, les investissements, les institutions ;
- les trois candidats ont fait un grand usage des termes nationaux et des généralités (parler + analyser sont répartis d'une façon équivalente entre les candidats) ;
- Iliescu a été celui qui, plus que les autres, a préféré utiliser le mot **analyse** en relation avec le besoin d'attendre ;
- dans l'ensemble, Iliescu regarde la **privatisation** d'un œil négatif et temporisateur, alors que les autres candidats en parlent avec plus d'optimisme.

Si nous ajoutons à cette analyse la remarque que, sur la Place de l'Université elle-même, l'opposition n'avait pas eu un discours libéral, mais un discours national et anticommuniste, ou un discours antipolitique et indépendant, nous voyons que **les éléments de consensus entre les élites sont plus nombreux qu'il n'y paraissait au premier abord.**

Le 20 mai 1990, dans un climat d'enthousiasme populaire, et faisant suite à un certain nombre d'irrégularités notées par les observateurs étrangers, plus de 86% des électeurs roumains, avec droit de vote, se présentent aux urnes. Malgré les irrégularités observées (dont un certain nombre de violences électorales), le scrutin est considéré par la plupart des observateurs comme reflétant l'option du public. Le nombre de votes nuls (plus d'un million sur un total de 14 millions) illustre le relatif degré d'ignorance de la population face aux procédures électorales. La victoire du FSN est catégorique (63,1% à la Chambre des députés, 67,02% au Sénat) et celle du président Iliescu impressionnante (85,07%).

69

La seule analyse faite en profondeur sur les causes de ces résultats catastrophiques pour l'opposition a relevé ces principaux arguments :

1) incapacité de l'opposition à se présenter comme un mouvement constructif ;

2) négligence, par l'opposition, des thèmes préférés par l'électorat : la tranquillité, le changement sans effort, les bénéfices économiques immédiats ;

3) présence trop abondante dans le discours de l'opposition des thèmes de la culpabilité, de la liberté, de la démocratie, trop abstraits pour la majorité de la population.

En gros, le succès énorme du FSN et du président Iliescu lors de la campagne électorale de 1990 a été attribué exclusivement à la télévision. En réalité, les choses sont plus complexes: *...la persuasion de l'opposition a échoué, non pas par manque de canaux de communication, mais parce qu'elle demandait un changement d'attitude trop important. La persuasion du FSN a réussi parce qu'elle a étudié en profondeur le public cible et lui a dit ce qu'il voulait entendre : que les choses iraient bien sans effort*[34].

Autant que la victoire du FSN et la défaite des partis libéraux/paysan-chrétien, ce qui frappe l'observateur c'est l'échec (non anticipé) de toutes les autres petites formations politiques. À l'exception du PUNR, avec une forte assise nationaliste en Transylvanie (et fondé après les émeutes de Târgu-Mureş) et des mouvements écologistes, presque tous les autres partis politiques disparaissent de la scène publique. Le verdict électoral vient clairement démasquer un pluralisme de façade, médiatique, qui avait été l'objet de toutes les louanges et de toutes les critiques.

L'agitation de la vie politique et la tolérance par l'organisation de nombreux partis politiques ne sauraient cacher le fait que l'échec des nouvelles formations est aussi

---

[34] Alina MUNGIU. *Românii după 1989*. Bucureşti : Humanitas, 1995, p. 260.

l'échec de l'organisation effective de nouvelles élites politiques et de leur concentration au sein des deux grands groupes : FSN / opposition libérale-paysanne-chrétienne. Le fait qu'aucun candidat proposé par le GDS et les groupements associatifs indépendants n'ait été élu illustre aussi que leur discours sur le non-engagement politique a laissé insensible l'électorat. Enfin, le succès de l'UDMR prouve l'organisation réussie et effective d'un mouvement politique basé sur des intérêts précis et bien définis (ceux de la minorité magyare).

À la suite des élections, le mouvement de la Place de l'Université perd de son ampleur ; les représentants de la Ligue des Étudiants décident de se retirer de la manifestation ; le nombre des participants diminue d'une façon importante. On remarque aussi une scission parmi ceux qui continuent à soutenir la manifestation : les appels des intellectuels à l'intention du président Iliescu afin de trouver une issue à la crise se multiplient.

Quant aux médias proches du FSN, ils saluent les élections comme la preuve de la maturité du peuple et comme l'expression d'une authentique démocratisation de la société. *Ce peuple n'est pas stupide ou imprévoyant en politique, il ne se trouve pas dans l'enfance de la démocratie comme on l'a dit de façon éhontée, mais dans sa période de plus grande maturité civique et patriotique... La façon dont il a voté a démontré sa dignité incroyable*[35].

Le 13 juin 1990, la police reçoit l'ordre d'en finir avec la manifestation de la Place de l'Université. Elle procède à de nombreuses arrestations et démonte les barricades installées sur la place. Le lendemain, des incidents violents ont lieu alors que les manifestants essayent d'y revenir. Des groupes d'ouvriers attaquent le siège de la faculté d'Architecture et l'émeute éclate au centre-ville. Des camions de police sont incendiés.

---

[35] *Adevărul*, 22 mai 1990. Article titrant : «Cela ne pouvait se passer autrement».

Le siège central de la police est attaqué par des manifestants, la police tire sur eux ; d'une façon inexplicable, les étages supérieurs et les archives de la police prennent feu. Pendant toute la journée du 14 juin, il y a des heurts violents entre manifestants et policiers. À la télévision nationale, pourtant bien gardée, des provocateurs parviennent à pénétrer (avec la complicité du service d'ordre) et font d'importants dégâts matériels.

Pour le président Iliescu et les durs du FSN, ces événements sont considérés comme le point culminant des tendances extrémistes représentées sur la Place de l'Université. Iliescu, prenant la parole sur les ondes de la radio nationale, déclare que ces manifestations sont d'ordre légionnaire (fasciste), qu'il s'agit d'une tentative organisée, préparée à l'avance pour renverser le pouvoir choisi démocratiquement. Sa déclaration comporte aussi un appel adressé à *toutes les forces démocratiques du pays... pour appuyer l'élimination de cette rébellion légionnaire, en collaborant avec les forces de l'ordre, en arrêtant les éléments extrémistes*[36].

Dans la vallée de Jiu, des milliers de mineurs sont mobilisés par les autorités locales et acheminés sur Bucarest dans des trains spéciaux. Dès leur arrivée, ils vont être pris en main par des officiers des Services secrets et dirigés vers les points stratégiques : le siège des principaux partis d'opposition, celui des quotidiens proches de celle-ci, les associations comme le GDS[37], etc. Des dizaines d'étudiants sont battus et torturés alors qu'une partie de la population de Bucarest applaudit ces scènes[38].

Pour l'opposition, l'appel aux mineurs fait par le président Iliescu illustre la tendance du FSN à monopoliser tous les leviers

---

[36] Déclaration reprise dans la plupart des quotidiens du 14 juin 1990.

[37] Voir Gabriel ANDREESCU. *Patru ani de revoluție*. București : Litera, 1994, p. 31.

[38] Pour un compte rendu détaillé des événements, voir Mihnea BERINDEI, Ariadna COMBES, Anne PLANCHE. *România, cartea albă* București : Humanitas, 1991.

du pouvoir et à écraser toute forme de résistance. Dans cette perspective, toute la lutte politique depuis décembre 1989 apparaît comme la préparation de l'étouffement progressif de toute opposition. *Comme les forces de police, de sécurité... la radio et la télévision, donc les principaux moyens de contrôle et de manipulation se trouvaient aux mains des principaux leaders, leur réussite n'est pas étrange*[39].

Pour le FSN, au contraire, l'explosion de violence du 15 juin est due aux *groupements politiques qui contrôlent la Place de l'Université... qui veulent compromettre le gouvernement et son activité politique tout en se préparant pour leur coup de force... L'intervention de la police et des ouvriers... s'est fait tardivement, permettant aux éléments déclassés de la société de procéder à leur guise jusque tard le soir... Face à cette rébellion légionnaire à laquelle a été confronté le peuple roumain, certains éléments se sont présentés même en uniforme légionnaire, en affichant le drapeau vert, en utilisant le langage légionnaire. Face à cette situation, il existe des gens qui, on ne sait pourquoi, essayent de faire passer les agresseurs pour des victimes, en accusant les forces de l'ordre*[40].

Le premier réel sondage d'opinion effectué en Roumanie après 1989, avec une méthode d'échantillonnage scientifique, et portant sur les attitudes politiques, a été produit par l'institut IRSOP et publié dans *Adevărul*[41]. Il révèle des pistes intéressantes sur la perception des Roumains des mécanismes de fonctionnement d'une démocratie politique. La majorité des Roumains croit que le rôle principal des partis politiques est d'assurer le calme dans le pays et de collaborer entre eux *honnêtement*. L'idée d'opposition ne se trouve nulle part, ni d'ailleurs celle d'un quelconque rôle de la société civile ; le consensus, plus que le pluralisme, est l'attitude souhaitée pour les partis politiques. Plus des trois quarts des Roumains sont d'accord avec l'évacuation de la Place de l'Université et

---

[39] Voir *22*, N° 24, juin 1990.
[40] *Azi*, 15 juin 1990.
[41] 18 juillet 1990.

réprouvent les critiques exprimées par les États occidentaux sur les actions violentes du gouvernement roumain. Les deux tiers des Roumains approuvent l'appel à l'aide adressé à la population par le président, 55% apprécient comme positive la venue des mineurs et presqu'un tiers est favorable à une répression/interdiction contre les manifestants. Enfin, une grande majorité apprécie les changements survenus depuis décembre 1989, quant à l'amélioration des conditions de vie et de l'approvisionnement.

C'est donc l'image d'un peuple conservateur, méconnaissant des valeurs de la démocratie moderne et passif politiquement qui se dessine à partir de ce sondage.

La période qui s'étend du printemps 1990 à la fin de l'été de la même année est cruciale pour l'identification de la formation des nouvelles élites politiques du pays. Celles-ci se rallient à deux camps, représentés par le FSN et par ceux qu'on désigne généralement sous le nom de l'opposition. Le premier comprend, outre le groupe original rassemblé autour d'Iliescu, la quasi-totalité des responsables de l'administration et du gouvernement, y compris des structures de sécurité. Il bénéficie aussi de l'appui de la télévision nationale et d'une bonne majorité des quotidiens. L'opposition rassemble les dirigeants des principaux partis d'opposition historiques, la plupart des élites intellectuelles et des représentants d'associations de la société civile récemment établies. Il n'y a pas eu de percée d'autres élites ou d'autres partis politiques, c'est-à-dire que les deux forces en présence ont rallié toutes les organisations politiques.

Nous avons vu que pour l'opposition, le FSN a peu à peu pris le contrôle de toutes les structures de l'État, en confisquant la Révolution et en ralentissant la démocratisation du pays avec des pratiques politiques totalitaires. Les analystes roumains qui se sont penchés sur la période, comme Alina Mungiu, croient que la victoire du FSN a été assurée par la domination des structures de l'État (administration) et par la pratique d'un message électoral populiste, doublées d'une attitude politique paternaliste qui correspondait aux attentes de la majorité de la population.

Nous pensons avoir démontré que si la polarisation des élites politiques est totale (opposition/FSN), leurs organisations sont très peu intégrées, leur légitimité respective est contestée et qu'elles ont très peu communiqué/négocié entre elles. Nous pouvons toutefois parler d'un consensus valorique et d'une grande similarité en ce qui concerne leur approche de la compétition politique. Les deux groupes se contestent leur légitimité réciproque, délaissent l'offre politique pragmatique et les enjeux économiques et sociaux au bénéfice d'une rhétorique portant sur la légitimité politique supérieure.

Bien entendu, il reste des différences notables entre les deux élites. Ainsi, l'opposition demeure intéressée par la découverte de la vérité sur la Révolution de décembre et surtout par le remplacement rapide des cadres du gouvernement qui sont d'anciens nomenklaturistes (proclamation de Timişoara).

Le FSN, durant cette période, est tenté par l'attentisme économique. Pourtant, les plus importantes distinctions sont celles qui concernent le contrôle des institutions de l'État ; le FSN domine la plupart de celles-ci, en créant une coalition entre l'administration et le nouveau pouvoir politique, auquel se rallie une bonne partie des médias. L'opposition, pour sa part, n'a aucun accès à ces structures administratives et combattra vainement pendant quelques mois pour l'indépendance du seul média d'audience nationale : la télévision roumaine.

Alina Mungiu estime dans son ouvrage que *les élections du 20 mai 1990 n'ont pas été une compétition persuasive. L'opinion publique s'est formée dès le début de janvier, et l'avantage de certains compétiteurs de pouvoir accorder des gratifications de dimension nationale – la semaine de travail de 5 jours ou la diminution du prix de l'énergie – a eu une contribution décisive*[42].

---

[42] Alina MUNGIU. *Ibid*, p. 280.

En cela, nous sommes d'accord avec cette analyse et pensons même que c'est ici que se trouve la clé de la victoire du FSN. Ce n'est pas tant l'inadaptation du message de l'opposition ou la pratique d'un comportement politique (au nom des valeurs libérales) clairement distinct des attentes du peuple qui a déterminé son échec.

Dans l'ensemble, il existe un assez large consensus valorique des élites en place dans la gestion de la lutte politique et une grande similarité dans la pratique de cette lutte entre le FSN et l'opposition. L'affrontement ne s'est pas mené au nom de valeurs ou avec des armes fondamentalement différentes ; simplement les deux adversaires n'étaient pas de taille.

Le ralliement de la plupart des élites de l'administration, le contrôle des leviers économiques et des principaux leviers informationnels (télévision, réseau de distribution de la presse, etc.) par les élites proches du FSN ont contribué à façonner d'une manière décisive l'opinion publique en leur faveur. De plus, la contestation des agissements politiques du FSN ne s'est pas faite avec, en contre-exemple, des comportements politiques distincts pratiqués par l'opposition. Il n'y a pas eu non plus de débat au nom de valeurs différentes.

Le véritable enjeu de la lutte politique a été la domination des leviers de pouvoir, des structures de l'administration, clés auxquelles les élites de l'opposition, moins nombreuses et moins bien organisées, n'avaient pas accès.

L'échec de l'opposition dans la lutte électorale a été avant tout l'échec de son organisation, son incapacité à infiltrer les structures déjà en place et non pas l'échec des valeurs ou des attitudes politiques différentes[43].

C'est dans cette perspective que nous pouvons parler, à la fin de l'été 1990, d'élites polarisées, qui ne négocient pas entre elles, dont les structures de pouvoir et de communication ne sont pas

---

[43] À l'exception de son empressement à juger les coupables de la Révolution de décembre et à imputer les responsabilités de cette Révolution au gouvernement du FSN.

du tout intégrées, mais qui partagent un relatif consensus valorique sur les attitudes politiques et sur le répertoire d'actions admissibles dans la compétition politique.

CHAPITRE TROISIÈME

L'OUVERTURE DU JEU POLITIQUE : NOUVEAUX ACTEURS, NOUVEAUX ENJEUX

La période qui s'étend de la formation du premier gouvernement issu d'élections démocratiques (juin 1990) à 1999, année pré-électorale, voit l'ouverture du jeu politique de plusieurs manières. Formation de gouvernement de coalition, mouvements de rue, établissement d'un cadre législatif, campagnes électorales, réformes économiques et institutionnelles sont autant de phases qui ouvrent aux nouveaux acteurs des passages vers l'influence et l'autorité politique. Nous verrons quelles ont été les étapes tournantes dans la succession des événements et dans quel contexte historique s'est développé l'échange politique entre 1990 et 1999. Notre propos ne sera historique et descriptif que dans la mesure où il est nécessaire de poser quelques repères macro-politiques pour ensuite articuler notre démonstration analytique du deuxième chapitre.

Entre réformes et résistances

Le 20 juin 1990, le président Iliescu dépose son serment et entre officiellement en fonction. Le 28 juin, le nouveau gouvernement dirigé par Petre Roman présente son programme. Dans ses mémoires, l'ancien premier ministre souligne que ce programme de réformes, d'orientation sociale-démocrate, était dans sa totalité inspiré par le gouvernement et que le président Iliescu et les autres membres de la vieille garde du FSN n'ont pas influencé sa rédaction[1]. Bien entendu, ces arguments sont développés après la rupture intervenue entre l'aile Roman et l'aile Iliescu du FSN, de façon à présenter l'image d'un programme de réformes bloqué par ces derniers.

Quel qu'en soit l'inspirateur, le programme présenté par le gouvernement Roman est clairement d'orientation réformiste. Les objectifs déclarés sont la transition rapide vers l'économie de marché, l'adoption de lois réformistes dans un délai maximum de deux ans, la privatisation des entreprises, la réforme de l'enseignement, l'investissement dans la recherche et le développement technologique. Les procédures prévues sont celles de la *révolution managériale (sélection du personnel selon leurs compétences), la participation accrue de la société civile aux décisions économiques, la séparation des influences politiques du fonctionnement administratif.* Le programme est aussi relativement critique face aux tendances observées pendant les derniers mois, soit la chute de la productivité, *les vacances économiques.* On souligne à plusieurs reprises qu'il ne s'agit pas d'*une crise conjoncturelle mais d'une crise structurelle de fonctionnement du système communiste*[2].

Le gouvernement lui-même est formé en grande partie de technocrates de la seconde génération, qui détenaient dans le régime Ceauşescu des fonctions administratives non politiques. On remarque le ministre des Finances (Dijmărescu), celui de la Réforme (A. Severin), celui de la Culture (A. Pleşu, un intellectuel indépendant), celui des Affaires étrangères (A. Năstase) et celui du Travail et de la Protection sociale (C. Zamfir). Il s'agit, dans tous ces cas, de personnalités au début de la cinquantaine, qui se sont fait remarquer dans leur carrière professionnelle. Le seul ministre contestable est celui de la Défense, V. A. Stănculescu, qui a été impliqué dans les événements de décembre 1989 et qui avait été un homme de

---

[1] Vartan ARACHELIAN. *Faţă în faţă cu Petre Roman*. Bucureşti : Editura Cartea Românească, 1996, p. 152.

[2] Voir *Cartea Albă a guvernării Roman*. Bucureşti : România Azi, 1992, p. 19-41.

confiance de Ceauşescu avant de contribuer à son arrestation ; il est d'ailleurs le seul à ne recueillir que les deux tiers du vote du Sénat (soit le pourcentage détenu par le FSN), les autres ministres étant acceptés par le vote quasi unanime des deux Chambres réunies.

Au cours des semaines suivantes, les manifestations continuent. Les étudiants demandent la libération de ceux des leurs qui avaient été arrêtés sur la Place de l'Université. Une grève du nouveau syndicat libre de la télévision nationale va séparer ses employés en deux camps : ceux qui considèrent que la chaîne nationale a joué honnêtement son rôle d'institution nationale lors des événements de la Place de l'Université, et ceux qui l'accusent d'avoir été partiale et favorable au gouvernement. Un des leaders des étudiants, Marian Munteanu, est libéré de prison, puisqu'il ne *constituait plus une menace pour la sécurité publique,* selon le procureur général. Mais les protestations persistent, dégénérant entre le 24 et le 27 août, en émeutes. La rue continue donc d'être le moyen d'action privilégié de l'opposition, qui souffre de son impuissance à influencer directement les décisions politiques.

Les partis d'opposition connaissent aussi des remous. Un groupe de jeunes réformateurs (C. P. Tăriceanu, D. Patriciu, A. Cojocaru) sont exclus du PNL pour avoir tenté d'en disputer la conduite au leader R. Câmpeanu. Les exclus vont fonder un autre parti d'orientation libérale, intitulé d'abord PNL-AT (Aile Jeune). L'insuccès électoral est, selon la presse, la première cause de cette rupture ; peu nombreux sont ceux qui remarquent que les termes d'«opposition unie» et de «FSN uni» limitent la marge d'action des élites dont les intérêts divergent déjà.

En octobre, le premier rapport du gouvernement est présenté devant le Parlement. Il illustre une situation plutôt inquiétante, celle d'une économie encore fortement centralisée, dont les circuits traditionnels de distribution fonctionnent de plus en plus mal et où la modernisation se fait attendre.

Fin octobre 1990, on constate[3] que l'économie roumaine :
- gaspille 24% plus d'énergie pour une production équivalente par rapport à l'année 1989 ;
- voit la productivité du travail chuter de 23% et les salaires réels augmenter de 26% par rapport à la même période, l'année précédente ;
- a reçu 45% moins d'investissements par rapport à l'année précédente ;
- doit importer environ 1,5 Mds $ de produits énergétiques supplémentaires, entre autres à cause de la chute de la productivité des exploitations d'huile et de pétrole.

Le secteur privé est en pleine expansion (50 000 petites entreprises ont été créées) mais il est surtout constitué de petites entreprises de commerce et de service.

Face à cette situation, considérée comme extrêmement préoccupante, le gouvernement se propose d'accélérer la réforme et les mesures de libéralisation des prix et de privatisation. Des lois importantes sur la tranformation des sociétés d'État en sujets de droit autonomes (régies ou sociétés commerciales) en attente de leur privatisation sont adoptées. La privatisation de 50% du capital de l'économie détenue par l'État est prévue dans un délai de 3 ans. La libéralisation de certains prix – auparavant subventionnés – les fait grimper de 50%. Il s'agit là des premières attaques d'un pouvoir politique centralisé et intrépide dans un domaine de compétence (la gestion économique des grandes entreprises d'État) qui avait été le ressort d'une administration locale limitée jusque-là dans ses ambitions politiques par le pouvoir communiste.

Deux conceptions s'affrontent : celle qui envisage la soumission des intérêts locaux et industriels aux besoins d'une administration politique centralisée et technocratique et celle qui, par le biais d'une collusion entre intérêts politiques et économiques, vise à transformer les entreprises d'État en

---

[3] *Cartea Albă*. Bucureşti : Ed. România Azi, p. 57-79.

mécanismes d'échange d'influence (par le biais de crédits gouvernementaux), de gain de popularité (par le biais de subventions) et en soupapes sociales (en ménageant le sort des électeurs).

La première conception est familière aux élites que nous appellerons *technocratiques* dans la deuxième moitié de notre travail et la seconde correspond à la logique que nous avons étiquetée *populiste-survivante*. Cette opposition, qui sera déterminante pour la coagulation des élites politiques en coalitions politiques ayant des objectifs distincts, commence donc à l'automne 1990 avec les premières mesures de réformes économiques.

Dans le camp de l'opposition officielle, au mois de novembre 1990, une nouvelle organisation prend forme : l'Alliance civique. Il ne s'agit pas, selon ses fondateurs, d'un groupement politique, mais d'une *structure de coopération entre toutes les énergies sociales qui soutiennent les valeurs de la foi, de l'humanisme, de la démocratie*[4]. Parmi les fondateurs se trouvent les principaux intellectuels du pays, les organisateurs des événements de la Place de l'Université et quelques ONG qui militent en faveur de la démocratie.

Au cours de la même période sur la gauche de l'échiquier politique, un autre parti apparaît, sous la direction de Ilie Verdeţ, ancien premier ministre de Ceauşescu. Dénommé PSM (Parti socialiste du Travail), et revendiquant l'héritage du PC roumain, ses origines ouvrières et ses réalisations, il se déclare résolument engagé sur la voie d'un socialisme moderne.

Le 1er décembre, jour de fête nationale, est l'occasion de nouvelles confrontations entre le FSN et l'opposition. Les représentants de cette dernière, venus porter des fleurs lors de la cérémonie officielle, sont hués par la foule à l'incitation des leaders du FSN. Le mois de décembre 1990 sera parti-culièrement agité ; tour à tour, routiers et syndicalistes sont en grève et Bucarest est le théâtre de plusieurs manifestations. Les

---

[4] Domniţa Ştefănescu, *op. cit.*, p. 104.

étudiants de plusieurs universités déclenchent aussi des mouvements de protestation, y compris des grèves de la faim et réclament l'identification des responsables de la répression de décembre 1989.

La Révolution devient de nouveau un thème important de la vie politique. Réunies en session commune, les deux chambres du Parlement lancent un *appel au calme* et demandent à la population d'*être digne des héros de décembre 1989*. Certains journaux lancent des avertissements sur l'éventualité d'un *coup d'État préconisé pour le 15 décembre et dirigé par les leaders de l'opposition*[5]. À Timişoara en particulier, la célébration du début de la Révolution prend la forme d'une protestation contre le gouvernement, accusé d'être la réincarnation du communisme.

Le 25 décembre, jour de Noël, une visite inattendue de l'ancien souverain de Roumanie, Michel Ier, prend le gouvernement par surprise. Après consultations, le gouvernement décide de lui révoquer son visa et de l'expulser, considérant sa venue comme *indésirable et incompatible avec les lois du pays*[6]. La réaction de la presse internationale et de la presse d'opposition est critique. Le ministre de la Culture, A. Pleşu, menace de démissionner.

À la fin de l'année 1990, la géographie politique roumaine offre les oppositions suivantes : entre le FSN et l'opposition officielle un débat se poursuit sensiblement sur les mêmes thèmes qu'au début de l'année : à qui revient le mérite de s'approprier la mythologie de la Révolution ? Entre le gouvernement et l'administration industrielle se dessine déjà une nouvelle opposition dont l'enjeu est la conception même de toute l'organisation économique, antagonisme qui passe largement inaperçu aux yeux du public. Enfin, une dernière frontière sépare ceux qui acceptent la légitimité du jeu politique déjà établi et ceux qui la refusent entièrement, en préférant utiliser

---

[5] *Adevărul*, 14 décembre 1990.
[6] Vartan ARACHELIAN. *Faţă în faţă cu Petre Roman*. Bucureşti : Cartea Românească, 1996, p. 226.

des appellations et des moyens d'action qui se situent à l'écart de celui-ci. Dans la première catégorie, on trouve les élites qui font partie de l'opposition parlementaire et le pouvoir ; dans la seconde, les mouvement de rue, monarchiques et civiques, et notamment les mouvements contestataires.

L'année 1991 commence avec d'autres manifestations organisées par l'Alliance civique à Bucarest et à Timişoara. Au Parlement, une partie du FSN, sous la direction du président du Sénat, attaque avec virulence le programme de libéralisation économique entrepris par le gouvernement Roman.

En guise de changement, le programme du gouvernement est reformulé et présenté de nouveau devant le Parlement, le 26 février 1991. Le constat sur l'appareil industriel hérité de la période Ceauşescu est impitoyable : une *industrie surdimension-née, vieillie, produisant peu de valeur ajoutée, énergophage, techniquement peu fiable, technologiquement dépassée*[7]. Le gouvernement annonce aussi qu'il n'a pas l'intention de poursuivre les mesures populistes que le gouvernement provisoire de l'année précédente avait acceptées et qui se sont révélées beaucoup trop coûteuses pour l'économie nationale. La chute du PIB d'environ 8% et de la productivité d'environ 20%, dans les conditions de l'accentuation du déficit budgétaire et de l'inflation, sont quelques-unes des conséquences de cette politique néfaste menée en 1990.

En fait, selon le rapport du gouvernement, *l'organisation sociale et économique du pays est modelée par deux structures différentes : la première, centralisée, qui est l'héritage du communisme et la seconde, celle des nouveaux mécanismes d'économie du marché en voie de construction, qui ne sera pas achevée avant 1992*[8]. La solution du retour en arrière étant définitivement rejetée (pour des raisons de choix politiques) en faveur de la démocratisation et de la libéralisation, il ne reste que deux options selon le rapport gouvernemental : la poursuite de la

---

[7] *Cartea Albă a guvernării Roman*. Bucureşti : România Azi, 1992, p. 106-107.
[8] *Ibid*, p. 108.

phase transitoire ou l'accélération des réformes. Les tendances contradictoires et les coûts risquant de s'accentuer dans le premier cas, l'accélération des réformes devient le seul objectif sur lequel l'engagement politique du gouvernement doit se concentrer.

Les mesures préconisées pour la transformation plus rapide de la société sont d'abord d'ordre législatif : lois sur la propriété privée, régime des investissements, transformation des entreprises d'État en régies autonomes, lutte contre la fraude fiscale, lois sur les conditions de travail, négociations salariales, impôt direct et indirect.

Les mesures économiques prévues pour l'année 1991 sont, elles aussi, très ambitieuses : stabilisation du PIB, attribution de 10% des dépenses budgétaires à l'investissement, poursuite de la subvention pour certains produits de base, augmentation des crédits gouvernementaux de 20%, augmentation des réserves en devises de la Banque Nationale[9].

Les remous provoqués par ce programme éclatent lors de la Convention annuelle du FSN organisée les 16 et 17 mars 1991, à Bucarest. La presse parle de la lutte commencée entre les *jeunes turcs réformateurs et les forces réactionnaires proches du président qui s'accrochent à leurs positions*[10].

Plusieurs députés du FSN attaquent violemment le programme de réformes entrepris par le gouvernement, le considérant trop libéral. Un autre groupe politique, formé à l'intérieur du FSN à partir du printemps 1990, reproche au gouvernement de négliger l'organisation du parti dont il provient et de ne pas avoir de vision à long terme. En présentant la motion *Un avenir pour la Roumanie,* le groupe du même nom parviendra à susciter l'hostilité de tout le monde : des éléments les plus réformateurs ainsi que des éléments les plus conservateurs du parti. P. Roman, réélu leader national, maintient le contrôle du parti mais, quelques jours plus tard,

[9] *Ibid,* p. 120-127.
[10] *Adevărul*, 19 mars 1991.

trois ministres importants (dont celui des Finances) et neuf députés démissionnent pour protester, surprise, contre le rythme trop lent des réformes.

En avril 1991, une autre étape de la réforme amène la libéralisation des prix de la plupart des biens de consommation et des biens courants. S'opposant à ces mesures, qu'ils considèrent en contradiction avec l'idéologie et les objectifs du parti FSN, un nombre de députés et de sénateurs, sous la direction du président du Sénat (A. Bârlădeanu) retirent leur appui politique au gouvernement. Le groupe ainsi organisé se donne le nom de *FSN-20 mai* ; il représente les éléments les plus conservateurs.

Ignorant ces nouvelles oppositions et refusant de participer aux débats sur la réforme économique, l'opposition propose un tout autre agenda politique et utilise des moyens différents. En mai 1991, pour l'anniversaire de la manifestation de la Place de l'Université, d'autres marches sont organisées par l'Alliance civique et les étudiants de Bucarest. Ces marches sont souvent des événements publics impliquant des chanteurs, des spectacles, des humoristes et aussi des parodies. Le 21 mai, un scandale éclate dans la presse ; des journalistes de *România Liberă* ont découvert, enterrés dans un village près de Bucarest, des documents qui appartiendraient aux Services secrets et qui contiendraient des informations spectaculaires sur les événements de juin 1990. Après l'intervention des procureurs, et la publication dans la presse de ces documents (d'importance toute relative), le scandale s'éteint.

Au début de juillet 1991, la commission parlementaire chargée de proposer une nouvelle constitution présente l'ébauche de son projet devant le Parlement. La loi de privatisation des entreprises d'État, présentée dans la même période, suscite davantage de remous dans le parlement. Elle sera votée à la hâte avant la clôture de la session. L'échec du putsch de Moscou sera l'occasion pour les partis d'opposition de critiquer l'attitude du gouvernement et de plaider pour une épuration des cadres communistes encore présents dans l'administration[11]. On le voit, depuis la proclamation de Timişoara le discours de l'opposition n'a pas évolué. Indifférente face aux conflits intérieurs du FSN, qu'elle estime être des enjeux moins importants que ceux auxquels elle s'intéresse, l'opposition sera bientôt surprise que d'autres élites politiques puissent à leur tour abandonner les normes légales du jeu politique et faire valoir une légitimité autre que celle qui est électorale.

Le 24 septembre, une grève déclenchée dans la vallée de Jiu par les mineurs tourne mal. La mairie de Petroşani est dévastée par les manifestants et, face au refus du premier ministre de venir négocier avec eux, les mineurs décident de détourner des trains pour aller à Bucarest. Entre le 25 et le 27 septembre, de violents combats de rue font rage dans la capitale entre plusieurs milliers de mineurs et les forces de l'ordre. Ces dernières utilisent des armes à feu et des blindés pour repousser les mineurs et défendre le siège du gouvernement et le palais présidentiel qui sont la cible des attaques. Officiellement, les violences font 4 morts et 455 blessés, mais la presse de cette période parle de plus d'une dizaine de morts.

Le 26 septembre, le gouvernement démissionne mais le premier ministre Roman s'attend à le reconstituer rapidement avec la même formule politique. Cependant, les alliances politiques se font et se défont rapidement ; le président Iliescu insiste pour la mise à l'écart de Roman, alors que les principaux partis d'opposition manifestent leur appui aux mineurs. Les leaders des mineurs sont accueillis triomphalement au Congrès du PNTCD. Les appels à la grève générale de la part de certains membres de l'Alliance civique sont vus comme des incitations à l'anarchie alors que, pour l'opposition, la situation créée ne peut être imputée qu'au FSN qui a encouragé les mineurs à se croire imbus d'une légitimité politique.

Coup d'État néo-communiste, pour les partisans de Roman, *boomerang préparé par le FSN contre l'opposition,* selon le PNTCD, ou *phénomène politique anarchiste provoqué par les déstabilisateurs,*

---

[11] *Déclaration appel* de l'Alliance civique, 25 août 1991.

selon les services de sécurité, l'action des mineurs n'en finit plus de susciter des interprétations. **Ce qui est certain c'est que, une fois de plus, les observateurs passent à côté de la question essentielle qui est, à notre avis, celle de la représentation d'intérêts politiques différents, l'apparition de nouvelles fractures et de nouveaux enjeux dont on ne tient pas compte dans le débat existant.** Les interprétations manichéistes abondent et le pays apparaît comme irrémédiablement fragmenté.

Les conséquences de ces événements pour l'image extérieure de la Roumanie et de l'incapacité à y trouver une explication politique sont catastrophiques. Plusieurs négociations en cours avec le FMI, la Banque Mondiale et le Conseil de l'Europe sont suspendues. La Roumanie devient le mouton noir de l'Europe de l'Est et un rapport interne du ministère des Finances évalue à 320 millions $ les dégâts imputables directement à l'assaut des mineurs[12]. La chute de la production industrielle et énergétique, le retard pris dans la libéralisation du taux de change, l'augmentation de l'inflation à cause de concessions salariales d'environ 15% accordées aux employés du secteur de l'État sont aussi des conséquences de ces événements, selon le même rapport. Un nouveau gouvernement est alors formé par l'ancien ministre des Finances, Theodor Stolojan, avec l'appui du FSN et celui du parti national libéral. Ce gouvernement de *technocrates,* comme il est appelé par la presse, suscite l'opposition de l'Alliance civique et du PNT. Les manifestations sur la Place de l'Université reprennent ainsi que leur lot habituel de slogans anticommunistes, de spectacles, de satires.

Le 13 novembre 1991, cinq partis politiques d'opposition (PNTCD, parti libéral, parti social-démocrate, parti écologiste et parti de l'alliance civique) forment le Forum antitotalitaire roumain. Leur première action politique est de demander la révision des traités existants, pour obtenir par voie pacifique le droit de commencer les négociations avec l'Ukraine sur le statut

---

[12] *Cartea Albă a guvernării Roman*. Bucureşti : România Azi, 1992, p. 200-220.

des territoires roumains annexés par l'URSS. Deux semaines plus tard, les mêmes partis décident la formation d'une coalition électorale nommée Convention démocratique. La reformulation des alliances électorales se poursuit ; ce même mois, le leader du FSN, l'ancien premier ministre Roman, se lance dans une attaque virulente contre le président Iliescu qu'il accuse de représenter les éléments communistes du pouvoir politique.

Durant les mois d'octobre et de novembre, le Parlement débat âprement le projet de constitution proposé par une Assemblée constituante formée de 28 experts parlementaires et juristes. Plus de 1000 amendements y ont été apportés cet automne-là et l'avis d'experts étrangers a été sollicité à 30 reprises. Voici les points les plus disputés:

1) la formulation de départ quant à la définition de l'État roumain comme étant *national, souverain, unitaire et indivisible* a été très contestée par l'UDMR (le parti de la minorité hongroise);

2) la possibilité accordée au gouvernement d'émettre des ordonnances d'urgence et de nommer des juges à la Cour suprême de Justice (pour une période de 6 ans seulement) est considérée par l'opposition comme une atteinte au principe de la séparation des pouvoirs ;

3) les pouvoirs accordés au président apparaissent comme excessifs à certains ; ils contestent même l'approche abordée d'une *République présidentielle* qui, si elle est appropriée pour la France, est dangereuse pour la Roumanie où le centralisme totalitaire a laissé tant de mauvaises expériences ;

4) la procédure de révision de la constitution par référendum semble excessivement lourde et complexe ;

5) la constitution ne contient aucune référence au *peuple roumain* en tant que sujet autonome. La gauche et les nationalistes réclament l'absence de toute référence à l'unification ultérieure des territoires roumains historiques (comme la Bessarabie ou le sud de l'Ukraine actuelle) et fondent leurs demandes sur le modèle de la constitution allemande.

Enfin, des critiques plus élaborées visent surtout la philosophie de la constitution qui ne reconnaît pas l'existence d'une *communauté de citoyens souverains* précédant celle de *l'État roumain*. La nation roumaine est donc, dans cette optique libérale, dépossédée de droits fondamentaux au profit de l'État. L'absence de tout préambule ou de toute formule définissant *la Nation* ou *le Peuple* comme créateurs de droits qui régissent la volonté de vivre en communauté illustre cet *a priori* en faveur du renforcement de l'État, selon certains analystes. *Le sujet politique de la loi fondamentale roumaine de 1991 est sans doute l'État (art 1. alin 1), un État doté de territoire, frontières, citoyens, drapeau, fête et hymne national, langue officielle et capitale. En d'autres mots, l'État roumain n'apparaît pas comme le produit de la volonté souveraine du peuple roumain rassemblé dans une République, mais comme un État qui produit ses citoyens par voie positive, en leur accordant des droits et en leur imposant des obligations*[13].

Avec 414 votes en faveur et 95 votes contre, le Parlement, réuni dans ses deux Chambres, vote le projet de constitution le 21 novembre. Le parti de la minorité hongroise (UDMR) a enjoint ses représentants de voter contre le projet alors que les autres partis d'opposition ont préféré recommander à leurs membres de s'abstenir (PNTCD) ou de voter selon leur conscience (Parti libéral).

Le 13 décembre, les résultats officiels du référendum constitutionnel organisé cinq jours auparavant sont présentés : 77,3% pour le oui et 20,49% pour le non. La Constitution est donc approuvée dans les conditions d'une participation relativement modeste (environ les 3/4 de l'électorat). Plus grave encore, 40% de cet électorat déclare connaître peu ou très peu de choses sur la nature de cette Constitution[14]. La légitimité de la loi fondamentale du pays est donc assurée par moins de 57% d'un électorat dont près de la moitié avoue ne pas en comprendre le contenu.

---

[13] Daniel BARBU. *Şapte teme de politică Românească*. Bucureşti : Antet, 1997, p. 78.
[14] Sondage IRSOP présenté dans *Economistul*, 12/12/1991.

L'année 1991 s'achève avec des résultats économiques désastreux. Bien loin de rattraper le retard pris par rapport aux autres pays d'Europe centrale, la Roumanie s'enfonce dans la crise économique et les revenus par tête y sont les moins élevés de la région. Le PIB chute de 13% par rapport à l'année précédente et tous les autres indicateurs sont au rouge : production industrielle (-23%), inflation annuelle (170%), déficit commercial (-1 Md $ mais avec des exportations de seulement 4 Mds $/an). Complètement isolée des flux économiques internationaux, la Roumanie n'a reçu que 40 millions de dollars en investissements étrangers comparativement à (déjà) plusieurs milliards pour la Hongrie et la Tchécoslovaquie. Enfin, le chômage est déjà élevé (8%) même si les véritables réformes économiques n'ont pas encore commencé : le cadre législatif manque, la privatisation n'a touché qu'un petit nombre d'entreprises et le secteur de l'État reste prédominant[15].

Au niveau des acteurs politiques, la situation n'a pas tellement évolué depuis l'année précédente. Les oppositions restent les mêmes : au sein du pouvoir, entre réformateurs technocrates et populistes, entre le pouvoir et l'opposition, entre ceux qui acceptent les règles du jeu de la légitimité électorale et ceux qui la récusent. La disproportion entre l'action des institutions chargées de l'autorité politique et les sphères de la société dans lesquelles divers acteurs réclament des solutions politiques s'est agrandie. Les ressources institutionnelles dont disposent les élites politiques au pouvoir sont insuffisantes pour réaliser une gamme d'objectifs variés, qui vont des revendications économiques à des compétitions symboliques, et qui proviennent de la population. Cette population, pourtant, reste à l'écart des enjeux politiques (l'exemple de la Constitution...) dont elle ignore les ressorts, la logique et les

---

[15] Pour toutes les statistiques de la période, nous avons consulté l'annuaire de *Business Central Europe magasine*, disponible aussi sur le web au www.bcemag.com

conséquences. En somme, l'interprétation que nous proposons de l'espace politique roumain, en 1991, est celle d'un jeu politique qui se déroule dans plusieurs arènes et où les acteurs (élites et institutions) poursuivent des logiques spécifiques, sectorielles, enclavées. Il est évident, dans ce cas, qu'on ne peut parler d'élites unifiées et intégrées dans une situation d'interaction, situation où elles se reconnaîtraient une légitimité réciproque et agiraient en fonction de calculs rationnels, en procédant à des échanges politiques. Nous verrons comment et dans quelles circonstances, à partir de 1992, vont se produire les premiers désenclavements des espaces de l'action politique. Nous verrons aussi dans quelles arènes et pour quels enjeux les élites vont s'affronter directement.

Les élections locales de 1992 et la mise en place de processus d'échange politique

L'année 1992 débute avec la campagne pour les élections locales. Le Parlement (dominé par le FSN) propose la constitution d'une commission d'enquête chargée d'étudier toutes les décisions et les actions prises par le gouvernement Roman. On prévoit que les travaux de cette commission *anticorruption* dureront plusieurs années. Déjà, ils apparaissent comme une forme d'action politique visant à discréditer l'image des fidèles de Roman et de son gouvernement.

La préparation des élections locales a débuté tardivement, la plupart des partis politiques étant, nous l'avons vu, préoccupés par le débat constitutionnel. Certaines agences de presse internationales[16] estiment que le climat et la préparation des élections locales ne sont pas celles d'un scrutin libre et démocratique. En fait, la plupart des irrégularités observées sont d'ordre mineur (éclairage et affichage des bureaux de vote)

---

[16] Dépêche *Reuter,* 27 janvier 1992.

même si un climat de susceptibilité extrême règne entre les partis politiques. La campagne électorale marque aussi l'apparition, dans la vie publique roumaine, des instituts de sondage dont le plus connu reste l'ancien institut d'État (IRSOP).

Les élections locales démontrent que l'électorat a suivi la voie adoptée par les partis politiques, c'est-à-dire celle de l'enclavement dans des différenciations irréductibles. Cet enclavement se reflète dans les opinions de vote mais aussi dans le refus d'accorder la moindre confiance aux adversaires politiques. *On remarque la forte tendance à ne pas accorder d'appréciations positives aux représentants d'autres formations que celle que l'on préfère, même quand il s'agit d'alliés*[17]. L'électorat et les forces politiques se rejoignent dans leur incapacité à dépasser le stade de la polarisation politique et leur refus d'envisager des intérêts communs.

Ces élections locales tenues en deux tours de scrutin (9 et 23 février) voient le progrès des partis d'opposition et leur transformation en un adversaire plus redoutable pour le pouvoir. Avec 24,3% des voix exprimées, la CDR (Convention démocratique) devient la seconde force politique du pays, prenant le contrôle de la plupart des grandes villes roumaines, dont Bucarest. Le FSN, avec près de 34% du vote, demeure le premier parti du pays, mais perd bien des voix en faveur des partis nationalistes (PUNR en Transylvanie surtout et PRM dans le sud du pays). Mais ces élections illustrent aussi le désarrroi de la population et le manque d'implantation réelle des partis politiques:

– moins de 10% des partis politiques officiellement inscrits obtiennent des mandats locaux. Moins de 4% des Roumains se sont formé une opinion politique à partir des rencontres/réunions publiques des candidats ;

– un tiers de l'électorat s'est abstenu de voter et a l'intention de le faire aussi lors des prochaines élections législatives[18] ;

---

[17] *Express*, 21-27 janvier 1992. Sondage IMAS.
[18] Pavel CAMPEANU. *De patru ori în fața urnelor*. București : Ed. All, 1993, p. 37.

– une part importante de l'électorat est incapable de se prononcer sur des enjeux fondamentaux du débat politique parce qu'elle ne le comprend pas. Ex : 48% des étudiants (un électorat mieux éduqué que la majorité de la population) ne peuvent formuler une opinion sur les programmes des partis politiques roumains[19] ;

– si la normalité technique des élections n'est pas mise en doute, le manque de transparence du processus électoral est un facteur de division fondamental. Une semaine après le premier tour de scrutin, moins du tiers des électeurs interrogés dans un sondage d'opinion connaissaient le nom du candidat élu et seulement 55% pouvaient identifier le parti qui avait remporté la lutte électorale dans leur localité[20] ;

– le manque d'information est accompagné d'un manque de confiance envers les institutions chargées de la transmettre. Ainsi, 43% des Roumains interrogés se forment une opinion politique à partir des discussions avec les amis et les collègues de bureau, alors que seulement 27% d'entre eux font confiance aux différents médias télévisés et 26% à la presse, pour se faire une opinion[21] ;

– le principe du processus électoral est mis en doute seulement par 9% des Roumains interrogés mais 28% d'entre eux estiment être incapables de juger du déroulement du processus.

La Roumanie du printemps 1992 dévoile donc un paysage politique où les partis politiques souffrent d'un manque d'implantation et d'identification aux yeux d'un électorat qui a très peu de connaissances civiques et très peu confiance dans les institutions publiques du pays. Comme dans le cas du référendum constitutionnel, le mécanisme démocratique est discrédité par le peu de légitimité que lui confèrent les pratiques

---

[19] Sondage ICCV, publié dans *Curierul National*, 5 janvier 1992.
[20] Enquêtes préparées par CIS, publiées dans Pavel CAMPEANU, *op. cit.*, p. 40.
[21] Sondage CIS, 23-30 janvier 1991. *Ibid.*, p. 19.

et les connaissances de l'électorat. La méfiance de l'électorat et son incapacité à se prononcer sur les enjeux politiques (programmes des partis, personnalités, déroulement du processus électoral) sont évidentes. Elles ne soulèvent pourtant aucune inquiétude parmi les élites politiques, préoccupées par leurs objectifs particuliers, soit la consolidation de leurs organisations respectives.

Dans ces conditions, il est même surprenant de constater que le jeu politique démocratique ait été adopté par tous les partis, autant lors du vote sur la constitution (négociations, amendements...) que lors des élections locales. Comme l'explication d'une pression de l'électorat ne tient pas, il faut chercher ailleurs les causes de ce consensus adopté par les élites politiques roumaines. Voici un sujet dont l'intérêt, pour la compréhension des procédures d'action politique des élites roumaines, a échappé aux analyses. Contentons-nous pour l'instant d'observer que ce consensus est congruent avec nos remarques précédentes portant sur l'enclavement des enjeux politiques pratiqué par les élites ainsi qu'avec la poursuite d'agendas et d'objectifs distincts. S'il n'y a pas confrontation ni dérogation à la règle électorale et constitutionnelle, il n'y a pas non plus d'échange politique entre ces élites hétérogènes qui fonctionnent avec une logique confrontationnelle à l'intérieur des secteurs autonomes (ainsi le FSN est déchiré entre jeunes technocrates politiques et bureaucrates de l'administration économique, enjeu complète-ment ignoré par l'opposition).

La chute de popularité du FSN accentue les tensions internes entre les partisans de l'ancien premier ministre Roman et ses opposants. Le 12 mars 1992, la réunion du Conseil directeur du FSN dégénère en conflit ouvert entre les deux camps et l'intervention du président Iliescu vise directement la condamnation de Roman. Présents à la télévision nationale, le lendemain, les deux leaders politiques s'accusent mutuellement de tendances autoritaires, de contribuer à la dégradation du climat social et d'avoir compromis les idéaux et l'unité du parti (FSN).

Deux semaines plus tard a lieu la Convention nationale du FSN. Les deux groupes rivaux s'affrontent devant des centaines de délégués. Le groupe pro-Roman déclare être en faveur de la social-démocratie de type européen, des réformes démocratiques et contre les communistes. L'objectif déclaré du groupe Roman est de transformer le FSN en un parti puissant, bien structuré, qui assure une capacité de gouvernement effective. Le groupe pro-Iliescu accuse les alliés de Roman de s'être révélés des gouvernants incompétents et corrompus, assoiffés de pouvoir. En fin de compte, la motion présentée par le groupe Roman recueille le vote majoritaire des délégués et Roman est élu leader national du FSN mais seulement lorsqu'il renonce à poser sa candidature, au nom du parti, lors des élections présidentielles prévues[22].

Au cours des jours suivants, plus de vingt députés FSN démissionnent du groupe majoritaire pour manifester leur appui au président Iliescu. La dispute continue dans les médias, le groupe favorable à Roman accusant ses adversaires d'usurper le nom de *FSN-22 décembre* et déposant des contestations au tribunal pour empêcher l'apparition d'un parti de ce nom. On le voit, la mythologie révolutionnaire continue de représenter un symbole plus convoité que l'appartenance à une doctrine précise ou la représentation d'intérêts collectifs.

Finalement inscrit au tribunal, le parti prendra le nom de FDSN (Front démocratique pour le Salut national) et deviendra le PDSR après 1992. Fortement médiatisé et d'une façon continue, le conflit entre les deux tendances du FSN laisse indifférente la majorité de la population[23]. En fait, bien loin de juger le conflit dans les termes posés par les adversaires, 90%

---

[22] Pour une description du Congrès National FSN 1992, voir Vartan ARACHELIAN, *op. cit.*, p. 71-77.

[23] Sondage CIS, mars 1992. Trois quarts des Roumains interrogés perçoivent l'événement comme peu ou très peu intéressant. Repris dans Pavel CAMPEANU, *op. cit.*, p. 63.

de l'électorat n'accorde aucune motivation honorable aux meneurs du conflit, estimant dans une proportion de 70% que la cause de celui-ci se trouve dans la soif de pouvoir des deux leaders. Moins de deux ans après avoir fait confiance au FSN et au président Iliescu dans une proportion écrasante, une proportion similaire de Roumains retire tout crédit moral à leur action politique[24]. La principale force politique du pays se retrouve désorganisée, fragmentée et dénuée de toute légitimité morale aux yeux de la population. Elle n'a pas de plate-forme politique.

Les disputes dans le FSN ne profitent cependant pas à la consolidation de l'opposition. En fait, celle-ci connaît à son tour un rapide processus de désintégration. La Convention démocratique a connu, il est vrai, des succès importants lors des élections locales mais les libéraux (PNL) considèrent qu'il s'agit d'une organisation trop hétérogène qui contribue à la perte d'identité des grands partis et bénéficie seulement aux plus petits d'entre eux. Avec 11% des intentions de vote estimées en mars 1992, et la mairie de quelques grandes villes, dont Bucarest et Constanţa, le PNL apparaît comme le principal acteur de l'opposition. Le leader du PNL, Radu Câmpeanu, estime que son parti – qui est le plus important et le mieux organisé de la Convention démocratique – gagnerait en retrouvant sa marge de manœuvre et en se posant comme solution de rechange entre les nouveaux FSN et l'opposition de droite. Les principaux reproches adressés par la direction libérale à la Convention sont, outre sa tendance homogénéisatrice, son intention de soutenir un candidat unique aux élections présidentielles, la plate-forme commune de gouvernement, et surtout son alliance avec l'UDMR (le parti de la minorité magyare). Le 15 avril 1992 est le jour de la séparation officielle du PNL de la Convention.

L'opinion perçoit aussi mal la rupture à l'interieur de la Convention démocratique qu'elle a perçu la rupture entre les camps du FSN. La popularité du leader libéral Câmpeanu, jadis

---

[24] *Ibid.*, p. 67.

une option plausible pour la candidature de l'opposition à la présidence, chute de 10% en deux mois pour atteindre 14%. Un meeting de la Convention démocratique tenu sur la Place de l'Université dégénère en manifestation hostile aux libéraux dont le siège central est vandalisé.

À l'occasion de la Pâque orthodoxe, le gouvernement autorise pour la première fois la visite de Michel Ier, ex-souverain de Roumanie. Le 26 avril, celui-ci reçoit un accueil enthousiaste de la part de centaines de milliers de Bucarestois, et il a l'occasion de rencontrer plusieurs personnalités politiques de l'opposition. Pour celle-ci, le roi représente la continuité du destin roumain qui a été saccagé par les communistes et le retour à la monarchie devient une plaidoirie pour la normalité démocratique. *L'histoire moderne s'est faite avec des rois et ... cette histoire s'est interrompue soudain quand l'Armée Rouge est venue sur nous et nous a imposé le communisme*[25]. La visite du roi ne fait pas l'unanimité et sa présentation à la télévision nationale provoque le mécontentement de centaines de citoyens. Un sondage, effectué un mois après, démontre cependant que l'intérêt principal suscité par cette visite a été de l'ordre de la curiosité et que les opinions de la population en faveur d'un retour à la monarchie ont atteint un maximum de 18%[26] avant de chuter rapidement. Ce qui constitue le principal opérateur d'identité doctrinaire de l'opposition (la restauration d'un ordre historique) ne suscite qu'un éphémère divertissement dans l'opinion publique. De même que la dispute entre Iliescu et Roman n'a pas été ressentie par l'opinion publique comme un antagonisme entre stabilité et réforme, la frontière imaginaire que l'opposition essaie de dessiner entre un passé idéal et un présent déshonorant passe inaperçue. Malgré les efforts des médias, désormais acquis à des lobbies politiques, les élites au pouvoir n'arrivent pas à transformer leurs objectifs en des enjeux auxquels l'opinion publique pourrait s'identifier.

---

[25] *22*, 29 mai-4 juin 1992.
[26] Sondage CIS, effectué entre le 11 et le 18 mai 1992, publié dans *22*, 5-11 juin 1992.

1992-1994 : la reformulation des intérêts politiques

En mai 1992, le FDSN, nouveau parti politique formé par des députés hostiles à Petre Roman et proches du groupe FSN-20 mai, organise sa première conférence de presse. Le principal message qui y est exprimé est critique à l'égard des *opportunistes communistes* qui, d'après le FDSN, sont restés proches de Petre Roman. On déclare aussi que la plate-forme sociale-démocrate sera à la base de l'orientation idéologique du nouveau parti[27]. Peu de temps après, un autre groupe quitte le FSN et déclare son appui à la politique du gouvernement Stolojan ; il s'agit des fondateurs du lobby *Un avenir pour la Roumanie* : Vladimir Pasti, Viorel Hrebenciuc, Ioan Mircea Pascu, Vasile Secăreş, tous des technocrates connus.

Durant l'été, le Parlement va tergiverser sur l'élaboration de la loi électorale afin de permettre, selon une partie de la presse[28], au nouveau parti (FDSN) de s'organiser et de se distinguer du FSN. Au cours du premier congrès du parti, organisé le 27 et 28 juin à Bucarest, le FDSN déclare son appui à la candidature du président Iliescu et qualifie sa propre orientation de *sociale-démocrate* et *populaire*. Le nouveau parti se propose d'être *un facteur d'équilibre* dans la voie de la réforme économique et politique et de représenter *les citoyens qui ne reçoivent plus les réponses qu'ils attendent*[29].

Entre temps, d'autres remous agitent le parti libéral. Ce dernier pense posséder une réponse en proposant la candidature de l'ex-roi Michel à la présidence de la Roumanie. L'aile réformiste du PNL-AT, qui s'était rapprochée à son tour de la Convention démocratique connaît aussi une rupture : certains de ses membres les plus éminents, des hommes d'affaires influents (comme Viorel Cataramă et Călin Popescu Tăriceanu) fondent le N-PL, un parti qu'ils estiment plus *moderne*, plus

---

[27] *Adevărul,* 8 mai 1992.

[28] *România Liberă,* 17 mai 1992.

[29] Ion ILIESCU. *Momente de Istorie.* Bucureşti : Ed. Enciclopedică, 1996, p. 310.

pragmatique et qui mise sur *le succès individuel* pour contrer *l'immaturité politique* de l'idéologie traditionnelle libérale[30].

Au début de l'automne, lorsque débute la campagne électorale, le paysage politique est déjà relativement fragmenté et la ligne de démarcation entre pouvoir et opposition ne recouvre plus la réalité politique. On trouve à la fois des partis nationalistes ou nostalgiques du communisme (comme le PUNR et le PSM), le nouveau FDSN (qui représente l'héritage populiste du FSN), le FSN avec son expérience de gouvernement et ses leaders médiatiques et aussi plusieurs partis libéraux qui revendiquent l'électorat de l'opposition et de la classe moyenne. Le projet politique du FDSN promet une politique *responsable ... des mesures raisonnables et équilibrées ... une réforme sociale...* en opposition à *l'aventurisme politique... à la corruption,* représentées évidemment par l'opposition et le FSN[31]. L'opposition (CDR), quant à elle, mise sur un discours *restaurateur ...* sur la *réconciliation nationale basée sur la Vérité, la réforme, la moralité*[32].

Aux termes de la campagne, la conclusion des analystes est que les hommes politiques du FDSN, plus expérimentés, ont réussi à dominer leurs adversaires politiques de l'opposition. Les messages accusateurs et revanchards de l'opposition ont même contribué à accroître les résultats du FDSN et d'Iliescu par rapport à ce qui avait été estimé dans les sondages. En fait, plusieurs observent que la propagande d'Iliescu et du FDSN a mieux fonctionné du point de vue *affectif* à l'égard des électeurs. Ceux-ci ont été convaincus davantage par le style et les arguments d'ordre émotionnel que par les arguments rationnels et les candidats du FDSN ont généralement mieux joué le rôle de

---

[30] Conférence de presse du NPL, 2 août 1992.

[31] Ion ILIESCU. *Momente de Istorie.* Bucureşti : Ed. Enciclopedică, 1996, p. 318-322.

[32] *Platforma program pentru scoaterea ţării din criză prin Lege, Adevăr, Reconciliere şi Reformă.*

politiciens *convaincants, de confiance,* que ceux de l'opposition[33]. Les électeurs ont préféré s'identifier aux hommes du pouvoir, aux *gagnants de la Révolution de 1989* ou aux *représentants nationaux* plutôt que d'opter pour une analyse cognitive de l'offre politique qui, d'ailleurs, nous l'avons vu, est bien pauvre et généralement ignorée.

Au deuxième tour du scrutin, le président sortant, Ion Iliescu, rallie 52% du vote alors que son adversaire de la CDR, Emil Constantinescu, n'obtient que 48%.

Dans l'ensemble, en 1992 comme en 1990, le comportement électoral a illustré ce que les sociologues ont identifié comme des segmentations structurelles claires des groupes sociaux, des attitudes et valeurs sociales[34] :

– fracture rurale/urbaine : les partisans de la CDR représentent généralement un modèle culturel urbain alors que les électeurs du FDSN proviennent généralement de la campagne ;

– fracture générationnelle : l'âge moyen des électeurs du parti au pouvoir (FDSN) et d'Iliescu est de 50 ans, comparativement à 39 ans pour les partisans de la CDR ;

– segmentation culturelle-historique : le sud et l'est du pays, moins développés, votent davantage pour le FDSN, alors que la Transylvanie et l'ouest accordent leur appui à la CDR ;

– segmentation économique-sociale : les électeurs du FDSN sont généralement des employés des entreprises de l'État, alors que les nouveaux entrepreneurs privés soutiennent la CDR ;

– vote ethnique : l'UDMR recueille tous les votes de la minorité magyare; les Roumains de Transylvanie rallient, quant à eux, le PUNR et le PRM.

Enfin, la dernière fracture que nous somme seuls à suggérer est celle qui existe entre la diversité de l'offre politique et son incapacité à servir d'agent d'échange pouvant permettre à

---

[33] Ioan DRAGAN. *Tipologii ale comportamentului electoral în România* dans *Construcţia simbolică a câmpului electoral.* Iaşi : Institutul European, 1998, p. 324.
[34] Dumitru SANDU. *Sociologia tranziţiei.* Bucureşti : Staff, 1996.

l'électeur d'anticiper, de calculer, d'orienter ses attentes de représentation. Gardons-nous, pour l'instant, d'expliquer le fonctionnement interne des coalitions d'intérêts formées par les élites. Remarquons seulement qu'au test décisif (électoral) elles ont davantage contribué à tracer des frontières sociales et, par conséquent, à accroître l'incertitude quant à des anticipations prévisibles d'action politique.

À la suite du refus de la CDR de participer à un gouvernement de coalition, les leaders du FDSN cherchent une personnalité extérieure au parti pour le poste de premier ministre. Ils choisissent finalement Nicolae Văcăroiu, économiste et technocrate proche de l'ancien premier ministre Stolojan[35]. Le cabinet formé compte, pour la moitié, des personnalités qui ne font pas partie du FDSN.

Les premiers mois du gouvernement Văcăroiu démontrent la polarisation de la vie politique et parlementaire. Lorsqu'il s'agit de nommer des représentants roumains à la délégation parlementaire du Conseil d'Europe, parmi ceux qui sont choisis on retrouve des nationalistes comme Adrian Păunescu. L'opposition accuse le gouvernement de ne pas respecter les pratiques démocratiques alors que le président Iliescu lui-même intervient pour critiquer le rôle *néfaste joué par la CDR… dans la préparation d'un rapport d'analyse suggérant au Congrès américain de ne pas accorder au pays la clause de la nation la plus favorisée*[36].

Le début de l'année 1993 confirme cette situation pleine de tensions. Les syndicats, qui soutiennent l'opposition et condamnent le gouvernement, organisent plusieurs manifestations au cours desquelles ils mettent de l'avant des revendications sociales considérées à l'époque comme antiréformistes : garantie des emplois, des salaires, etc. Un rapport du commissaire général de la police financière estime que plusieurs personnalités de haut rang – dont des journalistes, des secrétaires d'État, des directeurs de l'administration publique et

---

[35] Gheorghe SMEOREANU. *România, jocuri de interese*. Bucureşti : Ed. Intact, 1998, p. 90.
[36] Émission télévisée *Prim Plan*. TVR1, 4 janvier 1999.

même des ministres – sont impliquées dans des affaires de corruption et de trafic d'influence[37]. Les liens qu'entretiennent ces personnalités dépassent les frontières des affiliations politiques, et le scandale est enterré par le Parlement. D'aucuns affirment qu'il s'agit d'une manœuvre orchestrée pour discréditer la classe politique et les leaders roumains. Les nationalistes estiment que la corruption existante a comme origine les *bandits de Petre Roman, furieux d'avoir été écartés du pouvoir*[38] mais le FSN soutiendra, quant à lui, qu'il s'agit des *influences néfastes de la mafia... soutenue par l'ancienne Securitate*. Le tout dégénère en une bataille ouverte, en plein Parlement, entre le leader nationaliste Vadim Tudor et un député du FSN[39].

En somme, l'analyse des informations rendues publiques par le rapport ainsi que ses conséquences juridiques sont délaissées au profit d'une rivalité purement politique et rapidement personnalisée. Chacun cherche à accuser les autres leaders politiques d'immoralité et chacun voit dans la dégénérescence morale des élites adverses les causes de la crise sociale et politique. Impossible, dans ces circonstances, d'homogénéiser ne serait-ce que partiellement une représentation publique des actions politiques ou même de prévoir quelles proportion, dans cette représentation, est orchestrée par les acteurs.

Au début de l'été, certains conseillers du président Iliescu l'encouragent à explorer les possibilités d'un gouvernement de coalition. Si des rencontres entre les leaders politiques ont effectivement lieu[40], leurs intérêts et leurs affinités les poussent toutefois à abandonner l'idée d'une ouverture. Le gouvernement Văcăroiu est consolidé par les alliés nationalistes, alors que la CDR décide de ne plus considérer un rapprochement avec le

---

[37] *Adevărul, România Liberă*, 7-8 mai 1993. Parmi les personnalités impliquées, on remarque Viorel Hrebenciuc, Florin Georgescu, Octavian Andronic, Elena Stolojan, Ionel Roman.

[38] *România Mare*, 14 mai 1993.

[39] *Adevărul*, 27 mai 1993.

[40] Iosif BODA. *Cinci ani la Cotroceni*. București : Ed. Evenimentul Românesc, 1999, p. 90.

FDSN ou le président Iliescu comme une option politique. Après l'échec de cette tentative de conciliation, les élites politiques vont développer une rhétorique hostile et vont être poussées vers la confrontation permanente par les plus acharnés des leurs. Même des leaders du gouvernement Văcăroiu, comme le secrétaire général Viorel Hrebenciuc, sont attaqués par les nationalistes pour leur attitude plus conciliante à l'égard des minorités nationales[41]. Le leader du Parti démocrate (Petre Roman) est particulièrement visé par des accusations de corruption ; il préfère présenter ses années de gouvernement comme une marche vers la démocratie et la modernité, marche qui est menacée selon lui par l'héritage totalitaire de l'actuel PDSR. L'automne 1993 est aussi la période où les proches de Petre Roman se qualifient, pour la première fois, *d'élite administrative roumaine* pour se dissocier du dilettantisme et de l'improvisation des autres politiciens[42]. Enfin, l'opposition de droite utilise toujours la venue du roi Michel comme principal cheval de bataille et fait dépendre de son sort l'avenir démocratique du pays. Le gouvernement, le PDSR et le président Iliescu préfèrent penser, pour leur part, qu'ils sont la seule force politique *responsable*.

En somme, les élites politiques du pays sont plus divisées que jamais et le crédit qu'elles s'accordent mutuellement est très faible. Lorsque, au début de 1994, il est question de conclure un pacte social entre les principaux acteurs politiques du pays, des difficultés supplémentaires illustrent l'ampleur des différences existantes. Pour le camp que nous appellerons les *populistes* et qui regroupe en gros le PDSR, le gouvernement et la présidence, il s'agit d'obtenir une *paix sociale*, une trêve dans les accusations et les conflits politiques. Toutes les autres forces politiques du pays, soit l'opposition officielle, les syndicats, les leaders d'opinion demandent, de leur côté, que l'on établisse une

---

[41] *România Liberă*, 20 août 1993.
[42] Conférence de presse du PD, 23 octobre 1993. La presse allait retenir la boutade suivante : De l'élitisme à l'éthilisme (allusion aux faiblesses du gouvernement Văcăroiu).

option politique sur laquelle un accord du gouvernement soit envisageable. Remarquons ici que des alliés du gouvernement, comme les nationalistes, se situent dans le camp de ceux qui réclament un engagement en faveur d'une politique différente (plus nationaliste dans leur cas) alors que l'opposition propose plusieurs options distinctes au profit d'un pacte social : réforme accélérée, protection sociale, modifications législatives. Dans les faits, les négociations politiques échouent en janvier 1994, puisque les élites politiques roumaines, non seulement ne collaborent pas en vue de certains objectifs communs, mais elles se montrent incapables de se mettre d'accord sur la nature des enjeux qui les séparent[43].

Bien que l'opposition continue de condamner l'alliance entre le PDSR et les nationalistes, celle-ci n'est pas dénuée d'écueils. Les leaders plus jeunes du PDSR, comme Adrian Năstase, se trouvent à la tête de ceux qui rejettent cette alliance alors que les publications nationalistes entretiennent un climat d'hostilité permanente à l'égard de certains membres du gouvernement.

Une grève déclenchée dans la vallée de Jiu par les mineurs étale la relative impuissance du pouvoir politique ; les mineurs ignorent les injonctions de la Cour suprême, qui considère leur grève illégale, alors que Virgil Măgureanu, directeur du SRI (Services secrets), leur tient un discours mobilisateur et considère leurs revendications comme légitimes[44]. Refusant de relever le défi lancé par les nationalistes de resserrer les rangs en optant pour un objectif politique, le PDSR regroupe ses forces et effectue un remaniement du gouvernement[45]. La solution adoptée vise à attirer au gouvernement des technocrates et à s'assurer leur appui ; elle sera interprétée comme une concession faite aux nationalistes, qui voient certains de leurs adversaires politiques perdre le pouvoir.

---

[43] Bulletins Rompress, 12-13 janvier 1994.

[44] *Adevărul*, 18 février 1994.

[45] 6 mars 1994. Parmi les nouveaux ministres, Gheorghe Tinca (Défense nationale), Iosif Chiuzbaian (Justice).

Il est bon de se demander si, dans les circonstances, le pouvoir politique est capable d'autres actes d'autorité que la simple administration courante ou un remaniement partiel. Les ressources institutionnelles et symboliques dont il dispose, nous le verrons plus loin, sont en train de s'épuiser et il devient difficile de concevoir un répertoire d'actions de rechange.

Quelques mois plus tard, deux des ministres nommés avouent leur sympathie pour le PUNR (parti nationaliste) même s'ils n'en font pas partie. La presse[46] va interpréter cette déclaration comme une preuve supplémentaire de la corruption des mœurs politiques qui privilégient les réseaux informels, manquent de transparence et éludent les lois (le nouveau gouvernement n'a pas reçu l'aval du Parlement).

Le PDSR, quant à lui, continue de recruter de nouveaux membres: à l'automne 1994, le leader du syndicat CNSLR-Frăţia, Miron Mitrea, entre en fonction comme vice-président de ce parti. Cette nomination illustre non seulement la division du mouvement syndical (dont une partie reste sous la direction de Victor Ciorbea et se rapproche de la CDR) mais surtout l'alliance des intérêts politiques en fonction d'affinités qui échappent à la logique sectorielle pratiquée par des organisations de nature différente : syndicats, partis, etc.

Un autre éclairage qu'on peut poser sur ces processus de ralliement est celui de la synchronisation des stratégies entre divers acteurs. Faute de parvenir à amplifier le champ de leur action politique, d'inventer des institutions nouvelles ou de concevoir des processus d'échange politique plus efficaces, les acteurs s'associent à l'intérieur des structures déjà en place. Le processus observé chez les leaders syndicaux s'étend à d'autres institutions ; tour à tour, les médias, les syndicats, la justice, l'administration et les institutions économiques s'impliquent, à travers la coalition de leurs dirigeants respectifs, et offrent leur appui aux chefs politiques.

---

[46] *Adevărul*, 23 août 1994.

Les élections de 1996 : le fossé entre l'offre et la demande politique

Les deux dernières années du gouvernement PDSR vont correspondre, dans l'opinion de plusieurs analystes, au concept de *muddling through*. Une fois posée, cette prémisse ne sera ni débattue ni expliquée. On remarque que le pouvoir politique, qu'il s'agisse de la présidence ou du gouvernement, se montre dénué d'imagination et d'objectifs ; il se contente de répondre aux crises les plus urgentes en refusant autant que possible d'opter pour des mesures radicales[47]. L'érosion de sa légitimité est progressive mais incontestable, car cette *gestion dans la continuation* des affaires publiques est discréditée par la prolifération de la corruption et par la crise économique.

Au début de 1996, année électorale, le gouvernement (PDSR) et le président Iliescu ont épuisé leurs ressources de popularité et les ressorts symboliques de leur légitimité. Leur discours passe de plus en plus mal, et même s'ils maintiennent dans les sondages l'avantage de paraître plus *expérimentés* que leurs principaux adversaires, leur *capital confiance* est perdu. Pour la majeure partie de l'électorat, les motivations psychologiques deviennent plus importantes que les raisons économiques dans la détermination d'une option de vote. Le discours *rassurant* de la *continuité technocratique* et de l'*expérience supérieure du gouvernement* ne répond pas à cette insatisfaction. Les phénomènes de *fascination de masse* s'érodent, alors que *les gens ne vivent plus émotionnellement les campagnes... on assiste au phénomène de l'individualisation du vote... La construction de l'électorat perd ses racines statutaires, rigides... en subissant un complexe de détermination, d'influences et d'actions qui sortent de la sphère de l'appartenance à un groupe (ouvriers, paysans, intellectuels, fonctionnaires)* [48].

---

[47] Voir le témoignage de Paul Dobrescu, *Iliescu contra Iliescu*. Bucarest : Diogene, 1997.

[48] Ioan DRAGAN. *Tipologii ale comportamentului electoral în România* dans *Construcția simbolică a câmpului electoral*. Iași : Institutul European, 1998, p. 373.

108

Plusieurs facteurs contribuent à ce phénomène. Parmi ceux-ci, le plus discuté mais aussi le plus modeste est l'apparition d'une classe moyenne et d'une certaine mobilité sociale (villes/campagnes, professionnelle) qui réduisent l'acuité des divisions sociales. Plus importantes, à notre avis, sont les modifications socioculturelles, qui vont dans le sens d'une augmentation du *capital connaissance* des électeurs. Il s'agit ici de l'explosion de la circulation des informations, l'apparition de sources de communication de masse alternatives[49], le développement des pratiques institutionnelles, l'enracinement des habitudes de critique du pouvoir.

Notre propos est que la tension entre l'offre politique (constituée d'acteurs, de ressources, de messages, de symboles, d'objectifs) et les attentes de l'électorat a atteint un stade critique. Les mécanismes d'échange et de représentation politiques se révèlent totalement insatisfaisants pour un électorat qui parvient bien mieux que les élites politiques à calculer et à anticiper ses intérêts en fonction des ressources identitaires dont il dispose.

Il est entendu que notre intention n'est pas de démontrer une à une les propositions soutenant le mûrissement du capital connaissance de l'électorat, de manière à accumuler des données éparses et isolées en forgeant *ad hoc* un seuil imaginaire de rupture entre l'offre politique et l'opinion publique. Cette entreprise pointilliste n'aurait aucune signification si elle ne montrait pas aussi les mécanismes par lesquels les mêmes tensions et calculs individuels de l'électorat qui ont précédé le changement du pouvoir politique continuent d'opérer après ce changement.

Enfin, une dernière série d'explications nous entraînerait à anticiper sur le sens de notre propos en ce qui a trait à la faculté des élites à poursuivre leurs propres intérêts au détriment d'une action politique plus large. C'est l'effet du tunnel décrit par

---

[49] Principalement dans le domaine de la télévision nationale : apparition des chaînes privées qui dominent la télévision publique en termes d'auditoire.

Albert O. Hirschman[50] qui reproduit la capacité de la population à soutenir une politique qui progresse de plus en plus lentement. L'image est celle d'un tunnel à deux voies et où des voitures roulent dans le même sens. Un embouteillage se produit et les voitures dans la file de droite réussissent à avancer. Ceux qui restent dans la file de gauche réagissent sur le plan cognitif et émotionnel soit par le soulagement : *ça va être bientôt notre tour*, soit par indignation face à l'injustice du code de la route. Dans le deuxième cas, ils sortent de leur file, ce qui provoque des collisions.

Si la première réaction caractérise la période de 1990 à 1994, le deuxième type de réaction devient de plus en plus majoritaire après 1994 et se transforme en vote de protestation lors des élections de 1996[51], ce qui produira l'éviction du pouvoir du PDSR et de Ion Iliescu. L'attachement à un pouvoir, dans une culture politique qui accorde la prééminence au côté sécurisant, est conditionné par les possibilités de ce pouvoir d'entretenir un bien-être minimal et de ne pas alimenter l'exclusion en faisant étalage de pratiques de corruption et de népotisme. Plus l'inefficacité de la gestion économique devient visible, plus le népotisme des élites est mal perçu par la population et plus la fidélité au gestionnaire politique du moment diminue.

Les derniers mois avant les élections de 1996 confirment le désarroi du pouvoir politique. Celui-ci se trouve attaqué à la fois

---

[50] A. O. HIRSCHMAN. «The changing Tolerance for income inequality in the course of economic development», in HIRSCHMAN A. O., *Essays in trespassing. Economics to Politics and Beyond*, Cambridge University Press, 1981, p. 39-58. Cité par Carl Offe, «La théorie de la démocratie et de la transition en Europe de l'Est», in *Revue française de Science politique*, vol. 4, N⁰ 6, décembre 1992, p. 939.

[51] En 1996, les votes perdus par le PDSR et par Ion Iliescu se sont retrouvés du côté de la CDR et d'Emil Constantinescu (malgré un taux considérable d'abstentions). Ce qui fera gagner la CDR est donc surtout un vote de blâme à l'adresse des performances de la gestion du pouvoir entre 1990-1996.

sur sa gauche et sur sa droite. On lui reproche son incapacité à atténuer la crise sociale, et son impuissance à réformer les institutions politiques et économiques. La communication entre les électeurs et les diverses institutions politiques qui les représentent fonctionne très mal ; le 2 mai 1996, les sénateurs votent avec une importante majorité pour le maintien de leurs privilèges administratifs[52] contrariant à la fois le président Iliescu et le président de la CDR, Emil Constantinescu, qui s'étaient prononcés contre afin de tenir compte de l'opinion publique.

Les résultats des élections locales (juin) annoncent le déclin du PDSR et la montée en force du PD et de la CDR. La plupart des grandes villes reviennent aux partis d'opposition.

Le changement de la dynamique dans le rapport pouvoir/opposition devient plus clair aux élections présidentielles et législatives. L'opposition n'est plus perçue comme un ennemi mais comme un adversaire à vaincre dans un cadre circonscrit par les élections. Cette mutation importante se justifie aussi par le fait que l'opposition n'est plus chaotique, elle s'organise à l'intérieur de structures politiques qui ressemblent de plus en plus aux partis politiques du point de vue de la définition de Lapalombara et Weiner[53] et ne sert plus seulement des groupes d'intérêts individuels. En même temps, l'implication des médias privés dans l'émission d'un message plus favorable à

---

[52] Il s'agit de l'épineux problème du privilège des parlementaires à siéger à la tête des conseils d'administration des entreprises publiques, qui avait été critiqué à la fois dans le programme électoral de la CDR et au Congrès du PDSR.

[53] Cela se vérifie surtout en suivant les repères classiques de Lapalombara et Weiner : permanence de l'organisation, survie du père fondateur ; visibilité et lisibilité du parti à tous les échelons ; les dirigeants doivent vouloir accéder aux fonctions gouvernementales seuls ou en coalition ; le parti doit veiller à avoir, en dehors des échéances électorales, un soutien maximal. Le principal défaut de cette maturation politique, c'est le haut degré de personnalisation des partis politiques qui, des deux côtés, ressemblent moins à des structures ayant des squelettes doctrinaires qu'à des associations structurées par la présence d'un leader. C'est à ce niveau-là que se situe la principale carence des partis politiques roumains après 1989 et jusqu'à nos jours. L'absence de la pratique politique, de l'expérience proprement dite, en est une des causes.

111

la CDR que celui de la télévision nationale influence le changement des comportements électoraux. La vie politique roumaine devient plus complexe, mieux structurée et moins perméable à des réactions violentes qui contredisent les mécanismes démocratiques. La grande mutation se traduit par le fait que la démocratie est désormais comprise comme étant le seul jeu dont les règles sont acceptées (*the only game in town*). La nouvelle compréhension de la démocratie fait apparaître Ion Iliescu comme étant le représentant d'une troisième voie qui respecte les traditions locales. Pour leur part, les partis historiques sont plus attachés au discours d'une démocratie à l'occidentale[54]. L'Occident représente pour eux la garantie d'une rupture définitive avec le passé communiste tandis que toute troisième voie se confond, dans leur imagination, avec la tentative de conserver les structures de l'ancien régime. Quant à l'opposition roumaine, la logique de son discours est structurée selon le principe de logique *aut aut* ou celui du tiers exclu : soit démocratie soit communisme, toute solution intermédiaire étant a priori écartée.

Les élections de novembre 1996 offrent donc la première véritable solution de rechange pour le gouvernement. L'opposition (CDR et PD) gagne la majorité des voix, le PDSR se maintient avec son noyau d'électeurs fidèles alors que près de 18% des citoyens votent pour des partis différents (nationalistes, partis minoritaires, etc.).

---

[54] Cette différence tient plutôt à la forme du discours qu'à son contenu. Bénéficiant de l'avantage du positionnement dans le présent et d'une analyse du passé en comparaison de la situation de 1999, nous pouvons affirmer qu'il y a beaucoup de similitudes dans la gestion pratique du politique entre la période qui va de 1992 à 1996 et celle qui va de 1996 à 1999. Dans les deux cas, ce que l'on retrouve dans la pratique, c'est une démocratie de type délégatif, avec une forte image du président et une image plus effacée du gouvernement et du Parlement.

Résultats des élections de 1996
Chambre des députés (entre parenthèses, résultats de 1992)

Partis	Pourcentage	Sièges
PDSR (ex-FDSN)	26,53 (27,72%)	91 (117)
CDR	30,17 (20,01%)	122 (82)
USD (ex-FSN)	15,45 (10,19%)	53 (43)
PUNR (nationaliste)	4,36 (7,72%)	18 (30)
UDMR (minorité hongroise)	6,64 (7,46%)	25 (27)
PRM (nationaliste)	4,46 (3,9 %)	19 (16)
Autres	19,92%	15

Résultats des élections de 1996
Sénat (entre parenthèses, résultats de 1992)

Partis	Pourcentage	Sièges
PDSR (ex-FDSN)	23,08 (28,29%)	41 (49)
CDR	30,70 (20,16%)	53 (34)
USD (ex-FSN)	13,16 (10,39%)	23 (18)
PUNR (nationaliste)	4,22 (8,12%)	7 (14)
UDMR (minorité hongroise)	6,82 (7,59%)	11 (12)
PRM (nationaliste)	4,54 (3,85%)	8 (6)

À la présidence, le candidat de la CDR recueille au deuxième tour 54,41% des voix comparativement à 45,59% pour son rival, Ion Iliescu.

Lors des élections de 1996, une partie importante de l'électorat sort de l'archétype déterminé par son statut social. Des électeurs généralement acquis au PDSR (et à Iliescu), c'est-à-dire principalement des ouvriers d'âge moyen (44-54 ans), ont préféré opter pour la CDR. Sans ce glissement, un remplacement du pouvoir n'aurait pas été possible[55]. Notons aussi que le changement politique a été décidé par un segment d'électeurs qui ne dépasse pas 10% des voix exprimées. Il ne s'agit donc pas d'une rupture mais bel et bien d'un glissement de frontières entre les secteurs qui séparent les représentations sociales.

Une étude réalisée deux années plus tard considère que, en 1996, l'électorat roumain s'est éloigné du modèle de l'électeur captif dont les repères et les options politiques sont déterminés par son appartenance sociale et les limites définies par ses relations immédiates[56]. L'opposition est arrivée à se construire un discours politique viable et la différenciation des options a été aussi influencée par la prolifération des techniques modernes de campagne électorale, par le rôle des institutions, par les médias et la *culture organisationnelle* de chacun des partis politiques, selon cette même étude.

L'alternance politique de 1996 a été souvent interprétée comme un *signe de maturité démocratique*. Au-delà de cette conclusion avancée comme étant irréfutable, l'année 1996 a dévoilé des changements plus durables : l'électorat commence à agir comme un acteur qui s'identifie à des repères politiques, à des projets, à des messages, à des institutions différentes. Le renforcement du vote en faveur des petits partis, l'influence de certains leaders qui n'ont aucune chance de dominer la scène politique[57], la popularité de certains journalistes et la confiance accrue que la population accorde à des institutions privées[58] illustre ce phénomène qu'un sociologue a résumé en une

---

[55] Ioan DRAGAN. *Tipologii ale comportamentului electoral în România* dans *Construcţia simbolică a câmpului electoral.* Iaşi : Institutul European, 1998, p. 377.

[56] A. GOSSELIN. *Les idéologies et l'électeur rationnel* dans *Hermès,* N⁰ 17-18. Paris, CNRS, 1995, p. 314-315.

[57] Des technocrates comme Stolojan, Meleşcanu ou Dăianu.

[58] Les chaînes de télévision privées inspirent davantage confiance que celles de l'État.

expression heureuse : *la fin du règne de la majorité*[59]. Désormais, la population réagit aussi en fonction de projections symboliques, d'appréciations de projets politiques et non seulement en réponse à une identification communautaire.

Les illusions des ruptures et des continuités 1996-1999

La tentative de définir la situation d'après 1996, dans le paysage politique roumain, se heurte à la difficulté de sa classification par rapport au clivage continuité *vs* rupture qui est préféré par les analystes. Il est évident qu'avec le virage qui se produit lors des élections de novembre 1996, le système politique roumain connaît une amélioration qualitative majeure en ce qui concerne l'intériorisation des principes démocratiques. Il y a, au-delà de tout jugement moral ou politique, un véritable changement des conduites dans le sens d'un élargissement des options que l'espace politique permet.

Plus encore, cette intériorisation prouve un attachement à des normes de conduite démocratique de la part du PDSR et du président Iliescu. Le mérite de l'alternance n'est pas d'abord le fait de la nouvelle coalition, c'est avant tout la preuve qu'un changement radical s'est produit dans la mentalité du parti dominant la scène politique roumaine entre 1990 et 1996, c'est-à-dire le PDSR (nous allons revenir sur les raisons stratégiques de ce changement).

Pourtant la période d'après novembre 1996 débute sous le signe de cette mutation majeure qui est celle du fait que depuis 1920, dans le cas roumain, jamais un parti qui organise les élections ne les a perdues[60]. C'est dans ce contexte que les partis historiques, théoriquement plus attachés à des pratiques démocratiques (nous allons essayer d'illustrer les limites de cette

---

[59] Ioan DRAGAN. *Tipologii ale comportamentului electoral în România* dans *Construcţia simbolică a câmpului electoral.* Iaşi : Institutul European, 1998, p. 404.
[60] Voir Daniel BARBU. *Ibid.*

affirmation), inaugurent une nouvelle période dans l'histoire contemporaine de la Roumanie. Cette nouvelle période propose ouvertement de rompre tout lien avec le passé en vue de la construction et la consolidation d'une démocratie (le *Contrat avec la Roumanie* – le programme électoral de la CDR – définissait ainsi les principes de base de son gouvernement : *le changement, la lutte anticorruption, la résolution des problèmes liés aux propriétés nationalisées par les communistes*[61], *le commencement de politiques de privatisation et, donc, l'accélération de la réforme, etc.*).

De ce point de vue, après 1996, la coalition gagnante des élections de novembre (la CDR, le PD, le PSDR et l'UDMR) annonce ouvertement une volonté de rupture par rapport à un certain conservatisme de la politique roumaine et affirme l'adoption *de jure et de facto* des principes démocratiques de gestion du pouvoir politique – l'exemple le plus souvent cité est celui d'une coalition qui, par sa composition même, prouvait son caractère d'ouverture, regroupant des membres de la minorité hongroise.

La rupture institutionnalisée ne concerne donc pas la totalité de la société ou du pouvoir comme tel, mais des aspects précis et limités en nombre (plus grande transparence des décisions, plus grande ouverture vers l'Occident, réformes évidentes au niveau de la démilitarisation de la police, privatisation des communications, début incisif de la privatisation) – elle n'est donc pas tant imparfaite qu'inachevée et partielle.

Les conclusions du désenclavement des représentations identitaires de l'électorat et de leur vote effectif n'ont pas été fertiles pour tout le monde. En particulier, les acteurs politiques qui nous intéressent, soit les élites, n'ont pas suivi cette évolution.

Lors de la campagne électorale de 1996, plusieurs conseillers politiques du PDSR ont tenté de suggérer aux leaders de ce parti

---

[61] Depuis J. Locke, le droit à la propriété représente le fondement de la liberté de l'individu. Il est aujourd'hui inscrit parmi les droits et les libertés fondamentales de tout individu dans les démocraties consolidées de l'Occident.

d'accorder davantage d'attention au recrutement d'appuis extérieurs divers. L'ancien premier ministre, Theodor Stolojan, et les membres du groupe *Un avenir pour la Roumanie* font partie des personnalités pressenties. Chacune de ces entreprises a échoué lorsque la question de la loyauté face aux leaders du parti s'est posée comme étant prioritaire à tout accord sur un programme politique ou un projet d'action commun[62]. À l'intérieur même du PDSR et dans les relations du parti avec les conseillers présidentiels, la collaboration fonctionnait très mal ; nombreux sont ceux qui, comme Paul Dobrescu[63] ou Iosif Boda, estiment que la cause principale de l'échec de la campagne du PDSR et d'Iliescu réside dans les querelles internes, le manque de communication, le manque de transparence, l'arbitraire des décisions politiques.

La nouvelle coalition du gouvernement met difficilement en place un projet d'action. Lorsqu'il prend enfin la parole pour en annoncer les objectifs stratégiques, le premier ministre Ciorbea (l'ancien syndicaliste) s'entoure non pas des membres de l'opposition ou de la société civile, mais des représentants des institutions internationales sensés cautionner son programme de réformes et venus à la suite *des demandes répétées du gouvernement,* précise-t-il.

La réforme commence par la *vérité,* déclare le gouvernement qui dévoile un déficit budgétaire évalué à 13% du PIB, des rentrées budgétaires en deçà de 50% des prévisions et des pertes dans la plupart des secteurs de l'économie encore administrés par l'État. Traduites intelligemment en salaires mensuels moyens, les pertes semblent faramineuses et, pour le nouveau pouvoir, il s'agit maintenant de redonner *l'avenir de la Roumanie aux Roumains*[64]. Deux semaines plus tard, une notion supplémentaire est ajoutée au discours : celle de *sauver l'économie... et l'honneur de la nation... avec de la sueur, du sang et*

[62] Iosif BODA. *Cinci ani la Cotroceni.* Bucureşti : Ev. Românesc, 1998, p. 200-204.

[63] Paul DOBRESCU. *Iliescu contra Iliescu.* Bucureşti : Ed. Diogene, 1997.

[64] Conférence de presse, RADOR, 30 janvier 1997.

des souffrances[65]. Les premiers signes positifs du redressement sont prévus pour les *prochains mois*.

Or il ne se passe rien. Le nouveau pouvoir prend du temps à s'installer, convaincu que l'opinion publique lui sera fidèle puisqu'elle a définitivement rejeté l'époque du communisme et choisi la réforme. Plusieurs analystes et consultants internationaux attirent l'attention sur la naïveté qu'il y à s'asseoir sur les acquis électoraux et à gaspiller la période de grâce accordée par l'électorat[66].

Selon les sondages, si une majorité de la population estime que le programme de réformes va réussir, le nombre de ceux qui ne peuvent se former une opinion et attendent pour cela qu'on leur explique les objectifs du programme de gouvernement atteint 31%[67]. Les principaux souhaits de la population sont des solutions aux problèmes de l'inflation, du chômage et de la réforme du système de santé. La méfiance des citoyens face aux politiciens n'a pas décru, mais ceux qui croient que la situation générale du pays va s'améliorer au cours des prochaines années ont sensiblement dépassé en nombre ceux qui pensent le contraire. À ce chapitre, les espérances reportées sur le nouveau pouvoir assure ce dernier d'une stabilité et d'une paix sociale que le PDSR n'avait jamais connues.

Pourtant, le répit postélectoral sera complètement gaspillé. Au début d'avril 1997, le nouveau gouvernement, avec l'aide des médias qui lui sont favorables, se lance ambitieusement dans la *course à l'intégration dans l'OTAN*. Privatisation, réformes économiques et administratives sont délaissées en faveur d'un objectif dont les chances de réalisation sont perçues comme improbables par tout le monde (opinion publique locale et internationale), sauf les élites locales. Les discours du premier

---

[65] Conférence de presse, TVR et presse du 17 avril 1997.
[66] Dont IDEE, qui conseillait au printemps 1997 la communication gouvernementale et qui a proposé une stratégie axée sur l'explication, étape par étape, des actes du gouvernement.
[67] Sondage CURS, effectué entre le 9 et le 15 juin 1997, à la demande de la Fondation Soros.

ministre évoquent *l'indépendance technologique par rapport à l'Union soviétique* (???) et *le crucifiement de la Roumanie par le communisme qui va prendre fin avec l'intégration dans l'OTAN... dès 1997, seule option possible*[68].

Les médias prennent le relais, les élites culturelles rejoignent celles qui sont politiques dans la *campagne pro-OTAN*[69] ou pour évoquer tel voyage aventureux du premier ministre sur un porte-avion américain.

L'échec de la campagne d'intégration est aussi l'échec de cette rupture décisive qui avait été annoncée. Le gouvernement au pouvoir retourne aux problèmes d'actualité. À la fin de l'été 1997, il patauge encore dans les deux premiers dossiers importants qu'il est chargé de gérer : la liquidation des dix-sept premières entreprises d'État qui sont techniquement en faillite et les revendications des révolutionnaires de décembre 1989 qui commencent une grève de la faim. Dans un cas comme dans l'autre, des décisions sont prises qui sont révoquées aussitôt, des déclarations sont faites sur la base d'informations incomplètes et, pis encore, des divisions importantes se manifestent au sein même des instances au pouvoir. À la fin de l'été, une note interne de cent mots de la Banque Mondiale rappelle au gouvernement qu'il dispose de *trois mois pour réussir*[70].

Or, exactement trois mois plus tard, le gouvernement est paralysé par une crise de confiance ; un des leaders les plus médiatiques et les plus populaires du PD réclame la démission du premier ministre Ciorbea et son parti le soutient. Le gouvernement demeure paralysé jusqu'au printemps 1998, alors qu'un nouveau premier ministre est choisi en la personne de Radu Vasile.

---

[68] RADOR, 28 avril 1997.
[69] Série télévisée sur PRO-TV, première chaîne privée nationale en termes d'audience.
[70] Elle circule, largement ignorée aux séances que le gouvernement tient dans la villa numéro 4 à Snagov, en août 1997.

Un des aspects les plus importants de ce changement «inachevé» de pouvoir vise la composition de la coalition. L'unité de cette coalition n'est pas «programmatique» mais «idéatique», elle se définit par une identité négative par rapport à l'ancien pouvoir. Cette identité négative a réuni autour du concept d'opposition à Ion Iliescu et à son parti (pour des raisons très différentes d'un parti à l'autre) la CDR qui, en elle-même, représente un conglomérat créé sur les bases de cette opposition, l'USD, composé des anciens collaborateurs de Ion Iliescu – Petre Roman, Padu Berceanu, Traian Băsescu, etc. et du PSDR – et aussi l'Union démocrate des Magyars de Roumanie. Cette dernière composante représente le principal acquis de maturité politique : l'implication dans le gouvernement du parti représentant constamment 7% de l'électorat roumain (une nouveauté par rapport au passé) et correspond à une logique moderne de la politique. La collaboration avec le parti de la plus importante minorité du territoire roumain au gouvernement est ainsi perçue comme étant un signe de plus grande ouverture, de tolérance, comme l'abandon du nationalisme exclusif ou, au contraire, l'intégration d'un nationalisme différent[71].

Le caractère négatif du lien formé entre ces groupements politiques est probablement une autre cause de déchirure. Le manque de cohésion doctrinaire (des partis libéraux, des partis

---

[71] Il s'agit d'un abandon partiel du discours nationaliste. Il perd de sa violence linguistique mais, tout au long des deux gouvernements (celui du premier ministre Victor Ciorbea et celui de l'actuel premier ministre Radu Vasile), les disputes concernant la loi de l'enseignement dans la langue maternelle des minorités et le problème de la recréation d'une Université de Langue Magyare déchirent l'unité de la coalition. L'UDMR menace à plusieurs reprises de quitter la coalition, accusant ses collaborateurs de positions trop nationalistes, critique qu'on lui retourne aisément. Malgré plus d'ouverture et de tolérance, le discours nationaliste reste une des constantes du paysage politique roumain. Son intensité diminue ou augmente selon le type de gouvernement en place. Ce nationalisme, en tant que constante, est aussi une des demandes de l'électorat roumain qui vit encore en imaginant une possible perte de la Transylvanie. Les anciens mythes de la propagande nationaliste hantent les esprits des gens de la rue et des hommes politiques.

démocrates-chrétiens, social-démocrates, etc.) empêche la rédaction d'un programme cohérent de gouvernement. Les disputes interministérielles sont devenues, après 1996, des constantes. Le chantage politique bat son plein – à tour de table, les partis menacent de quitter la coalition et d'appuyer de l'extérieur son fonctionnement (ce qui mènerait à un gouvernement minoritaire plus exposé à une collaboration avec le Parlement, l'état d'ignorance de celui-ci n'étant plus possible). L'alternance – succès de la démocratie comme procédure – n'est pas pour autant une garantie de l'efficacité de la politique réelle.

L'alternance apparaît donc avant tout comme une technique électorale qui prouve une valorisation du principe de collaboration – et non pas de celui de conflit – ainsi que la disparition de la structuration de la vie politique autour du manichéisme simplificateur[72] : *ennemi/ami*. Elle représente le triomphe d'une démocratie plus électorale que fonctionnelle.

Cette affirmation s'inscrit dans la logique de nos affirmations antérieures, qui ont mis la tentative d'institutionnalisation de la rupture en corrélation avec une continuation de gestion, au niveau pratique, malgré une volonté de modification profonde.

En vue d'argumenter cette continuité, dégageons un premier aspect, soit celui de la composition du gouvernement. **La logique de formation du gouvernement** reste une logique *d'office seeking party* et non pas de *policy seeking party*. Conditionnés par leurs directions programmatiques, les partis politiques qui forment la coalition se sont partagé les postes dans les ministères sans tenir compte des affinités électives entre leurs partis et certains ministères (voir les ministères économiques et le Parti national libéral : le PNL préfère, lors des

---

[72] Ce manichéisme simplificateur abandonné régit aussi la gestion interne de la coalition qui réalise une grande avance dans la démocratie roumaine depuis 1918 – il s'agit de l'introduction dans une coalition gouvernante de représentants de la minorité hongroise. Ainsi, la valorisation du consensus et de la collaboration l'emporte non seulement au niveau externe mais aussi au niveau interne sur la séparation ami/ennemi.

négociations, avoir le ministère de la Justice et non le ministère des Industries et du Commerce ou celui de la Réforme).

En même temps, la logique des rapports de force l'emporte sur celle du professionnalisme. Le critère de compétence n'a pas une grande place dans la structuration du nouveau gouvernement. Les ministères sont avant tout des récompenses de fidélité – la technicisation de certains ministères s'avère ainsi impossible car les postes sont occupés par des membres de partis. Cela mène à un grand degré de politisation qui descend jusqu'au bas des hiérarchies, ce qui à long terme paralyse le fonctionnement. Le remplacement à la fois des ministres et des fonctionnaires à chaque changement majeur dans la dynamique gouvernementale (y compris lors des disputes à l'intérieur de la coalition) diminue l'efficacité et empêche la formation d'un personnel professionnel apolitique pouvant assurer la marche des choses entre les mandats. C'est à ce niveau que la continuité devient très visible et la rupture illusoire – la politique roumaine reste avant tout un capital de récompenses pour des services préélectoraux ou postélectoraux se traduisant par des mandats, des postes de conseillers, de fonctionnaires.

La crise de légitimité du pouvoir fut illustrée au printemps 1999 lorsque plusieurs milliers de mineurs se sont révoltés et ont entamé, en groupe, une marche vers Bucarest. Les forces de l'ordre se sont révélées incapables, à trois reprises, d'arrêter l'avance des mineurs et de nombreux dysfonctionnements du système politique sont apparus au grand jour. Rivalités bureaucratiques, inconséquences dans l'action politique (un préfet négociait avec les rebelles pendant une conférence de presse annonçant l'instauration de l'état d'urgence) et, surtout, poursuite d'objectifs et d'interprétations complètement divergentes par les principaux acteurs politiques. Pendant que certains, comme le président, cherchaient à se faire un capital d'image politique en se posant comme sauveur de la nation, les partis de coalition débattaient de l'opportunité de mettre hors la loi le parti nationaliste (PRM) accusé d'avoir fomenté un coup d'État ; quant à l'exécutif, il négociait directement avec les mineurs un plan de restructuration industrielle de leurs mines, cause principale de la révolte.

La démission du ministre des Affaires internes, Gavril Dejeu, à la suite de cette incapacité à mobiliser et à créer des plans stratégiques opérants, est une image de l'impossibilité de maîtriser le pouvoir. Cette impossibilité est surtout évidente en ce qui concerne la garantie de la sécurité quotidienne, laquelle devient facilement manipulable par des élites charismatiques ou ne respectant pas la règle du jeu démocratique (le cas de Miron Cosma).

La première fonction de l'État dans cette logique est d'assurer l'utilisation légitime du monopole de la force et en même temps d'interdire l'utilisation de la force physique entre les sociétaires. Le refus de la violence dans les relations quotidiennes et l'exclusion de la violence de la société font partie des devoirs principaux de l'État. L'interdiction de l'utilisation de la force par les sociétaires implique également l'utilisation effective de la force par l'État, afin de garantir la sécurité des citoyens et pouvoir ainsi conclure un contrat social (dans la logique de l'abandon de la guerre de *tous contre tous* de Hobbes). Les dysfonctionnements qui guettent une telle situation ne résident pas dans l'utilisation insuffisante de la violence légale mais dans l'inefficacité à prévenir la violence illégale de toute force qui ne se soumet pas. Cela mène à la coexistence de deux entités incompatibles : un monopole technique inhibé de la violence légale de l'État, attribué aux forces de l'ordre, et un monopole tendanciel de violence illégale. C'est le cas du conflit de janvier 1999 entre les mineurs et le pouvoir central et aussi, à un moindre niveau, celui de la grande criminalité où les exécutants bénéficient d'une certaine impunité juridique s'ils entretiennent des relations politiques importantes. La violence illégale se révèle, dans la première partie des événements, plus importante et surtout plus efficace malgré tout l'engrenage mis en place par le pouvoir afin de la stopper ou d'en limiter l'ampleur.

Quand, finalement, les forces de l'ordre réagissent avec vigueur et réussissent à arrêter les rebelles au prix d'un mort, de dizaines de blessés graves et de dégâts matériels importants, la crise est passée mais les problèmes de fond qui l'ont déclenchée ne sont pas résolus. Les programmes de reconversion des mineurs mis à pied tardent à être mis en place ou manquent complètement de réalisme (l'Agence nationale chargée d'assurer la réhabilitation des zones minières offre ainsi à leurs habitants des cours de... programmation de pages de web et à leurs hauts fonctionnaires des privilèges qui paraissent d'autant plus outranciers. Sur 70 000 mineurs mis à pied après 1997, **un seul** utilise sa prime de départ pour faire démarrer une petite PME).

L'État roumain post-1996 n'est donc pas suffisamment légitime pour ordonner – et s'assurer de – l'obéissance. Sa fragilité est le signe du fait qu'il n'est pas ressenti comme stable. Les pouvoirs et les régimes politiques peuvent toujours changer et c'est cette possibilité omniprésente de changement qui mine l'autorité de l'État. Ce dernier n'est pas ressenti comme une entité dont la durée dépasse celle de la vie des hommes, mais comme un système ouvert où toute modification est possible. Dans ces conditions, respecter les ordres de l'État en cas de crise contrevient à la logique d'autoprotection qui se manifeste dans une situation incertaine. En somme, le système politique en place n'encourage pas la pratique de calculs rationnels et prévisibles à l'intérieur d'une sphère d'options dont on pourrait anticiper les résultats. Le jeu est ouvert à tous les extrémismes (*wild carts*) et la règle acceptée par les élites est menacée chaque fois qu'une crise dévoile son irrationalité inhérente.

Instable, incohérent, trop personnalisé, l'État roumain change de visage en même temps que celui qui l'incarne et cela contribue à une baisse parfois catastrophique de son efficacité. Ce n'est donc pas l'État comme tel qui a été défendu à l'occasion de la cinquième descente de mineurs vers Bucarest depuis 1990 mais le pouvoir instable qui s'y trouvait en lieu et place.

L'État roumain, comme «*organisation qui contrôle la population occupant un territoire défini*»[73] en lui offrant la sécurité, échoue lamentablement. À cet échec, en termes d'organisation de l'ordre, s'ajoutent les effets pervers de la consolidation démocratique (chômage, croissance des inégalités, détérioration du niveau de vie, etc.). Ces carences de l'État se traduisent pratiquement dans le fait que celui-ci se montre incapable de détenir le monopole weberien de l'utilisation de la force légitime, de ramasser les taxes (donc revenus insuffisants pour le budget) et qu'il ne peut donc pas garantir le respect des normes prévues dans la constitution.

Ce problème constitue l'une des deux variables, décelées par Linz et Stepan comme influençant la marche de la démocratisation dans le monde postcommuniste[74]. La rupture, telle qu'elle est prêchée par le gouvernement en place, se réorganise ainsi autour d'un succès économique programmé (dont la réalisation n'est toujours pas visible), qui devient moins crédible à court terme après 1998. La gestion défectueuse de la problématique économique est ainsi la principale justification pour remettre en cause ce que nous avons appelé **l'institution-nalisation de la rupture aux yeux de l'opinion publique.**

Pour conclure, l'état de la démocratie roumaine connaît – dans l'intervalle d'après les élections de 1996 – une transformation au niveau du discours politique surtout mais garde les mêmes aspects déficitaires. Ses carences et surtout ses adaptations nationales au modèle démocratique permettent la caractérisation de la démocratie roumaine comme une démocratie de vitrine, de survie, une démocratie qui opère des mélanges étranges entre l'imposition des structures institutionnelles de type démocratique, en faisant appel à des éléments de discours

---

[73] Tilly CHARLES. «Reflections on the History of European Statemaking», in Charles Tilly (ed), *The Formation of Nation States in Western Europe*.Princeton University Press, 1975, p. 70.
[74] Juan LINZ et Alfred STEPAN. *Ibid.* , p. 16-37.

paternalistes et populistes, en permettant le développement de réseaux parallèles de pouvoir. C'est plutôt l'esprit du temps qui fait vivre la démocratie roumaine que ses fondements institutionnels et, surtout, ses pratiques. Autrement dit, le jeu politique se déroule à l'intérieur des limites tracées par les principes démocratiques mais la gestion du pouvoir politique proprement dite fait appel à des normes et des principes plutôt ancrés dans une logique traditionaliste dont les calculs sont loin d'être transparents ou mêmes stables.

La démocratie roumaine contemporaine, dans sa forme partielle, vit encore sous le signe du passé – ce sont moins des repères comme l'individu, la loi, la propriété privée, le respect des droits, la société ouverte, la transparence qui guident la vie politique. Cette dernière se présente sous la forme d'*arcana imperii*, d'un réseau clientéliste (où la corruption occupe une place importante), d'un attachement paternaliste, déresponsabilisateur.

D'aucuns soutiennent qu'on assiste ainsi à la reproduction d'un acquis politique et culturel qui s'est formé et consolidé avant 1945 et qui s'est adapté sous le régime communiste. Ce type de culture que nous pouvons appeler une culture de domination ou d'assujettissement (culture paternaliste, acceptation passive de la vie politique, avec des connotations positives pour les leaders autoritaires) est vu comme une constante, une continuité. *La démocratie de famille* (les réseaux de familles se retrouvent à tous les échelons du pouvoir politique – voir à ce propos les propos de Claude Karnoouh qui considère que l'on y retrouve la mentalité villageoise de type clan où la sanguinité ou les relations de parrainage assurent les postes les plus prestigieux et les mieux rétribués au sein d'une communauté)[75] d'avant 1945 se retrouve sous une forme tout aussi clientéliste et népotiste de nos jours. Le clivage continuité-

---

[75] Claude KARNOOUH. *Op. cit.*

rupture se révèle bien insuffisant à couvrir l'étendue des rapports qui s'établissent à l'intérieur des arènes où agissent les acteurs politiques.

CONCLUSION

De 1989 à 1999, la Roumanie passe d'un régime qui oscille entre un passé à tendances autoritaires et un présent dont le caractère démocratique est difficile à déterminer et à assumer. Les avances sur la route de la démocratisation se concentrent surtout au niveau formel – on assiste ainsi, par le biais de l'adoption d'une constitution démocratique en 1991, à l'instauration *de jure* d'un régime qui reproduit les caractéristiques essentielles de la démocratie occidentale (voir sa dimension procédurale). Nous en avons montré les principales étapes et le respect, par les principales forces politiques, des règles communes du jeu. Ces caractéristiques visent pourtant surtout la façade du régime et se résument à l'imposition d'un système fondé sur des élections libres et régulières, sur la formation de partis politiques, sur la réglementation d'un système économique plus ouvert et plus flexible, sur le respect et la garantie des droits et des libertés fondamentales de l'individu, sur la liberté de la presse (apparition de moyens différents de communication et de médias – des journaux indépendants, des chaînes de télévision privées, etc.). *«D'incontestables changements économiques se sont opérés depuis 1990. Les réformes économiques, initiées par une* nomenclatura *idéologiquement d'accord avec une telle reconversion mais techniquement incapable de la mener avec le déterminisme nécessaire, ont été à l'origine d'une transition à moitié entamée, à moitié accomplie, dont les atermoiements et les hésitations ont sûrement causé autant – sinon plus – de dégâts que n'importe quelle thérapie de choc»*[76].

---

[76] Edith LHOMEL. *Dossier*: «Roumanie tourner la page - Introduction», in *La Nouvelle Alternative* - Revue pour les droits et les libertés démocratiques en Europe de l'Est, N° 44, décembre 1996, p. 3.

L'économie reste ainsi fragile et tributaire de divers lobbies qui ont du mal à trouver des intérêts communs : syndicats, administration financière, administration locale. La politique reste, malgré l'organisation d'élections libres, dominée par des scandales de clientélisme, d'abus de pouvoir, etc. et surtout par l'incapacité des élites à collaborer pour établir des politiques. La société civile continue à rester apathique et à regarder le pouvoir politique comme un pouvoir sale qui corrompt et auquel elle reproche tantôt sa faiblesse, tantôt son excès d'autorité. La bureaucratie continue d'être parasitaire, moins efficace qu'une bureaucratie d'État professionnelle, et pourtant privilégiée par rapport aux autres secteurs de la société.

De cette manière, les cinq arènes décrites par Linz et Stepan (société politique, société civile, économie de marché, bureaucratie d'État professionnelle, *rule of law*) comme étant les piliers de la construction démocratique n'ont pas abouti à un mûrissement (dans le sens d'une consolidation démocratique) mais elles ont pris des contours plus clairs qu'auparavant.

Le fonctionnement de la démocratie roumaine ressemble, du point de vue du respect des normes, aux démocraties occidentales mais les dynamiques qui structurent la vie politique tiennent encore d'une logique qui mélange à la fois des éléments du discours populiste, des éléments de clientélisme, de népotisme, de corruption, d'abus de pouvoir et de profonde imprévisibilité et irrationalité quant aux agissements des acteurs principaux.

Malgré sa tentative pour institutionnaliser la rupture d'avec le passé, la Roumanie continue à être avant tout un système politique régi par une démocratie de type délégatif, démocratie construite autour d'un leader charismatique qui unifie dans sa personne la nation entière. Ce type de démocratie dans un régime de type présidentiel[77] encourage le développement de leaders à fortes tendances populistes et paternalistes et, au niveau de la gestion de la vie politique, une suprématie de l'exécutif par rapport au législatif.

La séparation des pouvoirs dans l'État se traduit ainsi par l'emprise de l'exécutif sur le législatif, par la rétrogradation du Parlement en une institution de second rang dont l'influence est limitée. Le plus souvent, l'exécutif roumain, depuis 1989, a choisi de gouverner par le biais de décrets-lois, ce qui signifie que le Parlement est absent du processus décisionnel. Cette image du Parlement mis à l'écart par un exécutif d'autant plus fort que la personne du président jouit d'une légitimité particulière, s'inscrit dans la même logique de discrédit qui caractérise la culture politique roumaine.

Depuis 1989, les sondages d'opinion enregistrent trois constantes en ce qui concerne le degré de confiance de l'électorat roumain par rapport aux institutions de l'État et de la société roumaine : ces constantes concernent le degré de préférence exprimé par rapport à l'armée, l'Église et le Parlement. En ce sens, le plus haut degré de confiance est accordé à l'armée et à l'Église tandis que le plus bas niveau de confiance échoit au Parlement. Assemblée de discussions, le Parlement ne possède ni la confiance de la population, ni l'influence qui devrait être la sienne dans un système démocratique, ni l'efficacité qu'on attend de lui. Causes et effets

---

[77] Daniel BARBU (*Şapte teme de politică românească*, Antet, 1997, p.153) considère à ce propos que «l'électorat roumain conçoit la majorité comme étant une majorité présidentielle, une majorité obligée de soutenir le chef de l'État et de l'aider à arriver au pouvoir. Les partis s'organisent autour ou contre le Palais (n.a. : il s'agit du palais de Cotroceni, siège de la présidence roumaine), le gouvernement étant depuis toujours ressenti comme un gouvernement inspiré par le Palais et validé par le Parlement et non pas comme un gouvernement émanant du Parlement et validé par le Palais». Cela renforce la position du président dans les structures du pouvoir, diminue l'importance du Parlement et renforce globalement la position de l'exécutif. La légitimité du gouvernement apparaît ainsi comme étant une prolongation de la légitimité dont jouit le président.

sont difficiles à objectiver dans ces circonstances et il serait stérile de les séparer avant d'avoir tenté d'identifier de l'intérieur le comportement des élites qui en font partie.

Ces causes et effets sont la preuve de l'existence d'une culture à forts accents autoritaires, une culture hiérarchique, plutôt verticale[78] (malgré une forte connotation collectiviste) et qui continue à subsister malgré ce désir institutionnalisé de rompre avec le passé en déléguant aux réformes législatives et au respect des normes électorales démocratiques le seul rôle de moteur de modernisation.

Un autre élément de continuité s'observe au niveau de l'État – il s'agit de la continuation d'une logique plutôt jacobine d'administration de l'État comme un tout. **La décentralisation** et le principe de subsidiarité sont des grandes inconnues dans la culture politique roumaine ou, lorqu'elles évoquent un substrat théorique, celui-là renvoie davantage à une image qui signifie soit anarchie soit autonomie pour la minorité hongroise, donc perte de la territorialité. En perpétuant la tradition d'un État comme seul maître de la territorialité, la décentralisation n'est pas vue comme étant le moyen de rendre plus efficace la gestion territoriale mais comme un risque qu'aucune des élites politiques n'est prête à assumer. La décentralisation semble nier le principe de l'État national, souverain et indépendant, unitaire et indivisible (formulation jacobine dans sa forme, qu'on retrouve dans le texte de la Constitution roumaine de 1991, art.

---

[78] Ce type de culture favorise le développement d'un respect pour l'ordre issu d'une hiérarchie rigoureuse. Cela correspond à la fois au respect pour toute hiérachie et aux statuts d'un régime construit sur le modèle d'une caserne (pour reprendre la métaphore de l'État-caserne de Zinoviev) mais aussi aux structures bien délimitées, sur la verticale, du monde villageois. Ainsi les rapports de parenté se superposent dans cette société de statut, selon le langage weberien, où les entrées et les sorties sont très bien délimitées et où les positions sociales sont respectées rigoureusement.

1[79]). La loi de l'administration publique élaborée en 1991 et remaniée en avril 1996 (et qui encore aujourd'hui est en vigueur), malgré une relaxation certaine, garde les mêmes principes que ceux qui sont énoncés dans la constitution de 1991.

Depuis novembre 1996, le problème de la décentralisation continue à être une priorité des revendications de l'UDMR[80] sans pourtant qu'on aboutisse à une solution qui lie la responsabilité managériale et le pouvoir financier au niveau local. Non seulement les structures restent-elles les mêmes (voir les préfectures et leur logique d'administration centraliste, la police armée, la promotion dans l'administration d'État pour des raisons politico-clientélistes, etc.) mais le type de relations qu'elles impliquent est une continuation de la logique de voisinage de type villageois, observée par Claude Karnoouh, qui pervertit le réseau du pouvoir.

Ce qui compte, c'est l'attachement personnel envers celui qui a accès aux ressources ou qui est au poste de commande et non le respect de la norme écrite. Cela renvoie ainsi à une autre carence qui tient au fait que l'on assiste, même après 1996, à la continuation d'une distinction entre la loi écrite et la loi appliquée ou entre les sujets qui touchent la loi. La loi – en tant que forme de justice créée et entretenue par l'État – n'a pas de

---

[79] Les références à ce caractère, dans la Constitution roumaine de 1991, sont nombreuses : art. 4 - l'État a comme fondement l'unité du peuple roumain, art. 13 - la langue officielle est le roumain, l'art. 148 parachève les limites des révisions constitutionnelles: «le caractère national, indépendant, unitaire et indivisible ainsi que la langue officielle, au même titre que la forme républicaine de gouvernement ne peuvent pas former l'objet d'une révision».

[80] Il y a eu des avancements dans les rapports avec la minorité hongroise – fait confirmé par la décision récente de la direction de l'UDMR de condamner la lettre des radicaux rassemblés autour de Laszlo Tokies (qui ont envoyé une lettre à Washington, au président Clinton, pour souligner la similitude entre le cas du Kossovo et celui des Magyars de Roumanie. La direction de l'UDMR (associée au gouvernement de coalition) a souligné qu'il n'y a aucune ressemblance entre les deux actes signalés par les radicaux et que depuis 1996, même s'ils prennent du temps à se manifester, les progrès enregistrés sont évidents.

force régulatrice ; elle apparaît comme un simple ornement qui respecte les principes de base de l'idéologie démocrate tout en permettant en pratique la continuation d'une forme de justice partielle, sélective ou sectorielle – au sens où certains secteurs de la société ne se trouvent pas sous l'incidence de la loi à cause des relations qu'ils entretiennent avec le pouvoir. En même temps, la loi est utilisée surtout pour les ennemis et jamais pour les amis.

Cette affirmation nous semble parfaitement évidente au niveau du pouvoir actuel qui, malgré le fait qu'il clame l'importance de la loi comme mécanisme de réglementation de la société, continue à l'utiliser comme un mécanisme n'ayant qu'une emprise partielle. Ce ne sont pas les personnes reliées au pouvoir qui ont été accusées dans les procès de corruption (voir la position de l'ancien vice-président du PNL, Victor Cataramă. Malgré son implication dans le scandale Safi, il a réussi à contourner un procès qui, d'après les preuves rendues publiques, aurait dû être inévitable), mais les personnes qui sont des ennemis déclarés de l'actuel pouvoir, ou qui ont collaboré avec l'ancien pouvoir – voir le cas des frères Păunescu, de Miron Cozma, etc.

Ce n'est donc pas un État impartial qui régit la société selon le principe que, même si elle est dure, la loi s'applique à tout le monde (*dura lex sed lex*). Actuellement, l'État roumain est l'émetteur d'une justice personnalisée dont les aboutissements risquent d'être contestés par une nouvelle alternance envisageable après les élections de l'an 2000[81].

Cette impossibilité à faire régner, à travers différents mandats, une justice impartiale, caractérise la faiblesse de l'État roumain. Celui-ci n'incarne plus la continuation malgré les changements politiques, il n'est pas au-dessus des partis politiques, il est l'incarnation des partis politiques qui, pour un

---

[81] Les derniers sondages d'opinion accordent en 1999 la première place, à la fois aux législatives et aux présidentielles, à Ion Iliescu et au PDSR, tandis que la CDR et Emil Constantinescu occupent la deuxième place, suivis par le mouvement extrémiste incarné par Corneliu Vadim Tudor.

laps de temps circonscrit par les élections, sont au gouvernement. L'État change chaque fois qu'ont lieu des élections et de cette instabilité naît un pouvoir incomplet, impuissant à s'imposer d'une manière abstraite, à travers des lois abstraites. Les performances de l'État roumain sont donc toujours mutilées par sa dépendance au pouvoir politique du moment.

Cette image de l'État incomplet (c'est-à-dire partiel) est aussi due au fait que le pouvoir continue d'être ressenti comme un fief où les avantages sont accordés selon le degré de fidélité des individus envers celui qui, au niveau local, régional ou même national, détient le pouvoir[82]. La perversion du système et de ses pratiques de fonctionnement entraîne l'accentuation de la faiblesse de l'État dont les limites sont souvent contournées.

L'alternance politique de 1996 perd ainsi de son importance comme procédure de passage sans violence au pouvoir en respectant le résultat des élections. Elle en gagne en montrant que **les élites du pays partagent un consensus durable sur les normes institutionnalisées du jeu politique, sur ce qu'elles recouvrent et ce qu'elles omettent. Voter** pour *Le changement* (slogan électoral de la CDR en 1996), ou pour *Le changement du changement* (slogan du PDSR en 1998) **revient, en fin de compte, à accepter en bloc les limites de l'action politique et des ruptures envisageables.**

Les cinq arènes décrites par Linz et Stepan comme étant les structures d'un régime démocratique continuent d'exister sous une forme qui expose ses carences et surtout ses limitations. La société politique roumaine reste tout aussi amateure, organisée en clans et non en de véritables partis politiques, très peu ouverte à ce que Sartori appelait un *responsive government* ou *responsible government*. C'est la continuation d'*une démocratie de famille* qui ne correspond pas à l'image des grandes familles

---

[82] Daniel BARBU (*Curentul*, N⁰ 37, le 15 février 1999) considérait à ce propos que la Roumanie est un État où des corporations et des métiers rappellent le Moyen Âge. Cette répartition (*lotizzazione*) du pouvoir politique rend inopérante l'autorité de l'État comme pouvoir suprême (*summa potestas*).

d'hommes politiques mais à des assemblées entourant des chefs de clans, des leaders de type clan qui gèrent la vie politique dans une perspective patronale, clientéliste. Tout cela encourage le développement de la corruption – elle-même dévoilant le peu de respect (si respect il y a) pour un État de droit et du même coup la grande faiblesse de l'État actuel dont les principales prérogatives sont contestées (voir le monopole de la force légitime ou la stabilité du système ainsi que la prévisibilité des actions politiques dans une logique rationnelle).

Pour ce qui est de la société civile (localisée uniquement au niveau urbain, la société des régions campagnardes restant très ancrée dans une logique de pouvoir subi et non consenti), elle continue à être caractérisée d'abord par une logique passive et une mauvaise organisation. La société civile a pourtant gagné un grand avantage depuis quelque temps – il s'agit de l'accès libre à une information différente.

Pour ce qui est de la dernière arène de Linz et Stepan, l'économie de marché, elle n'a pas encore connu de succès important en Roumanie. Les stratégies de privatisation ont été souvent mal conduites et, surtout, leur concrétisation n'a apporté que des sommes très faibles au budget de l'État. Les analystes économiques roumains considèrent que l'explication des ventes effectuées pour des sommes souvent ridicules est liée en grande partie au contexte international – crise économique en Russie, effondrement économique de l'Asie du Sud-Est, crise du Kossovo. Ils soulignent aussi le fait que le contexte favorable qui se profilait en arrière-plan au moment de l'alternance de 1996 a été gaspillé par le gouvernement Ciorbea qui n'a pas su faire de réformes profondes et rapides à la fois, se contentant de les ajourner indéfiniment. Si le gouvernement Ciorbea n'a pas profité de la vague de sympathie internationale et nationale qui l'entourait à ses débuts, le gouvernement Vasile n'a pas fait mieux. Il a préféré suivre la même logique et ne pas apporter des changements majeurs qui auraient pu provoquer une vague de contestations sociales et compromettre ainsi sa base électorale.

DEUXIÈME PARTIE

LES ÉLITES ROUMAINES

PRÉCISIONS MÉTHODOLOGIQUES

Le pouvoir politique en Roumanie se construit peu à peu, après 1989, autour de plusieurs groupes distincts. Jusqu'en 1992 au moins, sur le plan électoral et jusqu'à la fin de 1995, sur le plan de leur perception par le public, ces groupes ont du mal à se reconnaître mutuellement ou à s'affirmer comme distincts. La rivalité qui domine le débat public existe entre ceux qui se rangent (et sont rangés) grosso modo dans le camp des adeptes du pouvoir et ceux qui se rangent (et sont rangés) dans l'opposition. Les premiers sont appelés aussi *postcommunistes*, *néocommunistes* par leurs opposants et s'identifient eux mêmes comme les continuateurs de la Révolution. Les seconds sont appelés *monarchistes, extrémistes* ou *forces de droite* et s'identifient eux-mêmes comme les véritables réformistes.

Dans son ouvrage intitulé *Les Roumains après 1989*, Alina Mungiu a tenté de présenter un résumé des étiquettes politiques et des messages utilisés par les différents groupes de pouvoir politique en Roumanie après 1989. Prétextant le manque de ce qu'elle appelle les messages purs (information non contestée), la censure communiste qui a effacé une partie de la mémoire historique et la politisation des institutions, elle confie au message le rôle principal dans la définition des limites et des intérêts des groupes politiques. L'enjeu de la lutte politique devient, selon elle, une simple rivalité entre émetteurs de messages persuasifs, une campagne électorale permanente. La comparaison des messages devient chez elle la clé de la compréhension de la rivalité politique des élites et de la représentation de la réalité. Pour Pasti, qui aborde une vision systémiste, la période post-1990 a vu se développer ce qu'il appelle les forces de sous-développement en Roumanie. Celles-ci modèlent l'évolution (ou plutôt la stagnation) économique et sociale du pays et illustrent le blocage créé.

Toutefois, après 1995, de nombreux bouleversements survenus sur la scène politique rendent caduques les interprétations simplistes mettant dans un camp le pouvoir postcommuniste et l'opposition réformiste dans l'autre. D'abord, les conflits croissants entre le PRM, le PUNR et d'autres forces nationalistes sont mis en relief par les disputes au sein de l'opposition sur le rôle de l'UDMR (parti de la minorité hongroise).

D'un côté comme de l'autre, les nationalistes semblent jouer leur propre carte et poursuivre leurs intérêts qui ne correspondent pas toujours aux politiques adoptées par le gouvernement. Le changement de gouvernement en 1996 va entraîner encore davantage d'implications sur le plan du regroupement des forces politiques. Le PDSR se retrouve dans l'opposition et perd une partie de ses leaders les plus populaires qui vont fonder un autre mouvement social-démocrate d'allure plus technocratique. Au sein de la CDR, les années 1996-1999 sont marquées par la rivalité entre *pragmatiques* et *conservateurs*. Les premiers sont associés au gouvernement du premier ministre (Radu Vasile) et se distinguent par leur capacité à négocier une collaboration fructueuse avec le Parti démocrate et même à gagner le respect d'une partie des leaders de l'opposition. Les seconds sont couramment étiquetés en rapport avec des nostalgies restauratrices, avec l'ex-premier ministre Victor Ciorbea et des positions idéologiques farouchement hostiles aux sociaux-démocrates. Les médias eux-mêmes et les acteurs économiques se regroupent selon ces axes.

D'autre part, nous avons vu que le clivage rupture/continuité offrait une puissance analytique faible et incapable de saisir les rythmes, les logiques et les rapports de force existant dans les structures politiques.

En somme, l'évolution des partis politiques et de la scène du gouvernement n'offre qu'une image partielle des rapports réels d'influence, des calculs d'échange politique, de l'émergence des élites et des repères institutionnels et procéduraux. Les clivages rupture/continuité et réformistes/conservateurs qui font partie de la même représentation mentale sont inefficaces.

Ce que nous proposons dans cette deuxième partie est une approche différente qui rend compte des interactions des acteurs qui nous intéressent (les élites politiques) dans des arènes distinctes et qui privilégie la poursuite de notre argument : le consensus valorique et l'intégration structurelle.

Rappelons les acteurs qui seront l'objet de notre étude dans cette deuxième partie. Les élites roumaines que nous avons suivies dans cette recherche ont été sélectionnées de la façon suivante:

- le gouvernement et la haute administration d'État (ministres, secrétaires d'État) actuels (1999) ;
- les leaders des principaux partis politiques ;
- les députés et sénateurs qui détiennent au moins deux mandats consécutifs;
- tous les ministres et les secrétaires d'État depuis 1989 qui ont détenu cette fonction pendant au moins une année ;
- les directeurs et les rédacteurs en chef capables de déterminer la politique éditoriale d'un moyen de communication de masse (quotidiens nationaux, chaînes de télévision nationale, radio nationale, etc.) ;
- les managers des principales entreprises d'État ou privées, les principaux leaders de syndicats qui se sont impliqués dans la vie politique ;
- les directeurs des principaux ONG, centres d'étude d'opinion, experts de la société civile, représentants des institutions nationales impliqués dans des activités politiques.

Il s'agit en tout de **440** élites. Parmi celles-ci, il y a bien entendu des personnalités individuelles qui sont plus représentatives et qui nous ont intéressé davantage. Il s'agit principalement des leaders politiques qui ont régulièrement joué un rôle influent comme le président Iliescu.

Les sources documentaires que nous avons utilisées sont asssez importantes : base de données des agences de monitorisation de la presse roumaine (Mediafax, Monitoring Media), base de données de l'agence de communication politique IDEE, tous les ouvrages politiques publiés en Roumanie depuis 1989, toutes les revues d'orientation politique et sociale apparues après 1989 et, enfin, les quelques ouvrages spécialisés publiés en Roumanie qui ont directement proposé une liste des personnalités politiques les plus influentes[1].

Les 440 personnes représentant les élites sont donc les 440 acteurs politiques qui forment l'objet de notre analyse. Tous sont présents dans les annexes de notre étude avec des informations statistiques sur leur affiliation politique, leur âge, leur niveau d'éducation, leur mobilité professionnelle et politique. Ces informations, base de données construite patiemment, sont le fondement brut (non interprété) de leur identité et de leurs ressources.

Le degré de notoriété (fréquence d'apparition dans les médias) et le degré de pouvoir (ressources dont ils disposent) a été le second critère dans la rédaction de notre analyse détaillée et dans le choix des exemples offerts.

Rappelons aussi les **arènes institutionnelles et situationnelles** dans lesquelles nous allons suivre les logiques de confrontation des élites. **Celles que nous avons définies sont les suivantes : organisation politique, message politique, ressources institutionnelles contrôlées, procédures et calculs politiques (spécialement recrutement, échange et négociations) et enfin position par rapport aux enjeux suivants : développement démocratique, nature des rapports économiques, nationalisme et politique étrangère.**

---

[1] Ainsi les deux éditions de *Personalităţi publice şi politice,* Bucarest : Ed. Holding Reporter, 1992 et 1995, l'édition de *Protagonişti ai vieţii publice,* Bucarest : Ed. Rompress, le *Catalogul experţilor,* Bucureşti : SAR, 1997.

Il reste à définir la manière dont nous aller développer notre analyse qualitative dans ces arènes et comment nous allons classer les élites afin de pouvoir en suivre le comportement. Nous avons montré plus haut que les clivages entre partis politiques ou ceux, plus familiers, entre réformateurs/conservateurs, sont inopérants pour l'analyse qui nous intéresse et sont généralement abandonnés par toute étude faite après 1996.

Le besoin de nouvelles étiquettes et de critères de représentation n'a pas échappé aux analystes, mais la tâche de redéfinition que cela implique s'est révélée laborieuse. Tellement laborieuse que malgré des tentatives sporadiques, essentiellement dans la revue *Polis*[2], aucune tentative récente n'a vu émerger de définitions autres que le transfert à l'intérieur des partis politiques (y compris de ceux de la CDR) des clivages abandonnés pour l'intégralité de la sphère politique : rupture/continuité, réformateurs/conservateurs. On est ainsi arrivé à parler de l'aile réformiste du PDSR par opposition à son aile conservatrice, sans vraiment progresser dans la compréhension des logiques particulières qui animent les acteurs.

Cette insistance à maintenir des étiquettes obsolètes a transformé l'activité de définition des représentations des élites en un travail idéatique, et a laissé dans l'ombre ce qui est central à notre avis, c'est-à-dire les tactiques, les calculs, les coups, le répertoire d'actions, les échanges, les marchandages, en un mot les logiques spécifiques des secteurs que forment ces acteurs. Par conséquent, toutes les tentatives de définition du genre mentionné plus haut mènent inlassablement à l'impasse qu'est l'explication systémiste du type : manque de leadership, manque de coordination, manque de principes, manque de transparence[3] qui sont aussi inopérantes que le sont devenus les clivages réformateurs/conservateurs ou rupture/continuité.

---

[2] *Polis*, N⁰ 63-64, 1998.
[3] Dan PAVEL. *Polis,* N⁰ 66, 1998.

Pour redonner leur autonomie aux acteurs, il faut les placer dans les contextes dans lesquels ils agissent – qui sont ceux des logiques spécifiques des secteurs, caractérisés par des intérêts communs, par des routines, des procédures, des repères de définition et des rythmes temporels typiques[4].

Au début de notre travail, nos premières recherches nous avaient mené à la conclusion prématurée qu'il existait six catégories autonomes de secteurs ou de logiques dans lesquelles les acteurs étaient différenciés. Plus loin, il nous a été impossible de justifier l'autonomie de la logique libérale chez les acteurs, car nous avons découvert que celle-ci, lorsqu'elle était pratiquée (dans les discours ou les procédures), était une variable soumise à l'influence d'autres facteurs de nature à correspondre à des logiques plus structurées.

Par conséquent, nous avons identifié cinq groupes importants d'intérêt politique qui suivaient des logiques autonomes et nous les avons définis par la représentation qui émergeait durablement dans les confrontations avec leurs rivaux : nationalistes, populistes-survivants, passéistes, technocrates, élitistes.

Nous allons maintenant procéder à l'évaluation du degré d'intégration et de convergence des élites en suivant les arènes définies plus haut : **organisation politique, message politique, ressources institutionnelles contrôlées, procédures et calculs politiques (spécialement recrutement, échange et négociations) et, enfin, position par rapport aux enjeux suivants : développement démocratique, nature des rapports économiques, nationalisme et politique étrangère.**

Pour chacune de ces arènes, nous mettrons en perspective, afin de faciliter l'observation, les logiques sectorielles (nationalistes, populistes-survivants, passéistes, technocrates, élitistes).

---

[4] Michel DOBRY. *Ibid.*

CHAPITRE PREMIER

DE LA FORMATION À L'ORGANISATION POLITIQUE DE CHAQUE SECTEUR

Les nationalistes

Par *nationalistes*, nous définissons ces élites politiques qui apparaissent sur la scène publique après 1989 en misant surtout sur une légitimité et un discours nationaliste de type ethnique.

Il est entendu que d'autres partis ou groupes politiques roumains ont considéré la question nationale comme importante et ont pris des attitudes nationalistes à plusieurs occasions mais nous placerons dans le secteur *élites nationalistes* seulement les élites dont l'enjeu principal de la politique, la logique dominante et la seule légitimité revendiquée est celle d'ordre national (ethnique). Nous en avons identifié cinquante-quatre dans le groupe de quatre cent quarante (soit en gros un sur huit ou précisément 12,27% du total).

La montée de l'influence de la droite nationaliste dans les pays de l'Est est régulièrement invoquée par les analystes comme un danger pour la démocratisation et la modernisation de ces pays. D'autres font une comparaison entre le nationalisme ethnique et le communisme : *(...) comme le communisme, le nationalisme ethnique tend à poser des catégories idéologiques comme des réalités immuables... toutes deux sont des idéologies collectivistes, exclusivistes (...) toutes deux ont tendance à encourager les théories conspiratrices selon lesquelles les bourgeois ou les ennemis de la nation sont hostiles*[5]...

---

[5] Keith CRAWFORD. *East Central European Politics todays*. Manchester : Manchester University Press, 1996, p. 131-132.

En Roumanie, les élites politiques qui invoquent un nationalisme d'ordre ethnique ont des origines et des filiations idéologiques diverses : gauche, extrême gauche, droite conservatrice. Ces élites sont aussi séparées selon l'origine ethnique: nationalisme majoritaire (Roumains) et nationalisme minoritaire (Hongrois).

Contrairement à l'opinion de la plupart des analystes mais en nous fiant aux travaux sociologiques de Dumitru Sandu et de l'institut Curs, nous avons opté pour l'inclusion, dans la logique sectorielle nationaliste, de toutes les filiations idéologiques ou ethniques que sous-entend le nationalisme. Cependant, nous n'aurons pas pour objet de recherche les élites nationalistes minoritaires qui ne seront pas incluses dans le tableau final.

Les appels au discours nationaliste ont été utilisés par le premier gouvernement provisoire du FSN et par les gouvernements suivants, les observateurs de la scène politique considérant que le nationalisme politique était instrumentalisé par le pouvoir.

Lors des événements de Târgu-Mureş (mars 1990) l'opposition et le gouvernement se trouvaient dans des camps diamétralement différents : les intellectuels roumains, qui étaient à Budapest pour un colloque avec les intellectuels magyars, accusaient le gouvernement de Bucarest de contribuer aux tensions ethniques par son discours nationaliste[6].

Au mois d'avril 1990, en réponse à l'apparition du parti représentant les intérêts de la minorité hongroise (l'UDMR), une organisation se définissant comme a-politique déclare à son tour exprimer les aspirations nationales des Roumains. Entre l'UDMR et Vatra Românească (le foyer roumain) il y aura au moins une similitude : chacun représente une coalition d'organisations locales et civiques d'orientations politiques variées (de l'extrême gauche à la droite fascisante) dont le principal objectif est d'ordre nationaliste.

---

[6] Voir Gabriel ANDREESCU. *Naţionalişti, antinaţionalişti*. Iaşi : Polirom, 1996, p. 19.

Organisé en parti politique, l'UDMR présente une liste unique de candidats aux élections de mai 1990 et obtient un résultat remarquable : celui de principal parti d'opposition. Par la mobilisation très réussie de l'ensemble de son électorat (7% de la population roumaine, soit le pourcentage de la minorité magyare) et par l'inconsistance et le manque de préparation du reste des partis d'opposition, l'UDMR se place en force sur l'échiquier politique roumain. L'aile politique de Vatra Românească, le parti PUNR, ne recueille que 2,12% des voix aux élections de mai 1990, à partir d'une base locale en Transylvanie. Mais ce parti va rapidement recruter de solides appuis parmi les cadres à la retraite des Services secrets ou de l'armée et parmi une partie des intellectuels roumains de Transylvanie.

En mai 1991, le parti *România Mare* (PRM) est constitué avec à sa tête deux écrivains connus pour leur activité nationaliste et leur sympathie avec les *protochronistes* dans l'ancien régime Ceaușescu. Le conseil directeur du parti est formé par des anciens fonctionnaires d'État, des officiers à la retraite et d'autres cadres retraités pour la plupart. La doctrine du PRM le place clairement *sur la gauche de l'échiquier politique, avec un appui déclaré pour le caractère national et la souveraineté[7]*.

À partir de 1992, le paysage des élites nationalistes actives dans la vie politique en Roumanie se clarifie.

L'UDMR regroupe toutes les tendances politiques (gauche, droite libérale, centre gauche, centre droite) des élites magyares de Roumanie, du nationalisme modéré prônant l'autonomie à l'extrémisme séparatiste. Alors que la direction du parti revient à Marko Bela et aux éléments modérés, les extrémistes nationalistes jouent un rôle non négligeable, bénéficiant des appuis des partis similaires de Hongrie. Comme figures de proue du nationalisme extrémiste hongrois, on retrouve le pasteur Laszlo Tokies et le politicien Katon Adama. Les extrémistes de l'UDMR revendiquent la sécession ou le rattachement à la Hongrie de la

---

[7] *Adevărul*, 10 juillet 1991.

nation hongroise vivant en Roumanie. L'identité politique de l'UDMR est donc hétérogène, avec une essence spécifique : elle vise à proposer le couplage des deux dimensions (enjeux) politiques que sont la nation et l'État.

Cette cohérence s'explique par la forte identification qui se crée entre l'UDMR et la minorité magyare de Roumanie. De ce point de vue, le clivage urbain/rural est tout à fait inopérant dans la description identitaire du parti, au sens où sa carte électorale reprend la répartition territoriale de la minorité hongroise qui, indifféremment de son positionnement géographique, vote en bloc avec l'UDMR. Cette image mixte est identifiable également en ce qui concerne la répartition par groupes d'âge des électeurs UDMR – la minorité hongroise vote pour l'UDMR sans discrimination d'âge ou de sexe.

L'invocation de la nation unie dans tout le programme politique du parti et la définition des objectifs politiques économiques et culturels en fonction de cette nation unie (y compris avec un parti pris pour l'appartenance religieuse de son électorat) est la raison fondamentale qui nous fait considérer ce parti (et ses leaders) comme faisant partie des élites nationalistes.

La réunion, sur une même plate-forme politique, d'objectifs et d'institutions d'orientation idéologique différente, n'ayant en commun que la protection et la représentation de la communauté magyare en tant que communauté autonome en Roumanie, est un motif supplémentaire pour justifier notre interprétation. D'autres analystes ont d'ailleurs rejoint notre opinion[8].

À partir de 1992, l'UDMR devient un allié politique important de la Convention démocratique et de l'opposition. Le parti connaîtra plusieurs basculements entre un nationalisme modéré et un autre plus virulent, et sa présence dans la coalition

---

[8] Voir Gabriel ANDREESCU et Renate WEBER. *Evoluția concepției UDMR privind drepturile minorității maghiare*. București : Apador-CH, p. 9.

(CDR) sera un motif permanent de débats. À partir de 1996, ce parti participe activement au gouvernement.

Le PUNR s'identifie de plus en plus aux partis nationalistes avec des assises historiques en Transylvanie. Il reprend des figures historiques du nationalisme roumain et bénéficie de solides appuis parmi les classes intellectuelles et moyennes des villes moyennes de cette région. Il ramène sous sa férule plusieurs petits partis régionaux nationalistes comme le parti populaire républicain et le parti de la réunification[9].

Son nationalisme se veut modéré, culturel et une réponse à la fois à la mobilisation de la minorité magyare par l'UDMR et aux tendances centralisatrices du pouvoir de Bucarest. À partir de 1992, la mairie de Cluj, la plus ancienne ville universitaire du pays[10] passe aux mains du plus médiatique des leaders du PUNR, G. Funar. Le parti est lui-même engagé dans le gouvernement de coalition en appui au PDSR, entre 1992 et 1996, mais son influence diminue beaucoup alors qu'une partie de son électorat se dirige vers le parti România Mare. Les dissensions entre leaders s'accentuent entre la faction dirigée par V. Tabără et celle de G. Funar. Celui-ci finira par rompre avec le PUNR et il se ralliera au Parti România Mare qui lui offrira le poste de vice-président.

Le parti România Mare (*La Grande Roumanie*) se définit comme la principale force nationaliste du pays avec une doctrine politique et économique corporatiste, dirigiste, selon l'inspiration du modèle chinois et péroniste[11]. Participant au gouvernement de coalition en appui au PDSR après 1994, il parviendra à se consolider et à garder son unité, contrairement au PUNR. Après 1996, il récupérera une partie de l'électorat nationaliste perdu par les autres partis et se posera en adversaire farouche de la campagne en faveur de l'intégration européenne

---

[9] *Libertatea*, 31 juillet 1997.
[10] Peuplée pour environ 25% de Hongrois et 75% de Roumains.
[11] Voir *Unire în Belşug*, programme de gouvernement du parti. Bucarest : Ed. România Mare, 1997.

pour réunir 14% des intentions de vote, à l'automne 1997[12]. Sa direction comprend d'anciens cadres de l'armée et de la haute administration de l'État. Corneliu Vadim Tudor en reste le leader incontesté.

Finalement, d'autres groupes d'élites nationalistes se regroupent autour de quelques personnalités tout en s'alliant avec les partis politiques România Mare et le PUNR. Il s'agit surtout du poète barde nationaliste A. Păunescu (sénateur entre 1992 et 1996) et du petit mouvement organisé par des poètes roumains récemment immigrés et originaires de la république de Moldavie. Dans ce groupe, Leonida Lari et Mircea Druc, ancien premier ministre moldave, sont les plus connus.

Une autre coalition est celle qui porte le nom d'*Union des forces patriotiques*. Elle réunit en consultation les élites nationalistes du PDSR, du PRM et du PUNR et *se prépare à prendre le pouvoir dès 1997*[13].

Le dernier venu est le Parti national roumain, parti créé par l'ancien directeur du Service roumain d'Information – Virgil Măgureanu (1990-1997). Il s'agit d'un parti dont la représentation parlementaire n'est pas électorale mais le résultat d'une politique d'alliance avec des factions de partis parlementaires.

Il se définit comme étant un parti national *«par son programme et par la représentation des intérêts de "ceux qui y croient"»* et populaire aussi. Le programme du parti consiste en un diagnostic de la situation actuelle : *la reconnaissance de la crise, la crise des institutions, la crise des partis, la crise de gouvernement, la crise de l'opinion publique, l'incohérence du positionnement géopolitique, la crise économique*. On révise ainsi la tactique de l'identité négative, avec peu d'accent sur des solutions – ce qui est typiquement populiste.

---

[12] Sondage IMAS, octobre 1997.
[13] *Republica,* 22 novembre 1997.

Appelés d'abord Front du Salut national (frontistes), ces élites constituent véritablement la toute première solution de rechange au pouvoir post-dictature Ceauşescu. Ce sont elles qui prennent le pouvoir dans les studios de la télévision, le 22 décembre 1989, et c'est à ces élites que se rallient les principaux leaders de l'armée, des Services secrets et de l'administration de l'État au cours des journées suivantes.

La rupture entre le FSN et ce qui deviendra l'opposition est aussi une rupture entre la coalition initiale, première organisation politique après Ceauşescu à diriger le pays et les divers groupes d'élites politiques ultérieurement apparus. Cette scission s'est produite alors que le FSN était au gouvernement (printemps 1990), ce qui veut dire que les autres élites politiques qui se sont cristallisées après en avoir fait partie (comme les élitistes) ou en étant à l'extérieur (comme les libéraux) l'ont fait en se définissant par rapport à ce FSN. Bien que continuant de jouer sur son image de seule organisation politique authentiquement représentatrice de la coalition populaire et révolutionnaire de 1989, le FSN s'est rapidement vu contester ce rôle.

Ce problème de définition est crucial au sein de ce groupe politique face à qui toutes les autres élites ont eu le loisir de se positionner et de se distinguer. Les appellations données au groupe par ses rivaux ont varié de FSN à *pouvoir néo-communiste*, à *communistes de la deuxième vague* et *crypto-communistes*. Eux-mêmes se sont d'abord définis comme *FSN*, ensuite comme *FDSN* (Front démocratique du Salut national) et enfin ont envisagé une étiquette social-démocrate (*PDSR*) – cette dernière transformation marquant l'institutionnalisation proprement dite du mouvement qui désormais se définit comme étant un parti politique (cela implique aussi une rationalisation) défendant des intérêts doctrinaires.

Ce secteur ou groupe prétend à une légitimité populaire et plus précisément à la représentation politique des valeurs et des attitudes que la majorité de la population a acquises pendant le régime communiste et la transformation progressive de la société qui a suivi. Pour cette raison, leurs agissements nous semblent suivre une logique *populiste-survivante*.

Longtemps confondues avec les sympathisants et membres du FSN proches d'Iliescu, les élites populistes ont aussi été appelées néo-communistes par leurs adversaires. Après 1996, avec la venue au pouvoir des forces conservatrices et libérales, le PDSR (héritier du FSN) s'est beaucoup affaibli. Le populisme a alors tardivement été perçu non seulement comme une doctrine mais comme une mentalité centraliste, ayant un penchant pour l'autoritarisme et le dirigisme économique et poursuivant la logique d'intérêt présente dans une partie importante des syndicats et de la haute administration.

Cette logique est aussi celle des survivants d'après d'autres critères : elle représente les valeurs et les relations sociales établies durant un demi-siècle de communisme par ceux qui ont bien fonctionné dans le système, sans pour autant y détenir une autorité importante et sans non plus s'y opposer. Plus qu'une formation politique, les élites populistes-survivantes roumaines forment une oligarchie paternaliste bien présente dans les diverses institutions de l'administration, mais aussi dans le secteur privé. Elles sont originaires des nouvelles classes professionnelles apparues sur le marché du travail au milieu des années 1960 et frustrées dans leur ascension par la domination de la *nomenklatura* déjà en place et par la personnalisation du pouvoir aux mains des proches de Ceaușescu[14].

D'autres analystes occidentaux voient la formation de ces élites comme étant structurée par une double impuissance : incapables d'autonomie lorsqu'ils gravitaient autour de Ceaușescu, ils se montrent tout aussi incapables de proposer un modèle de transition politique intégrateur et démocratique.

Les *populistes-survivants* auraient ainsi en commun d'avoir été soumis et dépendants de la volonté du dictateur lorsqu'ils

---

[14] *Sfera Politicii*, N⁰ 34, janvier 1996.

exerçaient des fonctions administratives dans le régime précédent, et de refuser à leur tour de proposer un modèle différent de négociation politique et de partage des compétences politiques après 1990[15]. Parmi les 440 représentants des élites, les *populistes-survivants* sont au nombre de 113 (25,7% du total).

Lorsque le FSN fait son apparition comme organisation révolutionnaire, c'est le groupe minoritaire réuni autour d'un ancien haut responsable du CC, Ion Iliescu, qui prend sa direction. À la suite de la dissolution des syndicats communistes et avec l'apparition des noyaux locaux du FSN, ce sont ces cellules qui servent de courroie de transmission à l'administration centrale.

La formation du CPUN (printemps 1990) permet au groupe d'Iliescu de s'imposer dans ce Parlement provisoire. Si les réprésentants du FSN comptaient 113 membres (dont 77% accédaient pour la première fois à une fonction publique), les autres étaient tous des figures importantes qui allaient s'imposer comme des leaders politiques. Ils provenaient surtout de la haute administration d'État et de la technocratie économique et financière (qui allait se scinder et rallier en majorité le groupement politique technocrate).

Dans le CPUN, le groupe d'Iliescu s'est imposé comme le plus cohérent et le plus sérieux[16] faisant montre d'autorité et s'assurant rapidement l'appui des dirigeants de l'armée et des Services secrets. Aux côtés d'Iliescu, les doyens Alexandru Bârlădeanu et Dan Marţian, membres importants de la haute *nomenklatura* communiste, représentaient l'arrière-garde du parti communiste, marginalisée par Ceauşescu et qui revenait à l'avant-scène de la vie politique. Décembre 1989 a représenté ainsi au moins deux phénomènes différents : la chute de la dictature communiste (pour la majorité de la population) et le triomphe de l'arrière-garde du parti sur la dictature personnelle

[15] Juan J. LINZ et Alfred STEPAN. *Problems of democratic transition and consolidation.* Baltimore : the John Hopkins University Press, 1996, p. 354-358.
[16] Voir Vladimir PASTI. *România în tranziţie.* Bucureşti : Nemira, 1995, p. 152-154.

de Ceauşescu et son ascension finale dans les institutions de l'État.

D'abord mouvement révolutionnaire, ensuite successivement représentant de la Révolution, organisme d'État chargé d'assurer la transition, Front du Salut national, gouvernement, Front démocratique du Salut national, Parti de la Démocratie sociale roumaine, le groupe d'élites politiques populistes n'a jamais eu d'objectifs politiques déterminés et stables, mais a montré une remarquable cohérence dans le maintien des calculs de ses intérêts selon une logique autonome.

L'évolution des noms illustre ironiquement le peu de substance doctrinaire de ce groupe et leur définition constante par la négative en fonction de leurs adversaires. Ainsi, le mouvement révolutionnaire réuni dans le studio 4 de la télévision roumaine (décembre 1989) s'oppose à la dictature (abolie) de Ceauşescu, mise sur l'appui de la population et ne prend aucune position politique claire. En tant que représentant de la Révolution et organisme d'État chargé d'assurer la transition, le groupe proche d'Iliescu se définit en opposition aux partis politiques et au pluralisme naissant avec un message vaste de coalition nationale-étatique. Le FSN est d'abord un Front du Salut national, organisation chargée de mobiliser des forces pour gagner des élections, par opposition aux partis déjà formés et aux revendications libérales, réformistes, élitistes et restauratrices (conservatrices) les plus extrêmes. Il restera aussi vague sur ses préférences doctrinaires, préférant ratisser le plus largement possible l'appui de la population pour des réformes graduelles. Une fois transformé en gouvernement, et ses leaders installés aux postes de commande dans l'administration, le FSN disparaît quasiment comme organisation politique, démontrant son inefficacité totale à mobiliser des appuis progouverne-mentaux et à imposer à la technocratie des décisions politiques[17].

---

[17] Vladimir PASTI. *România în tranziţie*. Bucureşti : Nemira, 1995, p. 201.

L'éclatement du FSN et l'apparition du FDSN se fait pour des raisons de refus (négatives) dues à la rivalité entre jeunes technocrates et responsables de l'administration. Une fois de plus, il n'y a dans le groupement populiste-dirigiste aucune réflexion ou décision d'identification idéologique. L'étiquette démocratie sociale (PDSR) est adoptée en grande partie pour répondre à la radicalisation des positions réformistes économiques des adversaires politiques et pour attirer l'appui de la partie de la population et de l'administration qui préfère les mesures graduelles.

Manquant d'identité doctrinaire, le populisme-dirigisme manque aussi de leaders et de figures publiques importantes. Aux côtés d'Iliescu, seulement quelques autres leaders parviennent à acquérir une notoriété durable et à occuper des positions importantes dans l'État. Mais le groupe de leaders populistes parvient sans cesse à recruter des appuis neufs, pratiquant une politique de recrutement permanente. L'opposition (y compris celle des intellectuels) est particulièrement visée : *ne pouvant acquérir des partis entiers de l'opposition, le PDSR se contente d'acquérir des individus par la méthode – qui s'est révélée gagnante – de nomination, dans des fonctions diplomatiques, des personnalités les plus incommodes de l'opposition*[18].

Présents dans l'administration et dans des fonctions économiques, le groupe des élites populistes-survivantes détient des avantages importants sur les élites concurrentes. Ses membres sont disciplinés, ont une expérience administrative, une mentalité de clan bien établie, grâce à des repères stables, ils ont identifié rapidement leurs intérêts et les leaders capables de les représenter[19].

---

[18] *Ibid.*, p. 161.
[19] Stelian TANASE, *Revoluţia ca eşec.* Iaşi : Polirom, 1996, p. 39.

Les passéistes

Les élites passéistes sont les élites qui sont apparues dans la compétition politique après 1989 en misant sur une légitimité *historique, restauratrice* et en calculant que seule celle-ci leur permettrait d'acquérir l'autorité politique face aux autres acteurs. Ces élites ont en commun un discours souvent *revanchard* et qui a misé (jusqu'en 1996 au moins) sur le fait de représenter une *solution de rechange* face au discours dominant des *populistes-survivants*. Face à la continuité, représentée par les élites technocratiques et populistes, les *passéistes* proposent le *retour à des traditions plus anciennes* ou se posent en *opposition*.

Le PNTCD se construit ainsi autour de ses anciens membres qui vont le transformer en un parti gérontocratique, très fermé. Du point de vue doctrinaire, le PNTCD s'impose comme un parti centriste avec des tendances centrifuges de droite. Tout comme le PNL, le PNTCD a une forte tendance à rester dans un passé mythique – ses tendances revanchardes lui ont souvent valu le nom de «parti des talibans».

Le parti construit initialement son identité sur les quatre repères présents aussi dans la période Mihalache-Maniu: *le patriotisme éclairé, la justice sociale, la morale chrétienne, la démocratie* pour y ajouter – dans la nouvelle perspective chrétienne-démocarte – *la restauration de la morale chrétienne, ce qui exige une transformation interne des sociétaires*. Cette reconstruction de la morale chrétienne se fait autour de trois piliers fondamentaux : la famille, l'école et l'église.

Jusqu'en 1996, la plupart des commentateurs étiquetaient les *passéistes* comme l'opposition officielle (rôle joué depuis 1989). Après 1996, leur nom est devenu associé au nouveau pouvoir politique. À cet égard, un trait caractéristique de leur attitude politique est apparu plus clairement : leur *conservatisme*. S'ils revendiquent une légitimité historique et refusent d'être associés aux intérêts et groupes sociaux qui sont apparus pendant cinquante ans de communisme, les *passéistes* se sont définis, après 1996, en opposition aussi par rapport aux élites *technocrates, libérales* et *élitistes*. En fait, leur référence à un système politique antérieur au communisme s'est accompagnée de nombreuses attitudes *conservatrices* qu'on peut résumer ainsi : patriarcales, antilibérales (malgré la présence au sein de la coalition du PNL – parti libéral), centralisatrices et peu ouvertes au changement. La conclusion de la présentation doctrinaire du PNTCD est *«Avec Dieu on continue vers la victoire»* – la dimension religieuse y est très importante, c'est le seul parti politique roumain qui se construit sur le versant religieux prééminent, en niant explicitement le caractère laïc. Le PNTCD apparaît dans cette perspective comme un parti qui s'inscrit dans une lignée conservatrice – de type Joseph de Maistre – où l'église, la famille et l'école sont les piliers de base de toute société.

Un autre point important à souligner dans cette perspective est le grand attachement du PNTCD pour la monarchie. Cet attachement, bien qu'institutionnalisé jusqu'en 1996, avec l'élection d'Emil Constantinescu comme président de la République, semble avoir baissé et demeure aujourd'hui un attachement personnel des membres et des sympathisants du parti.

Pourtant, malgré sa dimension œcuménique et tolérante, exprimée dans le programme politique, une fois arrivé au pouvoir en tant que parti majoritaire, le PNTCD a fait preuve d'un penchant évident pour une gestion centraliste du pouvoir, parfois nationaliste – voir le cas des négociations pour l'adoption de la loi sur l'enseignement national.

À l'opposition durable existant entre *populistes-survivants,* désireux de se maintenir au pouvoir, et *passéistes* fidèles à un système politique antérieur au communisme se sont ajoutés d'autres conflits. On a mis en évidence le clivage existant entre le discours proréformiste des partis politiques du nouveau pouvoir (après 1996) et leur complaisance et pusillanimité dans l'application de réformes importantes. Les *technocrates* ont reproché aux *passéistes* leur prétention à une légitimité morale supérieure et leur mauvaise gestion des affaires publiques. Même les *élitistes,* les plus fidèles alliés des *passéistes* après 1996, se sont heurtés à ceux-ci en les accusant d'opportunisme et de manque de vision morale. Fin 1997, à l'intérieur même du PNTCD et du PNL se sont produites des scissions entre les élites qui continuaient à penser en termes d'un héritage et d'une logique *passéiste* (qu'ils estimaient négligée) et celles qui se sont rapprochées du courant majoritaire d'une technocratie administrative ou libérale. Ceux qui sont restés fidèles à la logique passéiste sont au nombre de quatre-vingt-huit (20% du total des élites identifiées dans notre recherche).

Dès janvier 1990 et les premières mesures de libéralisation politique, les anciens membres des partis politiques historiques s'organisent. L'association des anciens détenus politiques est enregistrée dès le 2 janvier et, le 8 janvier, le premier parti politique est autorisé ; il s'agit du parti national paysan-chrétien et démocratique (PNTCD). Selon d'autres sources, C. Coposu, leader de ce parti avait essayé de rentrer en contact avec le FSN dès le mois de décembre afin de proposer une collaboration, mais il avait été brutalement repoussé, développant du même coup une aversion personnelle pour ceux qu'il allait considérer désormais comme des *néo-communistes*[20].

En dehors de leur étiquette politique et de la légitimité historique et anti-communiste sur laquelle ils se basent, les *passéistes* n'ont aucun lien direct avec l'univers précommuniste qu'ils utilisent comme référence. Alors que, avant la guerre, le parti national paysan était un parti représentant les intérêts de la classe rurale et de la Transylvanie, dans les années 1990, l'électorat nationaliste et rural est attiré dans sa majorité par d'autres partis politiques. De même les libéraux, représentants de la bourgeoisie industrielle et commerçante d'avant-guerre n'ont, en 1990, aucune bourgeoisie à représenter et sont formés d'un petit groupe rentré d'exil et d'anciens prisonniers politiques. Enfin, les élites médiatiques *passéistes*, comme Jana

---

[20] Voir Silviu BRUCAN. *De la capitalism la socialism şi retur.* Bucureşti : Nemira, 1998.

Gheorghiu, ont derrière elles une longue carrière dans les institutions de l'administration culturelle communiste.

Le PNTCD et le nouveau parti libéral constituent une alliance politique qui s'oppose rapidement au pouvoir en place. À cette alliance se joignent des associations de vétérans et de prisonniers de guerre, des intellectuels et d'autres personnalités publiques qui estiment que la Révolution a été trahie et récupérée par le FSN. Dès le printemps 1990, l'animosité est tellement grande entre les partisans du FSN et les nouveaux acteurs de l'opposition qu'aucune négociation n'est possible (voir plus haut).

Entre 1990 et 1994, l'opposition est obnubilée par la revanche historique qu'elle désire prendre contre le communisme, par la hantise du complot organisé contre elle par le pouvoir politique en place. C'est alors que se développe la logique *passéiste*. Pendant ces années, les élites qui en font partie se sont surtout préoccupées de consolider leur propre réseau d'influences, d'asseoir leur autorité comme seule *solution de remplacement* au pouvoir en place. Cela s'est traduit par la mise à l'écart de toute réforme (institutionnelle, doctrinaire, politique) et le refus de toute modification des idées et des principes de base partagés par les leaders politiques *passéistes*. Un autre aspect de ce refus du changement a été l'expulsion des élites minoritaires, la marginalisation des jeunes élites et l'incapacité à négocier ou à promouvoir une doctrine chrétienne-démocrate compatible avec l'expérience contemporaine[21]. Pendant les premières années (1990-1991), les *passéistes* ont surtout misé sur l'organisation d'importantes manifestations de rue, flirtant même avec l'idée d'un coup de force ou d'une alliance avec ceux qui avaient les ressources pour en organiser un. En septembre 1991, par exemple, pendant les émeutes et l'invasion des mineurs à Bucarest qui avaient entraîné la chute du gouvernement Roman, les leaders syndicaux des mineurs sont invités au Congrès du PNTCD.

---

[21] Daniel BARBU. *Sapte teme de politică românească*. Bucureşti : Editura Antet, 1998, p. 106-112.

Entre 1992 et 1994, la principale activité politique des *passéistes* a été de démasquer diverses *trahisons* et de lutter pour le maintien d'une image d'*intransigeance morale et politique*. Au niveau organisationnel, l'établissement d'une Convention démocratique, alliance politique de partis et de leaders *passéistes* et *élitistes*, fut particulièrement difficile. Après l'échec électoral de cette alliance en 1992, les *passéistes* se sont hâtés de rechercher des coupables, principalement parmi ceux d'entre eux qui avaient cédé à la tentation de candidatures indépendantes. La nomination d'un candidat unique aux présidentielles fut aussi un sujet de dispute, certains leaders intellectuels et libéraux préférant Nicolae Manolescu, un critique littéraire, à Emil Constantinescu, doyen de l'Université de Bucarest.

Pendant toutes ces années, les *passéistes* ont adopté une attitude d'opposition permanente face au pouvoir, préférant jouer le rôle d'une minorité *éternellement hostile aux communistes* (depuis 1945 il s'entend) plutôt que de proposer la moindre action politique ou la moindre méthodologie pour récupérer le pouvoir et étendre leur réseau d'influence[22].

Ce n'est qu'à partir de 1994 que les *passéistes* commencent progressivement à agir comme force politique organisée et à élargir le répertoire de leurs actions. Ils adoptent ainsi peu à peu l'idée d'élargir leur cercle d'influence et de chercher à construire un discours politique d'envergure suffisante pour toucher un électorat majoritaire. Le *Contrat pour la Roumanie*, programme politique combinant promesses de protection sociale généreuses et engagement en faveur d'une *purification morale,* fait partie de cette stratégie. C'est aussi à partir de cette période que les contacts avec les partis politiques chrétiens-démocrates européens s'intensifient. Les *passéistes* bénéficient ainsi d'une professionnalisation partielle de leur organisateurs politiques et de leurs leaders médiatiques.

La disparition du premier leader politique du PNTCD (Corneliu Coposu) et le glissement du discours politique des

---

[22] Alina MUNGIU. *România-Mod de folosire.* Bucureşti : Ed. Staff, 1994, p. 32.

passéistes vers une modération de leurs convictions monarchistes sont les principaux changements après 1994. Les *passéistes* n'apparaissent plus désormais sous le visage de certaines personnalités historiques ; ils se présentent comme une large coalition d'intérêts politiques, comme une réelle option de rechange.

La cohérence de cette coalition est mise à dure épreuve à la suite des élections de 1996. En fait, d'une façon concomitante, pendant que les *passéistes* recevaient de nouveaux appuis dans les milieux économiques et politiques et qu'ils accédaient à des fonctions de pouvoir, leur activités politiques devenaient beaucoup moins ordonnées, leurs discours et leurs intérêts étaient bien moins homogènes. Dans les négociations avec leurs alliés politiques, particulièrement les *technocrates,* les *passéistes* montrent beaucoup moins d'habileté et sont souvent réduits à un discours intransigeant suivi de concessions importantes. À l'intérieur même de leurs propres réseaux, les *passéistes* connaissent des difficultés, des divisions qui deviennent vite publiques. Enfin, le mélange de pragmatisme et de responsabilités politiques assumées permet aux *élitistes* de se démarquer de leurs alliés *passéistes* en les accusant de ne plus correspondre aux idéaux moraux clamés.

À partir de 1997, les *passéistes* connaissent les mêmes problèmes que les autres groupes d'intérêts politiques roumains: redéfinition de leurs priorités, reconstruction de leurs réseaux, identification d'un nouveau type de message, usure des leaders politiques, ruptures internes et déclin de leur crédibilité.

Les technocrates

Nous appelerons *technocrates* les élites qui se sont impliquées dans la vie politique après 1989 en misant sur une compétence particulière et sur l'autorité qui émanait de ces compétences. Ces élites *technocrates*, formées généralement de cadres de haut niveau, ont joué un rôle important dans la vie politique après

1989, dépassant le palier de simples exécutants. L'absence de stratégies de gouvernement dans la formation de plusieurs partis politiques, l'inexistence d'une classe politique légitime, la restructuration des rapports de pouvoir et d'influence après 1989 ne sont que quelques-unes des raisons qui ont fait des *technocrates* des élites puissantes. Ce sont aussi les plus nombreux représentants de la vie politique roumaine : nous en avons compté cent quarante-six (un tiers du total) et dix-neuf d'entre eux ont pratiqué plus fréquemment un discours libéral (nous les appelons *technocrates à tendance libérale*).

Certains analystes politiques roumains, comme Vladimir Pasti, estiment que le réel pouvoir appartient à ces élites *technocratiques* ; en effet, le manque de vision des autres leaders politiques leur a permis d'étendre leur réseau dans toutes les structures de l'État. Incidemment, ceux qui sont persuadés de l'autonomie, en tant que groupe d'intérêt structuré, de ces élites en font partie : comme l'analyste Vladimir Pasti ou les membres du groupe *Un avenir pour la Roumanie*. Quant à nous, nous ferons la différence entre les élites *technocrates* et les élites *technocratiques*.

La première appellation couvre, à nos yeux, ces élites politiques qui ont misé sur un discours technocratique comme argument et légitimité publiques. Les élites *technocratiques* comprennent tous les représentants de la haute administration et de la bureaucratie privée ou publique qui jouent un rôle institutionnel important. Cette définition n'exclut pas un engagement politique mais, dans ce cas-là, nous utiliserons le terme *élites technocrates*. Enfin, certains *technocrates* développent aussi sporadiquement un discours *libéral* sans en poursuivre la logique. Nous nous pencherons aussi sur cette particularité.

Le groupe qui conduisait le FSN comptait parmi ses membres au début de 1990 plusieurs jeunes cadres compétents d'envergure internationale et aussi un nombre important de fonctionnaires de l'administration, frustrés pendant les dernières années du régime Ceauşescu. Au début des années 1990, l'analyse prédominante considérait que la rupture entre les leaders politiques plus expérimentés (les *populistes-survivants*) et les jeunes loups réformateurs était à l'origine de l'apparition du terme *technocrates* dans la vie politique roumaine. Les premières personnes qui ont misé sur cette image de *technocrates efficaces,* capables de par leurs *aptitudes,* de désigner et de gérer des projets politiques, furent les participants du groupe *Un avenir pour la Roumanie.* Il y avait là des économistes comme Mugur Isărescu (premier ministre à la fin de 1999), des sociologues comme Vladimir Pasti et Vasile Secăreş, des militaires comme Corneliu Codiţă qui, à l'automne-hiver 1990, avant d'être marginalisés, se sont occupés de concevoir une plate-forme politique et une structure organisationnelle pour le FSN[23].

Une année plus tard, lors de la rupture du FSN, les fidèles de Petre Roman réorganisent leur parti en mettant de l'avant la carte de la *technocratie* : efficace, réformiste, compétente, entretenant de bonnes relations avec les milieux d'affaires internationaux, se définissant par opposition à un président (Iliescu) et une classe politique (*populistes-survivants*) de plus en plus obsolètes, incapables d'administrer autrement qu'avec des réflexes totalitaires. En 1999, lorsque les mêmes *technocrates* font référence à cette période de gouvernement, ils associent dans leur discours *compétence* et *libéralisme* comme si cette convergence allait de soi.

La carte de la technocratie est jouée aussi par le gouvernement Stolojan : le premier ministre mise sur l'indépendance politique et l'institutionnalisation de pratiques de négociations et de rigueur dans la gestion des affaires publiques[24]. À partir de 1993, le parti démocratique (PD) est un parti qui se construit comme une dépendance clanique – le centre étant Petre Roman. C'est un parti qui vit par l'intermédiaire de la personnalité et le charisme de Petre Roman. Entre 1992 et 1996, le PD rassemble le plus grand

---

[23] Voir Vladimir PASTI. *România în tranziţie.* Bucureşti : Nemira, 1995, p. 207.
[24] Silviu BRUCAN. *De la Capitalism la Socialism şi retur.* Bucureşti : Nemira, 1998, p. 291.

nombre d'élites *technocrates* qui se placent en retrait du clivage représenté par les *populistes-survivants* et les *passéistes*.

Après 1996, des ruptures importantes ont lieu à l'intérieur du PDSR qui perd son aile réformiste, dirigée par l'ancien ministre des Affaires étrangères, Theodor Meleşcanu. Bien que le nombre de parlementaires qui quittent effectivement le groupe du PDSR soit limité à cinq, cette rupture mène à l'apparition d'un nouvelle formation politique, l'APR (l'Alliance pour la Roumanie). Le mouvement revendique la position du centre, réformateur et technocratique, position embrassée par le parti démocrate et recrute rapidement de nouveaux membres. Tout comme le PD, l'ApR se construit autour de la personnalité charismatique du leader Meleşcanu qui fait appel à la même identification négative pour se légitimer. Il propose ainsi *une autre façon de faire la politique (...) qui réhabilite celle-ci et qui permette de retrouver la confiance de la population dans les mécanismes démocratiques (...) avec réalisme et pragmatisme*[25].

D'autres regroupements de forces ont lieu à l'intérieur de la Convention démocratique. Après l'échec de la politique du gouvernement Ciorbea, de nombreuses voix se font entendre, à l'intérieur du PNTCD, en faveur d'une administration moins politique. La lutte s'intensifie entre radicaux *passéistes* et autres élites, plus libérales ou technocratiques. Certains leaders estiment que la lutte idéologique est révolue et que la Roumanie doit se préparer pour *vingt années de gouvernement de coalition*[26], raison pour laquelle les aptitudes à la négociation, la compétence technique et l'établissement de relations durables entre divers groupes d'intérêts sont requises.

Par ailleurs, malgré les promesses de changement, le nouveau pouvoir politique ne réussit pas davantage à diminuer le rôle de la technocratie présente dans l'administration économique, financière et dans celle des services de sécurité. Loin de contribuer à son indépendance, les évolutions de la scène

---

[25] Programme ApR, p. 34.
[26] *Jurnalul National*, 8 juin 1998.

politique impliquent de plus en plus des rapports d'alliance avec cette technocratie.

À la fin de 1999, les élites *technocrates* se retrouvent principalement dans le parti démocrate (PD) et dans l'ApR, mais aussi à l'intérieur de l'aile réformiste du PDSR et du PNTCD. Ces élites sont aussi présentes dans plusieurs institutions importantes de l'administration publique, dans le commandement des unités militaires et des services de sécurité et à la tête d'entreprises financières roumaines et étrangères implantées en Roumanie. Ses représentants *détiennent le réel pouvoir,* selon le président Constantinescu ; ils forment la *directocratie*, qui constitue l'interface entre le secteur privé et le secteur public, entre l'économie noire et le pouvoir politique selon d'autres analyses[27]. Selon la nôtre, il s'agit des élites qui pratiquent dans la vie politique une logique d'anticipation et d'intérêts qui mise sur les ressources de légitimité offertes par leurs compétences techniques supérieures (prouvées ou perçues comme telles), et accentuées à l'occasion par l'un libéralisme de façade.

Les élitistes – élites politiques et intellectuels

Par groupe *élitiste* nous entendons décrire ce groupe d'intérêt politique formé par une partie des intellectuels roumains actifs dans la vie publique depuis 1989. Le point commun de ces élites politiques est qu'elles jouent sur la légitimité offerte par leur statut d'intellectuels pour agir dans le champ politique. À la différence d'autres intellectuels qui ne s'impliquent pas dans des activités politiques et des intellectuels qui font de la politique au nom d'une légitimité différente (nationaliste, idéologique...), les *élitistes* font de la politique au nom de leur statut d'intellectuels. Nous en avons identifié trente-huit et ils sont les moins nombreux (8,6%) des groupes d'intérêt de la politique

---

[27] Voir Andrei CORNEA. «Directocratia», *Centrul pentru Studii politice şi analize comparate*. Bucureşti, 1995.

roumaine (ce qui ne veut pas nécessairement dire qu'ils sont les moins influents). D'autres appellations qui leur sont accordées par leurs adversaires sont celles de *moralistes* ou *intellectuels mouvance GDS* et, péjorativement, *les Européens de nulle part*[28]. Eux-mêmes préfèrent se définir comme *les élites intellectuelles* ou les *représentants de la société civile*.

Ce groupe, formé initialement sous le nom de GDS (Groupe pour le Dialogue social) réunit à ses débuts (janvier 1990) surtout des intellectuels qui n'ont pas encore détenu de fonctions publiques importantes. Rapidement, ces intellectuels entrent dans la lutte politique avec une légitimité qu'ils présentent à la fois comme morale et culturelle.

Ces intellectuels sont privilégiés par le fait que, depuis 1988 au moins, certains d'entre eux entretiennent des relations relativement étroites avec l'émigration roumaine établie en France et en Allemagne, et qui est impliquée dans les médias. Ainsi Radio Free Europe (en roumain), la BBC, la Deutsche Welle et les journaux écrits et télévisés français ont publié ou diffusé à plusieurs reprises, entre 1988 et 1989, des entrevues avec les intellectuels roumains. Lors de la pire période de l'époque Ceauşescu, une nouvelle génération d'intellectuels roumains fait entendre sa voix dans les médias occidentaux, bien souvent avec l'appui d'émigrants de longue date comme Monica Lovinescu, Paul Goma ou E. Ionesco à Paris. La plupart du temps ces interventions sont d'ordre artistique, mais elles abordent aussi des thèmes généraux liés à la condition des intellectuels roumains et aux problèmes qu'ils affrontaient pendant la dictature.

Fait intéressant à relever : ceux qui font leur apparition sur la scène médiatique occidentale en 1988-1989 sont une minorité parmi les intellectuels roumains, mais c'est précisement cette minorité qui prendra le contrôle des médias culturels les plus influents après 1989 et qui s'érigera en élite politique de

---

[28] Étiquette utilisée par l'éditorialiste O. Paler, lui-même proche de ce groupe, pour se distancer des idées prônées par le groupe *22*, qu'il juge plus extrêmes.

remplacement. Ainsi les poètes Mircea Dinescu et Ana Blandiana, les philosophes Andrei Pleşu, Gabriel Liiceanu et Mihai Sora, le physicien Gabriel Andreescu, les écrivains Gabriela Adameşteanu, Dan Petrescu, A. Paleologu et Sorin Antohi deviendront tous des acteurs importants de la scène publique (médiatique et politique) après 1989. La majorité des intellectuels roumains qui était restée silencieuse avant 1989 ou qui n'avait pas de lien avec l'émigration roumaine ou les médias occidentaux ne s'est jamais rapprochée de ce groupe par la suite[29]. Après 1989, lors de la création ou la prise de contrôle des médias culturels porteurs du message élitiste, ce sont les personnes citées plus haut, et elles seulement, qui en seront les dirigeants.

Dès 1990, avec la création du Groupe pour le Dialogue social, le ton est donné. Les médias occidentaux, français et allemands surtout, viennent recueillir leurs informations auprès des sources qu'ils connaissent le mieux : la filière des intel-lectuels déjà connus à l'Ouest. Dès février 1990, deux institutions importantes sont fondées : les éditions Humanitas (reprise par G. Liiceanu d'une maison d'édition d'État) et la revue *22*, porte-parole officiel du GDS. Les autres membres de ce groupe, comme les écrivains Stelian Tănase, Mihai Sora et Gabriela Adameşteanu, visent à le transformer en un *forum de débat civique, de dialogue social entre les intellectuels et la population* comme ils le déclarent à Adam Michnik en janvier 1990[30].

Dès le début, le dilemme de l'engagement politique de ces intellectuels se pose dans des termes qui resteront valides pour une longue période. Certains d'entre eux, comme Andrei Pleşu le philosophe, Ion Caramitru l'acteur et Gabriel Andreescu, qui deviennent membres du FSN jusqu'aux élections de mai 1990, choisissent l'engagement. D'autres, comme A.

---

[29] Sur les relations entre les intellectuels roumains cités et l'émigration roumaine et leur présence dans les médias occidentaux, voir Monica LOVINESCU, *Pragul*. Bucureşti : Humanitas, 1995.
[30] Liviu ANTONESEI. *O prostie a lui Platon - Intelectualii şi Politica*. Iaşi : Polirom, 1997, p. 42.

Paleologu, historien francophile qui est nommé ambassadeur à Paris, acceptent la fonction politique comme une faveur, en continuant de plaider pour le non-engagement et en critiquant le gouvernement. Quoi qu'il en soit, la tentation de faire de la politique tout en s'arrogeant le rôle d'arbitre de la société restera longtemps présente dans le GDS. Lors des élections de mai 1990, le GDS a présenté une liste électorale indépendante mais n'a pas réussi à faire élire le moindre député.

En novembre 1990, sous le sigle de l'AC (Alliance Civique), le mouvement renaît. Son conseil directeur est composé surtout d'intellectuels humanistes : le critique Nicolae Manolescu, le journaliste P.M. Băcanu, les écrivains G. Andreescu, S. Tănase, A, Blandiana, M. Sora. Une année plus tard, une partie de l'Alliance Civique, sous l'appellation (PAC) Parti de l'alliance civique, s'engagera dans la lutte électorale.

CHAPITRE DEUXIÈME

LÉGITIMITÉ ET DISCOURS POLITIQUE DES DIFFÉRENTS SECTEURS

Les nationalistes : un discours basé sur la défense de mythes collectifs

La principale légitimité revendiquée par les élites nationalistes est celle de la défense de la nation contre l'agression extérieure et contre les forces qui l'affaiblissent de l'intérieur. Dans le cas du discours nationaliste des minoritaires, les principaux ennemis sont à l'intérieur (en l'occurrence, l'État centralisateur et ses politiques) et les alliés à l'extérieur. Ce type de nationalisme est basé généralement sur une approche à caractère ethnique. Dans ce type de discours, l'appartenance à une communauté ethnique définie par l'histoire, la culture commune, la langue, la religion prime sur toutes les autres appartenances, y compris l'appartenance politique[31].

Le discours nationaliste roumain, promu par le parti România Mare et le PUNR, était fortement inspiré par l'histoire récente de la Roumanie. En effet, depuis 1967, le nationalisme était devenu le principal cheval de bataille de la campagne menée par le parti communiste pour mobiliser les intellectuels. Une partie de ces intellectuels avaient formé le groupe *protochroniste*, reprenant à leur compte et développant des arguments nationalistes dans l'espace culturel[32].

---

[31] Keith CRAWFORD. *East Central European Politics today*. Manchester : Manchester University Press, 1996, p. 125.
[32] Edgard PAPU. «Protocronismul românesc», *Secolul XX* (5-6), 1974.

Les *protochronistes* s'indignaient du complexe d'infériorité ressenti par les intellectuels roumains face aux cultures européennes. Ils protestaient contre toutes les tendances visant à *éduquer*, à *civiliser* la population roumaine, à traiter la culture roumaine comme une *culture mineure*[33]. Enfin, les protochronistes souhaitaient une intensification des rapports culturels entre la Roumanie et les pays occidentaux, mais ils voulaient que ces rapports soient équilibrés.

Fin 1977 : lors du Colloque national de Critique et Histoire littéraire, les sympathisants du mouvement protochroniste n'hésitent pas à proclamer que *la culture roumaine est sur le point d'agir sur la conscience européenne, comme l'ont fait dans les grandes époques l'Italie de la Renaissance, la France du Siècle classique, l'Angleterre des Lumières, l'Allemagne du «Sturm und Drang» à Holderlin et Nietzsche ou la Russie de Gogol à Lénine* [34].

Le mythe de l'autochtonisme[35] vient se poser en contradiction avec le mythe de l'imitation des modèles étrangers (qui, lui, s'appuie sur une longue tradition culturelle). L'autochtonisme soutient l'imperméabilité de la culture et de la société roumaine aux modèles étrangers qu'il est donc inutile d'imiter.

Après 1989, des années entières de politique nationaliste et d'isolation culturelle marquent profondément la vie culturelle roumaine. On assiste à un véritable *boom* de publication d'ouvrages nationalistes, comme ceux évoquant le rôle joué par le maréchal Antonescu pendant la Seconde Guerre mondiale, mais aussi du côté du nationalisme minoritaire, avec des biographies de Horthy, le leader fasciste hongrois. Le 1er décembre 1991, une session entière du Parlement est consacrée à des débats sur le rôle *historique* joué par le maréchal Antonescu. C'est aussi une période où l'antisémitisme connaît une recrudescence. On admire, chez le maréchal, le *traitement*

---

[33] Ilie PURCARU. *Literatură şi naţiune*. Bucureşti : Eminescu, 1986.
[34] Dan ZAMFIRESCU, dans Monica Lovinescu, *Posterităţi contemporane-III*, Bucureşti, Humanitas, 1994, p. 18.
[35] Voir Pavel CAMPEANU. *De patru ori în faţa urnelor*. Bucureşti : Ed. All, 1993, p. 207-209.

reservé aux juifs et aux gitans. Au nationalisme de Ceauşescu, communiste et axé sur la politique étrangère, on oppose un nationalisme politique *différent* qui intègre une partie des symboles utilisés dans la période communiste avec un désir de reconnaissance extérieure. On va même jusqu'à attribuer les succès de la politique extérieure roumaine de l'époque communiste, succès *qui auraient empêché le déclenchement d'une troisième guerre mondiale, non pas au dictateur mais à ce groupe de Roumains du corps diplomatique qui couraient dans toutes les directions pour empêcher les fous de s'autodétruire*[36].

En somme, la Roumanie est une nation *historiquement très riche* qui s'est construite malgré l'opposition de ses voisins. *Ce ne sont pas les étrangers qui ont bâti ce pays pendant 2000 ans, mais le peuple roumain. Les étrangers ont guetté la Roumanie, ils l'ont affaiblie, l'ont déchirée*[37]. Selon A. Mungiu, ce discours nationaliste a pour fondement les convictions suivantes : *les Roumains sont un peuple exceptionnel et talentueux... Pour cette raison, ils n'ont de leçon à recevoir de personne... par leur histoire et leurs valeurs, ils sont Européens... celui qui conteste ce discours est un traître*[38].

Selon l'historien L. Boia, la seule différence entre les mythes nationalistes véhiculés après 1989 et ceux d'avant 1989 est que les mythes contemporains ne souffrent d'aucune censure et qu'ils occultent la période communiste en évacuant le jargon marxisant. *L'unité nationale, l'autorité des grands leaders (Tepeş, Antonescu...)... le centralisme et l'unanimité nécessaires autour de ces mythes* sont les idées principales de cette mythologie[39].

Des intellectuels nationalistes comme Dan Zamfirescu n'hésitent pas à considérer les politiciens comme des traîtres

[36] Constantin STANESCU. *Interviuri în tranziţie*. Bucureşti : Fundaţia Culturală Română, 1993, p. 232.

[37] *România Mare*, 24 janvier 1992.

[38] Alina MUNGIU. *Ibid*, p. 41.

[39] Lucian BOIA. *Istorie şi mit în conştiinţa românească* Bucureşti : Humanitas, 1997, p. 276-293.

puisqu'ils combattent l'idée que *la culture roumaine, le génie créateur et l'esprit roumain sont un* axis mundi[40].

Typique de cette libération du paradigme marxiste et de l'intégration d'éléments actuels dans le discours nationaliste est la tentation de présenter la nation (roumaine) comme une réalité immuable, a-historique. Selon le dogme de Ceauşescu, il était impossible de présenter la nation roumaine autrement que sous la forme d'un processus historique dialectique (conformément au marxisme) ; en somme, avant 1989 la nation voyage dans le temps : après 1989, elle est immuable alors que le temps passe.

La nation devient, en ces temps troubles de transition, une réalité qui n'a pu être contestée par les communistes, qui a été *trahie* et éventuellement *retrouvée* après 1989.

Le nationalisme minoritaire le plus extrémiste, quant à lui, fait référence à une nation hongroise dont il faut retrouver le cours historique ; d'ailleurs, son intégration à l'Europe est un objectif moins important que la remise en cause du traité de Trianon.

À ces retrouvailles avec une *identité nationale intacte,* le discours nationaliste ajoute des arguments contemporains. La présence d'un nombre important d'officiers des Services de renseignements et de militaires aux côtés des leaders politiques nationalistes accentue ce goût pour l'autoritarisme militaire. Dans cette optique, les officiers de renseignements ayant travaillé pour la Securitate durant l'époque communiste deviennent des *héros qui ont défendu l'intérêt national.* Les dissidents, la diaspora sont dans le meilleur cas des brebis égarées, dans le pire, des traîtres à la patrie. Un ancien officier de renseignements, le colonel Pavel Coruţ connaîtra beaucoup de succès avec la publication d'une dizaine d'ouvrages populaires (qui se vendront à des dizaines de milliers d'exemplaires) portant des titres comme : *L'art du succès chez les Roumains, Le*

---

[40] Constantin STANESCU. *Interviuri în tranziţie.* Bucureşti : Editura Fundaţiei Culturale Române, 1991, p. 231.

chant de l'éternité, La lumière de la Dacie, etc. Dans ces livres, on fait l'apologie de la nation roumaine et le peuple roumain devient un peuple élu, héritier de traditions et de secrets divins[41].

Un autre élément important du discours nationaliste est la théorie du *complot.* Dans sa version post-1989, le complot contre la Roumanie vise surtout à obtenir la séparation de la Transylvanie du reste du pays, à obtenir la marginalisation et l'affaiblissement du pays par la vente d'industries stratégiques et par le démantèlement des services de sécurité et des capacités de défense. Pour les nationalistes magyars, le complot est au contraire l'isolation par l'appauvrissement et par des mesures administratives de la minorité hongroise en vue de son assimilation par la majorité roumaine.

Au cours des années, le *complot* est démontré par la mise à l'écart de la Roumanie dans le processus d'élargissement de l'OTAN et de l'UE, par la signature des traités avec l'Ukraine, par les conflits régionaux dans les Balkans qui détruisent les États qui tentent de résister à la *domination occidentale.*

Dans ce contexte, la principale légitimité politique des élites nationalistes provient de leur capacité à *comprendre et à déjouer ces complots,* éventuellement en identifiant les traîtres. La revue *România Mare* publiera pendant des mois une *liste de la honte,* c'est-à-dire une liste de personnalités identifiées par les leaders nationalistes comme ayant agi contre l'intérêt national après 1989[42].

Le message nationaliste est loin d'être monopolisé par les élites impliquées dans les partis politiques. Une bonne partie des médias roumains reprend une partie des arguments développés par le PRM et le PUNR, particulièrement en ce qui concerne le *danger hongrois en Transylvanie.* Une étude, faite en 1998, soutient que les journaux *Adevărul, Jurnalul Naţional, Ziua, Evenimentul Zilei, Naţional* – soit les principaux quotidiens

---

[41] Voir, par exemple, *Arta succesului la Români,* Bucureşti : Ed. Miracol, 1993.
[42] 24 février 1997, *Radio Contact.*

roumains – émettaient des opinions généralement négatives à l'égard des revendications, même les plus modérées, de la minorité hongroise[43]. Les principaux thèmes repris par les médias étaient l'*obstination ségrégationniste dans l'enseignement, la préoccupation des politiciens hongrois de l'UDMR uniquement pour les droits de leur minorité, le chantage ethnique, l'expansionnisme de la politique étrangère hongroise.*

Défendre le pays contre les Hongrois est l'objectif commun des nationalistes roumains[44]. Ceux-ci s'insurgent aussi contre l'*abandon des prétentions territoriales roumaines face à l'Ukraine* qu'ils considèrent comme un acte de trahison. La signature du traité avec l'Ukraine est une occasion pour déclencher des manifestations condamnant l'*acceptation du pacte Ribentropp-Molotov*[45]. Le 15 mars, anniversaire national de la révolution hongroise, est aussi une occasion pour les nationalistes hongrois de dénoncer l'*oppression roumaine* et de réclamer, par les plus extrémistes, l'annulation du traité de Trianon[46].

En ce qui concerne les territoires de l'ancienne Bessarabie (l'actuelle république de Moldavie), l'intérêt des nationalistes est beaucoup moins grand. On se contente généralement de déplorer la *perte, l'abandon, la trahison, la souffrance des frères*. De même, on préfère utiliser des termes comme *sadisme* pour définir la politique menée par les pays étrangers à l'égard de la Roumanie plutôt que d'analyser les intérêts et les rapports de force réels.

En somme, le message nationaliste roumain est rarement expansionniste et il ne propose jamais d'actions politiques concrètes ou d'objectifs bien définis[47]. Celui de la minorité

---

[43] 40% des commentaires étaient négatifs dans *Adevărul*, 21% dans *Jurnalul Naţional*, 19% dans *Evenimentul Zilei*, etc. Programme *Mesajul Naţionalist în Mass-Media*, Cluj 5-8 novembre 1998.

[44] *Curentul*, 7 novembre 1998.

[45] 22 mai 1997, *Tele 7 Abc*, Journal.

[46] Particulièrement virulentes avant 1996, les manifestations extrémistes du 15 mars ont retrouvé leur acuité à partir de 1999, année pré-électorale.

[47] *Curentul*, 17 novembre 1998.

hongroise réclame avec insistance une seule donnée : l'autonomie ou l'indépendance territoriale des deux départements de
Transylvanie peuplés majoritairement de Magyars.

Les populistes-survivants : un discours basé sur la résistance au changement

La principale légitimité revendiquée par le groupe des
populistes-survivants est de représenter les intérêts de la
majorité de la population et particulièrement ceux s'opposant à
toute réforme radicale.

Pour parler en rythmes temporels, le leur s'accorde avec le
plus lent dénominateur commun de changement social.

Dépourvus d'une plate-forme doctrinaire bien définie,
comprenant une multitude d'élites professionnelles de second
rang, sans visibilité publique, réunis auprès d'un groupe formé
par des cadres de haut rang qui, eux, bénéficient d'une longue
expérience de travail en commun, les *populistes-survivants*
souffrent aussi du manque d'un discours politique articulé
distinctivement.

En fait, les principales étapes du discours politique de ces
élites suivent, dans ses grandes lignes, l'évolution du gouvernement du pays, entre décembre 1989 et l'année 1996.

Certains analystes roumains prétendent que le principal
message livré par ce groupe, surtout pendant les campagnes
électorales, est de nature populiste et nationaliste (dans une
moindre mesure)[48]. Cette argumentation va jusqu'à prétendre,
d'une façon familière aux intellectuels roumains, qu'il s'agit d'un
discours superficiel, mélangeant mensonges et promesses sans
réel fondement et tactiques de diversion dans les médias.

La réplique face à ce genre de discours à été de le *démasquer*
comme ouvertement populiste. C'est, à notre avis, une vision
incomplète qui ne permet pas de saisir dans sa diversité

---

[48] Voir Alina MUNGIU, *op. cit.*

l'ampleur des appuis recrutés par le groupe *populiste-survivant* et l'attraction de la logique du moindre changement. En fait, l'importance de l'argument d'une légitimité, de nature à susciter une adhésion renouvelée en réponse à l'évolution rapide de la société et du discours adverse, est illustrée par de nombreux faits depuis 1989.

Cette légitimité du discours *survivant* est celui des élites politiques qui s'adaptent aux changements produits par la réforme du pays, qui en retirent des avantages divers tout en s'opposant à ceux qui défendent des positions plus radicales. Le discours *survivant* est caractérisé par l'appel à des mentalités et des clichés idéologiques anciens, par la consolidation d'une cohésion de groupe déjà forte chez ses élites et par le maintien d'un système de valeurs propres à un monde influencé par des nostalgies autoritaires, centralisatrices, étatistes[49]. Une récurrence de ce discours est son appel au sentiment d'appartenance, une utilisation de stéréotypes unificateurs et de clichés permettant d'accroître la cohésion du groupe et de condamner ceux qui s'en différencient.

Le discours *populiste* est, quant à lui, basé sur les idées les plus communes et les plus générales, se réclamant à la fois des valeurs communautaires héritées de la période communiste et proposant un modèle intégrateur, mobilisateur, centralisateur de société dans lequel toute déviance, tout individualisme ou intérêt de groupe minoritaire sont perçus comme néfastes.

Ainsi, durant la campagne électorale de 1990, comme nous l'avons vu, le discours du FSN se veut rassurant, promettant dans des termes très généraux une amélioration du niveau de vie. Nous savons que la campagne de 1990 n'a pas été gagnée par un discours radicalement différent tenu par le FSN mais par sa capacité d'appuyer ce discours par des mesures concrètes d'appuis financiers et de contrôle administratif, bref par l'usage d'un répertoire de ressources plus vastes.

---

[49] *Sfera Politicii*, N⁰ 11, 1993.

Parmi les éléments du discours populiste-survivant, notons le mythe de l'autochtonisme[50] qui vient se poser en contradiction avec le mythe de l'imitation des modèles étrangers et le mythe de la restauration proposés par les élites libérales et réformistes-restauratrices.

Le mythe de l'autochtonisme (utilisé aussi par les élites nationalistes), s'appuyant sur une longue tradition culturelle, soutient l'imperméabilité de la culture et de la société roumaine aux modèles étrangers qu'il est donc inutile d'imiter. L'hostilité face à ces modèles importés est nuancée dans le discours *populiste-survivant* par la référence à des compétences locales et à la capacité des élites survivantes de l'administration communiste à assurer la transition du pays. Ainsi, dans le dernier discours télévisé, lors de la campagne de 1990, Iliescu soutient *que la promotion de la démocratie en Roumanie doit se faire en tenant compte des réalités roumaines... On a déjà copié des modèles étrangers et le résultat a été catastrophique*[51]. Neuf années plus tard, les accents critiques du PDSR sont mis sur la *soumission aux modèles économiques étrangers* et les leaders médiatiques *passéistes* démasquent ceux qu'ils appelent les *mutants* ou les *laquais de la politique occidentale dans la société roumaine*[52].

La première moitié de l'année 1990 est celle où le discours du FSN est articulé autour de quelques éléments très simples articulés selon l'équation : fsn=révolution=peuple. La participation des leaders du FSN à tous les événements rituels représentant la révolution (commémorations, discours publics...) illustre bien cette légitimation par les symboles qu'elle couvre : rites de passage, de naissance, de solidarité, d'unité[53]. Le contrôle par le FSN des instruments du pouvoir militaire/politique et l'incapacité de ses opposants à faire juger

---

[50] Voir Pavel CAMPEANU. *De patru ori în faţa urnelor*. Bucureşti : Ed. All, 1993, p. 207-209.

[51] Repris dans Alina MUNGIU, *op. cit.,* p. 39.

[52] Ion CRISTOIU. *«Gabriel Liiceanu - un mutant». Cotidianul,* avril 1999.

[53] Voir Gina STOICIU. *L'aveuglement de Janus.* Montréal-Bucarest : Ed. Humanitas-Libra, 1998.

les coupables des victimes de décembre 1989 confirment le succès populaire de ce discours. À l'opposé, la revendication des adversaires du FSN de le tenir responsable d'avoir *détourné (confisqué)la Révolution* paraît bien moins crédible pour les raisons déjà évoquées. La continuation graduelle des réformes politiques et économiques qui correspond au rythme et aux attentes de l'opinion publique de l'époque accentue la marginalisation de ce type de discours.

En 1990, la désintégration des structures du pouvoir politique, les conflits idéologiques et la rivalité entre les élites s'accentuent. Tout au long de cette année, le discours populiste s'est voulu une invitation à l'unité, au calme, à la mobilisation commune et un refus de prendre parti ou de définir une identité idéologique ou des priorités de gouvernement[54].

À partir de 1991, un des thèmes principaux du discours populiste, promettant que *les choses iront bien sans effort*[55] devient inutilisable à cause de l'accentuation des difficultés économiques et sociales. La crise de septembre 1991 et la rupture à l'intérieur du parti au gouvernement (dont l'aile technocrate ira majoritairement rejoindre Petre Roman) renforcent le besoin d'un changement.

Le discours populiste-survivant entamera un virage qui le mènera vers une image de démocratie sociale. En fait, le nouveau discours qui se construit, à partir de la fin 1991, se veut critique à l'égard de la thérapie de choc en économie, ennemi de tout changement qui ne soit pas graduel et promoteur (encore) des idées de création d'un consensus et d'une alliance politique la plus large possible[56]. Face à

---

[54] À comparer : *România Liberă*, 27 février 1990 et *Adevărul*, 15 décembre 1990. Dans les deux articles, Iliescu demande le respect de la révolution, regrette les disputes apparues, plaide pour le consensus politique, la paix sociale et le renforcement de l'unité nationale et assure que les problèmes graves sont en voie de résolution.

[55] Alina MUNGIU. *Românii după 1989*. Bucureşti : Humanitas, 1995, p. 260.

[56] Voir, par exemple, l'idée de *pacte social*, dans Ion Iliescu, *Revoluţie şi Reformă*. Cluj : Ed. Enciclopedică, 1994, p. 248 et suivantes.

l'éclatement des structures politiques et aux rivalités croissantes, il propose une nouvelle formule basée sur *la tolérance, la patience,la conciliation*[57]. C'est aussi le début de l'incorporation dans ce discours d'éléments accusateurs à l'égard des *profiteurs de la réforme* (dans ce cas, l'ancien gouvernement de P. Roman), accusations que renforce une campagne de presse. Les ennemis de la réforme et du changement ne sont plus seulement les *instigateurs politiques* ou les *déstabilisateurs* mais aussi *le dilettantisme politique et social agressif... la corruption ressentie par le citoyen honnête... le trafic d'influence, le mercenariat et l'érosion morale*[58]. Ce discours s'accentue lors de la rupture officielle du FSN entre partisans du président Iliescu et ceux de P. Roman.

Lors des élections de 1992, le nouveau FDSN (futur PDSR) et son candidat à la présidence, Ion Iliescu, entament une campagne sous le signe de la continuation[59]. Le message politique se veut à la fois rassurant et réformateur, proposant une économie de marché sociale, assurant la population que la privatisation est souhaitable et qu'elle est synonyme de prospérité, mais qu'elle doit se faire en priorité pour des investisseurs nationaux. La thérapie de choc est rejetée comme périlleuse pour la prospérité et la souveraineté nationale, alors que le candidat Iliescu insiste sur ses propres qualités humaines[60].

L'année 1992 est celle où le *discours populiste-survivant* s'oriente en fonction de celui qui est proposé par les autres groupes politiques. Mais, en fait, la force du message populiste-survivant résidera dans sa critique des messages utilisés par les adversaires et dans son positionnement comme attitude neutre, conciliante, seule capable de produire un consensus. Le message

---

[57] Domnita STEFANESCU. *Ibid,* p. 158.

[58] Ion ILIESCU. *Revoluţie şi Reformă*. Bucureşti : Ed. Enciclopedică, 1994, p. 241.

[59] *Construisons ensemble l'avenir de la Roumanie* et *Nous avons commencé ensemble, continuons ensemble* sont les slogans les plus utilisés.

[60] Domniţta STEFANESCU. *Cinci ani din istoria României*. Bucureşti : Ed. Maşina de Scris, 1995, p. 244.

populiste réclamera des arguments aux nationalistes en proposant aux minorités une conciliation selon des normes européennes. Il reprochera au message passéiste-conservateur de promouvoir la déstabilisation du pays, de représenter un danger pour l'unité et la Constitution, de soutenir des positions monarchiques. Enfin, contre les mesures radicales proposées par un certain discours technocrate, libéral ou élitiste, le message populiste voudra être aussi une critique des spéculateurs et des profiteurs de la réforme économique, en misant une fois de plus sur les valeurs humaines de son candidat principal. En fait, tout au long de l'année, malgré l'incertitude quant aux noms des candidats de l'opposition aux présidentielles (la question d'un éventuel retour de la monarchie surgissant aussi au printemps) le discours *populiste-survivant* se base sur quelques constantes : l'éclatement des structures politiques et leur différenciation ont neutralisé toute chance de victoire de l'opposition, la domi-nation des idées proposées par les *populistes-survivants,* bien que moins catégorique, reste ferme. Ainsi, avec le concours des insuffisances des autres forces politiques[61], le discours électoral *populiste-survivant* se prononce pour *la social-démocratie,* contre *le changement constitutionnel,* pour *l'expérience dans la gestion des affaires publiques,* contre *l'aventurisme économique,* contre *l'instabilité prouvée de l'opposition.*

Selon la plupart des analyses roumaines, le chef de l'État dans la culture politique des Roumains (peu importe si c'est un roi, un président ou bien un dictateur)[62] est une personne qui

---

[61] Voir Pavel CAMPEANU. *Ibid,* p. 124-131.

[62] Vintila Mihăilescu racontait que, lors d'un travail de terrain, il avait demandé dans un village à des villageois assis autour d'une table dans un petit restaurant pourquoi ils ne voteraient pas pour une autre personne que le président alors en place – Ion Iliescu. La réponse est très significative : *Si un autre devient président, la prochaine fois on va voter pour l'autre mais maintenant on vote pour celui qui est en place.* C'est le besoin de stabilité et un certain attachement de type affectif qui se remarque par rapport à la personne qui incarne la fonction de chef de l'État. Cet attachement est conditionné par l'identification avec l'État. Tant que cette identification est opérante, l'affection existe ; un basculement complet se produit quand cette identification n'est plus valable. C'est donc moins la personne qui

«exige» la dévotion. Le Roumain mélange à la fois dans ses représentations un sentiment de crainte par rapport à celui qui offre la protection mais aussi un sentiment de confiance par rapport à celui qui détient la force. Cette obéissance délivre l'homme des peurs quotidiennes et le réconforte car cette obéissance est générale et satisfait ainsi son *appétit d'égalité*. Iliescu aurait tiré profit de ce trait culturel et s'en serait servi pour asseoir sa domination politique en devenant aussi le père de la nation et en encourageant un véritable sentiment d'affection par rapport à sa personne.

Sans nier cette vision *d'une conquête spirituelle* du groupe, remarquons qu'elle est assez éphémère[63], elle répond à la logique: *Le roi est mort, vive le roi !* Une fois qu'une autre personne apparaît comme objet d'affection et source de protection, l'ancienne personne est complètement oubliée et abandonnée pour le culte du nouveau venu. Cette figure forte du chef d'État, doublée par ce que Daniel Barbu appelle *«une idolâtrie de l'État»*[64], consoliderait une mentalité passive du citoyen qui préfère être «choyé» par le pouvoir politique (donc déresponsabilisé).

Cette explication est loin d'être satisfaisante pour expliquer le succès du message politique des *populistes-survivants*. En fait, dans un sondage effectué en août 1992, rejetant catégoriquement les variantes de la dictature, d'un leader populiste, du monarchisme, du nationalisme extrémiste ou de l'ajournement de la réforme, 50% de la population se prononce en faveur d'un programme de réformes *appuyé par tous les partis*[65].

Alors que les autres forces politiques du pays cherchaient à se distinguer par un discours politique plus exclusif, rejetant un

---

suscite l'affection et plus l'institution – la notion de *culture passive* de Verba pourrait être une explication doublée par la logique de l'absence de la responsabilité de l'éthique weberienne.

[63]Georges BURDEAU. *Traité de Science Politique,* tome V, Librairie Générale de Droit et de Jurisprudence, 1885, p. 397-399.

[64] Daniel BARBU. *Sapte teme de politică românească* Antet, 1997.

[65] Pavel CAMPEANU. *Ibid,* p. 136.

gouvernement de coalition, le discours *populiste-survivant* réussit, selon nous, à accrocher la majorité de l'opinion publique désireuse de *consensus,* de *modération* et de *patience.* L'élément final de persuasion dans la campagne électorale de 1992 a été l'image *de meilleure connaissance de la situation du pays* et *le sentiment de mériter la confiance* de l'électorat, grâce auxquels les élites populistes-survivantes ont dominé leurs adversaires[66].

À partir de 1993, le discours *populiste-survivant* devient confus et contradictoire. Il se cherche davantage, mais ne réussit plus à apparaître aussi cohérent. La raison de cette érosion tient aussi au perfectionnement du discours compétitif adverse et au décalage entre l'offre et la demande politique, argument dont nous avons fait état dans le premier chapitre.

Après 1994, le message populiste-survivant gardera une bonne partie de ses acquis, mais adoptera l'étiquette «social-démocrate» plus compatible avec les aspirations européennes du PDSR et des élites au pouvoir. Le discours vise large, insiste sur la sécurité sociale[67] et est généralement adressé à l'électorat urbain et ouvrier, aux indécis et à tous ceux qui craignent, pour des motifs divers, les excès nationalistes ou réformistes. Cependant, confronté à la dégradation de sa crédibilité et aux attaques de ses adversaires, le discours populiste-survivant est de plus en plus pénalisé par son manque d'articulation, d'initiative et par sa définition passive, en réaction aux autres[68].

En 1996, le discours populiste-survivant paraît épuisé, ne parvenant qu'à proposer les mêmes clichés mettant en garde contre la thérapie de choc, le retour de la monarchie et les

---

[66] Particulièrement visible dans la confrontation Iliescu-Constantinescu en 1996, le premier enregistrant un score positif trois fois plus grand que le second à la question *connaissance de la situation du pays* et double à la question *digne de confiance.* Sondage effectué suite au débat télévisé. Pavel CAMPEANU. *Ibid,* p. 177.

[67] Rapport politique du PDSR, mai 1995, rapport politique du PDSR, juillet 1996, publié dans Adrian NASTASE, *Ideea politică a schimbării.* Bucureşti : Monitorul Oficial, 1996, p. 134.

[68] Rapport politique du PDSR, juillet 1996, publié dans Adrian NASTASE, *Ideea politică a schimbării.* Bucureşti : Monitorul Oficial, 1996, p. 258.

complots organisés par l'opposition en collaboration avec des forces obcures de l'extérieur. Vieilli, il manque totalement d'idées neuves, continuant d'être passif, de réagir face aux accusations des adversaires, d'être générique (parmi les clichés utilisés : *modernisation du pays, stabilité, réflexion attentive aux problèmes réels*) et donc de plus en plus inefficace[69].

La seule nouveauté du discours est le thème du *changement supportable*, c'est-à-dire que ces élites s'arrogent le mérite d'avoir contribué à des changements importants dans l'organisation économique et politique du pays, tout en maintenant supportable le coût de ces changements pour la majorité de la population[70]. Enfin la prétention à la légitimité de ces élites revient aux arguments de base utilisés en 1989-1990 : la compétence et l'expérience prouvées dans les affaires du gouvernement, en fait la confiscation du rôle *de véritables politiciens responsables*.

Après l'échec de novembre 1996, les élites *populistes-survivantes* ont eu énormément de mal à recomposer un discours politique neuf et articulé. Le PDSR lui-même, parti du gouvernement, condamné pour quatre ans à rester dans l'opposition – dans une logique électorale dirigée par le principe du *winner takes it all*, sans aucun rapport avec une démocratie de type consociative, semblait être condamné à disparaître de la scène principale de la vie politique roumaine.

Pourtant avec l'année 1998 et surtout avec le début de 1999, le PDSR connaît une renaissance impressionnante. En fait, ses thèmes principaux sont restés *la protection des classes les plus défavorisées, la protection des intérêts et des modèles autochtones de développement* et la *compétence supérieure à diriger* prouvée par les années de gouvernement FSN-FDSN-PDSR. Un élément nouveau est l'utilisation de l'argument suivant : *il faut laisser les adversaires politiques prouver leur incompétence au gouvernement*[71].

---

[69] Paul DOBRESCU. *Iliescu contra Iliescu*. București : Ed Diogene, 1997, p. 163.
[70] Émission télévisée, Antena 1, *Tournée des candidats* , 27 septembre 1996.
[71] Entrevue de Răzvan Teodorescu dans *Cotidianul*, 25 juillet 1998.

Les passéistes : un discours basé sur la restauration

La principale légitimité revendiquée par les *passéistes* est l'appartenance à un univers de valeurs et de relations sociales antérieur au communisme. Cet univers est explicitement identifié comme étant *plus juste, plus moral, plus authentique, plus sain, plus légitime* que celui représenté par les communistes. Le pouvoir politique leur est destiné, dans cette vision, comme un *héritage*[72] puisque que les élites politiques passéistes sont les *héritiers directs* des leaders politiques d'avant le communisme. Si pour les populistes-survivants, la logique temporelle de leur secteur d'intérêt veut que le rythme le plus lent des réformes soit le plus légitime, pour les *passéistes* c'est le retour d'une temporalité révolue ou plutôt la remise en marche des pendules, arrêtées en 1945, qui est le seul repère légitime.

Les *passéistes* introduisent ainsi la notion de *continuité historique* entre l'histoire moderne de la Roumanie et la période *post-communiste*, les cinquante années de régime communiste étant considérées au mieux comme un accident, au pire comme un mode de comportement social imposé exclusivement par la force et le mensonge. Ils sont comme des voyageurs qui, loin de leur foyer, gardent pendant longtemps sur leurs montres le fuseau horaire qui leur est le plus familier.

Dans cette optique, il revient aux élites *passéistes* (dont la légitimité première est assurée par l'identification avec les élites d'avant-guerre), de représenter le pont entre ce passé mythique et la Roumanie contemporaine. Eux seuls connaissent l'heure juste.

Les premières apparitions télévisées des *passéistes,* en janvier 1990, misent sur la conviction que la réprobation du communisme et de ses effets est un élément sûr de légitimation. Pour cette raison, les anciens dirigeants des partis historiques se présentent vêtus de noir et tiennent un discours dénonciateur des méfaits de cinquante années de pouvoir communiste. L'effet

---

[72] Vladimir PASTI. *România în tranziţie*. Bucureşti : Nemira, 1995, p. 170.

de ce discours et de ces images, dans un contexte d'unanimité révolutionnaire, sera catastrophique[73] ; durant le mois de janvier, la vie même de ces leaders est menacée.

Au cours du printemps 1990, il semble que le discours *passéiste* souffre d'une sérieuse inadaptation au rapport des forces existantes. Le phénomène Place de l'Université et le plaidoyer en faveur de la *démocratie, de la justice, la vérité, la liberté, la société civile, la Roumanie authentique d'avant-guerre, les traditions politiques monarchistes* misait sur le fait que ces valeurs étaient palpables, familières ou, en tout cas, facilement assimilables par la majorité de la population[74].

Avec l'échec des élections de mai 1990, et la fin violente de la manifestation de la Place de l'Université, un élément nouveau est intégré dans le discours *passéiste*. À la légitimité historique s'ajoute, à leurs yeux, la réputation qu'ils s'arrogent de faire partie d'une minorité d'*irréductibles, de personnalités publiques qui refusent le compromis avec le communisme*, de *martyrs de la vérité*. La conséquence en est que les *passéistes*, encouragés par le discours marginalisant des *élitistes*, s'installent dans une attitude d'attente, espérant que la société *finira par succomber au charme et à la pureté de la vérité et de la justice*[75].

Entre 1990 et 1994, le message politique des *passéistes* tend à présenter en opposition la légitimité représentée par les *valeurs authentiques* qu'ils incarnent et celle, majoritaire au sein de la population et inspirée par l'adhésion à des valeurs collectivistes, d'origine communiste. Entre les deux systèmes de valeurs, aucun compromis n'est possible, même si le jeu politique, la reformulation des alliances, l'éloignement des libéraux ou le conflit entre *technocrates, populistes-survivants,* et *nationalistes* sont autant d'indices d'une redistribution des rapports de force et des intérêts.

---

[73] Alina MUNGIU. *Românii după 1989*. Bucureşti : Humanitas, 1995, p. 91.

[74] Daniel BARBU. *Sapte teme de politică* românească. Bucureşti : Antet, p. 82.

[75] Alina MUNGIU. *România-mod de folosire*. Bucureşti : Staff, p. 34.

Le discours *passéiste* ne tient pas compte de ces modifications. Que ce soit lors du renversement du gouvernement Roman par les mineurs en septembre 1991 ou lors des élections de 1992, la mythologie utilisée par les *passéistes* reste identique. Les images utilisées sont celles de la Place de l'Université, de l'opposition farouche au communisme et de l'intransigeance face aux intérêts considérés mesquins des autres élites politiques et économiques. Les élites du parti libéral sont particulièrement visées en 1991, par cette rhétorique, à la fois à cause de leur refus d'accepter la domination des vieux leaders politiques dans la Convention démocratique et aussi parce que leurs attitudes publiques sont considérées comme méprisantes, égoïstes et discriminatoires à l'égard d'une population appauvrie[76]. En somme, au lieu de se préoccuper de la guérison *morale de la société*, en abandonnant leurs alliés, les libéraux sont coupables de ne viser que leur propre affirmation politique et économique.

Le message de l'unité de l'opposition a été ainsi annulé par les fractures régulières apparues à l'intérieur du mouvement *passéiste* et par ses relations avec les éléments les plus libéraux de la société et les *élitistes*. Ces tensions se sont révélées particulièrement vives lors de la nomination d'un candidat unique aux présidentielles. Plusieurs enquêtes et sondages effectués en 1992 ont indiqué que le candidat qui avait été rejeté (N. Manolescu) s'était montré capable de mobiliser un appui plus large au sein de la population[77] que ses contre-candidats, comme Rațiu (un leader historique revenu d'exil) et le professeur Constantinescu qui avait l'appui des intellectuels.

Le message qui mettait l'accent sur la démocratie a échoué parce que, à l'intérieur même des mouvements politiques contrôlés par les *passéistes*, la démocratie ne fonctionnait pas. Enfin, le message sur le renouveau du pays était en contradiction flagrante avec le petit nombre de candidats nouveaux proposés par les partis libéraux et paysan-chrétien, par

---

[76] *România Liberă*, 28 juin 1991.
[77] Pavel CAMPEANU. *Ibid.*

la domination de leaders *passéistes* très âgés ou par le ralliement de certains intellectuels proches du pouvoir communiste au mouvement *moralisateur*. Ainsi, aux élections de 1992, la moyenne d'âge des candidats parlementaires de la Convention démocratique était de 70 ans[78].

Le message visant à démasquer les autres leaders politiques comme des *communistes* ou à montrer la connivence entre *tehnocrates*, *nationalistes* et *populistes-survivants* pour prendre le contrôle des institutions d'État n'eut pas plus de succès. Lorsqu'une des principales revendications de l'opposition en 1990, celle de disposer de chaînes de télévision différentes où on pouvait diffuser des *documents inédits* sur les rapports existant entre les leaders politiques et les communistes (Iliescu étant particulièrement visé) devint une réalité, l'impact sur la population fut très faible. Au grand étonnement des leaders *passéistes,* la population resta indifférente et insensible par rapport au passé et aux réflexes autoritaires des leaders *populistes-survivants* auxquels elle s'identifiait largement en 1992[79].

Cependant, l'échec le plus retentissant du message *passéiste* a été l'utilisation de l'argument du retour à la monarchie comme moyen de retrouver la normalité de la société. L'idenfication du roi Michel comme héritier direct d'une légitimité historique à laquelle s'identifiaient les leaders *passéistes* a permis à leurs adversaires politiques de développer toute une critique historique et de soutenir que le retour aux injustices sociales d'avant-guerre était le but caché des *passéistes*. L'idéalisation de la figure du roi, présenté comme un *personnage historique au destin tragique*, mais *à la stature morale incontestable,* faisait miroiter le propre destin des élites passéistes et transformait la non-adaptation aux changements et l'oppression en vertus légitimes pour prétendre au pouvoir politique dans la Roumanie des années 1990. Face à ce discours, les adversaires des *passéistes* eurent beau jeu de construire d'autres mythes de héros

---

[78] Alina MUNGIU. *România-mod de folosire*. Bucureşti : Staff, p. 110.
[79] *Ibid,* p. 112.

historiques imbus des mêmes vertus (comme le général Antonescu pour les nationalistes) ou de démasquer les compromis faits par le roi aux communistes à la fin des années 1940. Quoi qu'il en soit, la principale fragilité du discours *passéiste* était que l'appui de l'opinion publique en faveur d'un retour à la monarchie restait très faible, conjoncturel et strictement symbolique. De nombreux sondages montrent qu'entre l'enthousiasme d'une minorité pour l'idée monarchique et la transformation de celle-ci en un instrument de légitimation politique de l'opposition le gouffre n'a été comblé que dans les convictions intimes des leaders *passéistes*[80].

La restauration des propriétés confisquées par les communistes était aussi dans les visées des *passéistes*. Là aussi, rapidement, des objections importantes furent mises à jour par leurs adversaires. De 1992 à 1998, les *passéistes* ont plaidé pour une forme ou une autre de *dédommagement* ou de *restitution* des biens immobiliers et des actifs ayant appartenu aux propriétaires de la classe aisée avant la guerre. Ce message a été utilisé par les *populistes-survivants* qui ont misé sur l'appréhension de la majorité de la population envers le retour d'une bourgeoisie dont le nombre et les attentes restaient inconnus. Ce message de la *restauration* a aussi contribué à attirer aux *passéistes* l'hostilité durable des nouvelles élites *technocrates* et des nouveaux hommes d'affaires qui bénéficiaient d'une partie de l'usufruit de ces propriétés réclamées et qui redoutaient toute redistribution des richesses.

Néanmoins, des contradictions persistantes venaient miner la cohérence même du message *passéiste*. D'abord, en 1992, lors du conflit entre le parti libéral et le PNTCD, Radu Câmpeanu, alors leader libéral, en vint à proposer à l'ancien roi Michel de se porter candidat aux présidentielles. Tout en gardant un discours promonarchiste, et en refusant de voter dans le Parlement la Constitution républicaine (1991) la Convention démocratique désigna un candidat aux présidentielles en 1992 et 1996. Les

---

[80] Pavel CAMPEANU. *Ibid,* p. 89-97.

médias proches des *passéistes* continuèrent jusqu'en 1998 à traiter sérieusement le problème du retour à la monarchie et à l'entourer de toute la mythologie d'usage.

Une autre déficience du message *restaurateur* est que, au cours des années, il avait été présenté comme la *solution facile* à tous les problèmes du pays. Même le retour du roi, qui posait d'énormes problèmes constitutionnels et de légitimité (le pourcentage d'adeptes de la monarchie n'ayant jamais dépassé 10%) était vu selon ce qu'un analyste appelait *une mythologie archaïque : le roi arrive au pays, la population l'accueille avec enthousiasme... on le sacre dans une église historique*[81]. Cette confiance absolue en la force du symbole qu'ils soutenaient fera des *passéistes* les meilleurs fossoyeurs de leurs idées. Outre des généralités et des principes, le discours promonarchiste n'a jamais avancé de propositions concrètes de réformes politiques, les principaux conseillers du roi ont gaspillé des années en essayant d'obtenir l'autorisation du gouvernement pour le retour au pays du monarque, sans se préoccuper de ce qu'il ferait par la suite. Après 1996, lorsque ses visites devinrent régulières, le roi eut de plus en plus de mal à se présenter comme offrant une solution de rechange viable au pouvoir politique. De même, le principe de restauration intégrale des propriétés fut souvent présenté comme la base de toute *renaissance morale du pays*[82] et jamais en tant que projet de renouveau ou de relance économique.

Lors de la campagne de 1996, la stratégie électorale est complètement transformée. D'un message passif, restaurateur, installé dans l'opposition et condamné à être en minorité, le discours *passéiste* se mue en un discours agressif, promettant un changement radical et visant large. Si, pendant la campagne de 1992, les candidats de la Convention démocratique n'ont pas fait de promesses, en 1996, *ils offrent des engagements*

---

[81] Vladimir PASTI. *Ibid*, p. 182-185.
[82] Déclenchant ainsi une frénésie réprobatrice dans la presse nationaliste au cours de 1997.

responsables, résultat du travail d'analyse d'experts[83], indiquant les coûts, et confiants que la récupération des pertes de l'économie, les investissements internationaux suivront grâce à la nouvelle *crédibilité du gouvernement*[84]. Les promesses sont variées à tous les niveaux de compétence politique (*Contrat avec les paysans, Contrat avec Bucarest...*), elles sont généreuses, comprennent des termes de réalisation et des obligations précises ainsi que la promesse de démissionner des fonctions politiques si elles ne sont pas réalisées dans les 200 jours suivant l'élection. Comme principal argument de la crédibilité de ce message, les *passéistes* misent sur la vaste coalition d'intérêts (*l'opposition unie*), l'engagement clair en faveur de la démocratie, la moralité des principaux leaders politiques. Enfin, tenant compte de la dégradation de la situation économique et sociale, le message politique insiste sur *un nouveau climat relationnel, un nouveau type d'hommes politiques, la confiance inspirée par les 15 000 spécialistes de la Convention démocratique, le rétablissement du pacte social par la lutte contre la corruption et le partage équitable des richesses, le renouveau des villages roumains*[85].

Le message *passéiste* reste pourtant largement paternaliste et traditionnel au sens où il insiste sur la prééminence de l'individu, d'individus supérieurs poussés par la vocation et légitimés par leur moralité (comme le candidat E. Constantinescu ou le maire de Bucarest, V. Ciorbea), destinés à accéder à des fonctions de pouvoir politique. Dans toutes les occasions, la *moralité, le caractère de l'individu* sont utilisés comme l'argument suprême,

---

[83] *Contractul cu România, Proclamația de la Ruginoasa, Completare la Proclamație, Orizont 1996.*

[84] Le chiffre de 60 Mds $ comme ressources supplémentaires disponibles sera même lancé au courant de 1996 dans plusieurs déclarations d'Emil Constantinescu, repris par la presse qui lui était favorable et contesté lors d'une émission de télévision pendant la campagne électorale, le 25 octobre 1996, *Turneul candidaților*, Antena 1.

[85] Antena 1, 26 sept. 1996.

généralement en opposition avec le climat de corruption instauré dans la vie publique roumaine après 1996[86].

La transformation du discours *passéiste* en un discours politique ambitieux proposant des promesses concrètes et une légitimité morale fonctionna d'une façon efficace en 1996 si l'on prend comme indicateurs sa dominance dans les médias (qui n'avaient pas été proches des *passéistes* jusqu'alors) et les résultats électoraux.

Cependant, de même que le discours vague et général des *populistes-survivants* avait fini par voir sa crédibilité minée, le discours des *passéistes* fut rapidement contesté et parfois pris en dérision après 1996. L'image de l'unité et de la cohérence de l'action politique fut la première qui éclata, au courant de 1997, avec les contradictions successives dans la gestion de la coalition du gouvernement. La crédibilité des promesses et l'image des *15 000 spécialistes* s'évanouit aussi vite sans qu'on assiste à des *mea culpa* ou à des démissions en bloc. L'argument développé au long de 1997, similaire à celui utilisé pendant des années par les *populistes-survivants,* mettait plutôt la responsabilité de l'échec des politiques sur *le gouvernement de coalition* et sur *les difficultés inhérentes à un héritage désastreux.* Enfin, plus dramatique encore, l'image de pureté morale soutenue par *les passéistes* et *le grand nettoyage de la corruption* ne se matérialisèrent jamais.

Face aux accusations de corruption et de décomposition morale des structures politiques qu'ils devaient désormais gérer, les élites *passéistes* réagirent dans les mêmes termes que l'avaient fait les gouvernements précédents : en insistant sur *les intérêts obscurs de l'opposition qui visait la décomposition de l'autorité politique.* Fin 1998, le discours *passéiste* est paradoxalement de retour à la case départ, avec sa confiance radicale en la *supériorité morale* de ses leaders, le sentiment que ceux-ci ont été la proie

---

[86] Gabriel TEPELEA. *Din gândirea creştin-democrată românească* Bucureşti : PNTCD-CD, 1995, p. 5.

des intérêts et des machinations d'autres élites politiques et leur marginalisation croissante.

Les technocrates : un discours misant sur la compétence

La principale légitimité revendiquée par les *technocrates* dans la politique est basée sur leurs aptitudes supérieures de gestion et d'administration des affaires publiques. Les *technocrates* sont, dans leur propre vision des *hommes d'action* (par opposition aux élites idéologiques comme les *nationalistes*), *modernes* (par opposition aux nostalgies restauratrices des *passéistes* et des *populistes*), *responsables* (par opposition à l'agenda tout politique des autres élites) et *garants du bon fonctionnement des affaires publiques* (grâce à leur expérience et leurs aptitudes).

Dès la chute du régime Ceauşescu, les *technocrates* réagissent au changement politique en mettant de l'avant leur expérience et leurs connaissances de gestion brimées par le régime communiste. La presse du printemps 1990 est pleine d'articles où, successivement, des directeurs d'entreprises d'État, des militaires de haut rang, des fonctionnaires publics de la haute administration entretiennent un discours rassurant. On soutient devant la population que, une fois l'idéologie politique extirpée de la gestion des affaires publiques, on atteindra rapidement un degré de normalité et de fonctionnement efficace de la sociéte.

Le premier organisme central du FSN et les organisations locales du FSN comprennent autant des politiciens versés que des technocrates brillants, représentants de la *nouvelle nouvelle classe*[87]. Dans la campagne électorale de 1990, les *technocrates* ont joué un rôle de second plan, apportant une caution indirecte au discours *rassurant,* orchestré sous le signe de la *continuité* par les *populistes-survivants.* La plus grande réussite du message *technocrate,* en 1990-1991, est le fait que l'enjeu de la lutte politique durant cette période est la prise de contrôle des

---

[87] *Sfera Politicii*, N⁰ 34, novembre 1996.

institutions publiques et non pas la réforme de celles-ci. À l'exception d'une vingtaine de leaders communistes, aucun haut responsable de l'administration, de la police, de l'armée n'est incriminé pour des activités antérieures à 1989.

Lorsque les conflits à l'intérieur du FSN se transforment en une rupture ouverte, le discours technocrate se modifie. Pour les technocrates restés proches du pouvoir politique, il s'agit de maintenir et d'augmenter leur influence en se plaçant en dehors du débat politique et en jouant la carte de la *gestion de crise*[88]. Pour les autres, proches du groupe Roman, le discours construit mise sur un élément complètement neuf et original dans la vie politique roumaine : *la capacité de faire la réforme économique et sociale*.

Pendant les années suivantes, le discours des *technocrates* a été articulé autour de ces deux arguments majeurs : celui de leur capacité *supérieure dans l'administration des affaires publiques* et celui de *leur connaissance et de leur pratique institutionnelle des réformes*.

Pour le groupe d'élites *technocrates* qui devaient leur carrière à l'influence politique de leurs alliés, il s'agissait de démontrer une légitimité publique en mettant de l'avant le caractère *utile, précieux et indispensable* de leur présence dans des hautes fonctions de responsabilité. Ce discours était adopté par deux catégories différentes de *technocrates* : ceux qui avaient rapidement été promus dans des fonctions publiques grâce à des campagnes de recrutement menées par le pouvoir (spécialement par les *populistes-survivants)* et ceux qui avaient connu une longue carrière administrative avant de s'associer aux nouveaux leaders politiques. Des économistes ou des ingénieurs comme Răzvan Temeşan ou Viorel Hrebenciuc, furent nommés à la tête de la principale banque d'État (Bancorex) ou du Secrétariat

---

[88] Le premier ministre Theodor Stolojan réussit ainsi, entre 1991 et 1992, à accroître sa popularité en développant un discours politique misant sur la transparence des motivations des décisions prises et en misant sur l'apolitisme. Voir Iosif BODA, *Cinci ani la Cotroceni*. Bucureşti : Editura Evenimentul Românesc, 1999, p. 116.

général du gouvernement entre 1992 et 1996, parce que les *populistes-survivants* n'avaient pas la compétence et les connaissances nécessaires pour organiser ces activités. La marge de manœuvre dont disposaient ces élites *technocrates* était grande dans la mesure où ils prêtaient des services et assumaient des responsabilités considérables en servant les intérêts des principaux politiciens[89]. D'autres *technocrates*, déçus par l'influence de certaines personnalités qu'ils considéraient moins bien préparées qu'eux et qui assumaient des fonctions publiques, finirent par s'éloigner des leaders politiques en exprimant leurs frustrations de ne pas être reconnus pour leurs *compétences*[90].

La deuxième catégorie d'élites *technocrates* qui adoptent le discours d'une légitimité basée sur le *caractère utile, précieux* et *indispensable* de leur participation aux affaires publiques est celle d'anciennes élites de l'administration dont l'ascension était due au changement de régime politique. Il y avait dans ce groupe des cadres des services de sécurité, des professeurs, des académiciens, des journalistes, des économistes qui, sans faire directement partie du premier cercle d'influence politique, avaient servi les leaders politiques du moment, à qui ils devaient leur ascension. Leur attitude est caractérisée par le *refus d'accepter de nouvelles élites dans leur cercle*, par la *conviction d'être à la hauteur des tâches requises* et par une *hostilité automatique* envers ceux qui menacent leurs positions.

Ainsi, des généraux, comme Paul Cheler, commandant une armée en Transylvanie, ont des initiatives en matière de politique publique, menaçant les protestataires[91] ou commentant la politique étrangère du pays. D'autres leaders, comme le général Vasile Ionel, qui devait son retour au service actif aux relations qu'il entretenait avec Ion Iliescu, prennent en charge des départements de l'administration publique et réussissent à en garder le contrôle en misant sur le caractère *indispensable* de

---

[89] Entrevue avec Viorel Hrebenciuc, 15 octobre 1998.

[90] Voir, par exemple, les expériences décrites par Paul DOBRESCU, *Iliescu contra Iliescu*. Bucureşti, Editura Diogene, 1997.

[91] 1er décembre 1991.

leurs connaissances. Il s'agit dans ce cas d'une alliance entre *populistes-survivants* et *technocrates* afin de transformer les institutions publiques en des fiefs d'influence mettant de l'avant *le secret de l'État, les intérêts publics* comme justification d'une gestion autoritaire. Dans ce cas-ci, comme dans le cas du SRI, les services de renseignements dirigés jusqu'en 1997 par Virgil Măgureanu, les *technocrates* établissent un rapport direct entre leur *expérience de gestion d'un domaine précis* et leur *aptitude* à jouer un rôle public d'envergure. Se sentant *investis* de *connaissances* et bénéficiant de *l'expérience*, ils n'ont pas beaucoup de considération pour des enjeux mineurs dans lesquels ils classent les préocuppations de *l'opinion publique, la transparence, la compétition équitable, les réformes des institutions*[92].

Pour le groupe d'élites *technocrates* qui, au contraire, n'ont pas assez de pouvoir politique, ou cherchent à l'accroître, le discours adopté vise à transformer leurs *compétences*, leurs *habiletés* et leurs *relations* en *garanties du succès de la réforme économique et sociale*. Dans ce cas-ci, bien loin de s'appuyer sur la protection des autres élites politiques, on renvoie dos à dos les idéologies *populistes-survivantes, passéistes, élitistes, nationalistes* qu'on dénonce comme *complètement incapables de sortir le pays de la crise*. La principale légitimité, la plus souhaitable, devient alors celle des *hommes d'action, dynamiques,* et de *vocation réformiste* (la relation de causalité est directe). Pour les proches de Petre Roman, qui vont fonder le parti démocrate, il s'agit dans une première phase de démontrer que leur séparation du FSN et des *populistes-survivants* est due à une vision plus *moderne, réformiste* du gouvernement et non pas à de simples rivalités d'intérêt pour le partage du pouvoir. La mise à l'écart des *technocrates* est, dans cette vision, le résultat d'un *complot, des*

---

[92] À ce sujet, voir la description de Vasile Ionel, jouant le rôle d'un *vice-président non élu* entre 1992 et 1996 dans Iosif BODA, *Cinci ani la Cotroceni*. Bucureşti : Evenimentul Românesc, 1998, p. 84-88.

nostalgies autoritaires des *populistes-survivants,* restés *un pas en arrière* par rapport à la *démocratie*[93].

Pour des *technocrates* comme Viorel Hrebenciuc, Vasile Secăreş, Mugur Isărescu, tous proches du groupe *Un avenir pour la Roumanie,* et qui se sont vus peu à peu marginalisés par les *populistes-survivants,* il s'agit de construire une image de *professionnels* en marge des fonctions officielles. Pendant la campagne électorale de 1996, Viorel Hrebenciuc, qui n'avait plus aucune fonction publique, sert d'intermédiaire entre une agence de publicité dirigée par un proche, Cristian Burci, et un groupe d'experts américains invités par celle-ci pour gérér la communication du PDSR. Les relations sont très mauvaises entre les équipes qui s'accusent mutuellement de ne rien *connaître à la Roumanie* ou d'*ignorer les principes de management moderne de campagne électorale*[94].

Pendant la campagne électorale de 1996, le candidat Roman et le PD ont misé sur des thèmes comme les *réalisations du gouvernement Roman, l'incompétence des gouvernements suivants comme cause de la crise.* La représentation symbolique soutenue utilisait comme argument que le premier gouvernement *technocrate* (FSN 1990-1991) avait fait le plus de choses au niveau des réformes économiques et que ces *réalisations contrastaient avec l'impuissance des autres leaders politiques.* L'argument fonctionnait sur la prémisse généralement acceptée que les années 1990-1991, pendant lesquelles les *technocrates* avaient gouverné, avaient entraîné plus de changements majeurs (par rapport à la situation antérieure du régime dictatorial) que les années suivantes.

Nous assistons ainsi à une reformulation de l'image des *technocrates* qui, d'exécutants fidèles de l'autorité politique deviennent les meilleurs garants d'une *politique efficace* qui ne

---

[93] Vartan ARACHELIAN. *Faţă în faţă cu Petre Roman*. Bucureşti : Editura Cartea Românească, 1996, p. 65-68.
[94] Iosif BODA. *Cinci ani la Cotroceni*. Bucureşti : Evenimentul Romanesc, 1999, p. 266-269.

peut et ne doit pas être prise *en charge par les autres élites, car elles se sont montrées incapables de l'assumer.* En 1996, le message est surtout destiné aux électeurs qui avaient voté pour la *stabilité* (les *populistes-survivants* donc) et qui *méritent de meilleurs leaders.* Selon Petre Roman, la raison principale pour laquelle *le pouvoir doit être repris* est que *l'actuel gouvernement et l'actuel président ont déclaré qu'ils ne peuvent faire davantage. Nous en sommes là* (en crise) *non pas à cause de notre impuissance, mais à cause de la leur*[95].

Il s'agit d'une action *réparatrice* que proposent les *technocrates,* dont la mise est de mettre la situation actuelle au passif de politiciens, dont ils se détachent et se *différencient* par leur *compétence,* même si certains d'entre eux ont participé directement au gouvernement. Le message fonctionne tellement bien qu'il est repris deux années plus tard par le même Petre Roman, dont le parti, cette fois-ci *participant directement au gouvernement* condamne *la prémisse fausse qu'on ne peut mieux faire,* refuse *le règne d'une réponse unique et simpliste comme le veulent les politiciens* et propose *des leaders meilleurs*[96]. En 1999, comme en 1996, les autres leaders protesteront contre le *double discours* de ceux *qui ont le pouvoir* mais se *présentent comme des critiques de celui-ci.*

Pour les *technocrates,* la politique devient désormais le domaine où un bilan *insatisfaisant* peut être *réparé, redressé.* La relation de causalité est directe : *situation insatisfaisante* (qui ne peut être contestée), due à *l'incapacité des leaders politiques* qui ne peut être améliorée que *par ceux qui ont une expérience politique mais n'ont pu mettre en œuvre leurs aptitudes*[97]. L'offre des *technocrates* a donc pour but de *discréditer* les autres élites politiques (qui, elles, doivent assumer le *bilan désastrueux*)[98] en offrant une *véritable solution.*

---

[95] *Turneul candidaților.* Antena 1, 25 septembre 1996.
[96] Petre Roman, *Ediție Specială,* TVR1, 4 mars 1999.
[97] *Turneul candidaților.* Antena 1, 25 sept. 1996.
[98] *Turneul candidaților.* Antena 1, 28 oct. 1996.

Les élitistes : un discours basé sur la supériorité morale

Le groupe élitiste formé par des intellectuels lancés après 1990 dans le débat politique s'est arrogé une double position : celle de principale voix critique du pouvoir et celle d'arbitre moral de la société. Ce rôle a été rendu extrêmement incommode par la persistance du débat sur l'implication directe ou indirecte dans la politique. La légitimité sur laquelle se basait le groupe élitiste était d'une double nature : intellectuelle et morale. La présence de nombreuses personnalités intellectuelles et artistiques dans ce groupe est devenu le prétexte à la prétention d'une légitimité de nature culturelle. Basé sur la tradition messianique des intellectuels roumains, cet appel avait de fortes résonances historiques qui venaient remplacer l'image des intellectuels collaborateurs passifs du pouvoir communiste. L'autre argument utilisé était d'ordre moral. *Les valeurs constituaient l'armement stratégique de l'élite intellectuelle. Celle-ci a monté rapidement, face au pouvoir, une sorte de maquette de la société, fondée spontanément sur la démocratie, la liberté, la vérité*[99].

Impliqués dans le débat politique et directement dans la politique par des nominations dans des postes de l'administration, *les élitistes* ont systématiquement insisté sur leur façon *différente* de faire de la politique (la politique morale, la politique de la vérité, la politique intelligente).

Le discours politique des *élitistes* s'articule selon deux thèmes principaux : celui de la moralité (moralisation) et celui de la légitimité supérieure que détient leur groupe à jouer un rôle dans la politique (critique et plus rarement direct).

Le discours moralisant se veut culpabilisateur à l'égard de la majorité de la population et de la société qu'elle voit *infectée (par la maladie communiste)*. Face à cette *maladie,* le rôle des élites intellectuelles en tant que *médecins spirituels* est de promouvoir la vérité et d'éduquer la population. Les élitistes ont construit un

---

[99] Daniel BARBU. *Ibid,* p. 81.

discours basé sur une mythologie de voyage purificateur que la société doit entreprendre à partir de la réflexion qu'ils proposent. *La voie que nous avons choisie, sous le slogan du bon goût de la vérité, ou du livre qui dure, ne peut être celle du gain matériel mais celle d'une mission, une voie difficile, noble et risquée; cette mission est de soigner, au cours des années à venir, l'esprit d'une société sortie de la nuit de l'histoire*[100]. Il s'agit donc d'un combat sacré pour la renaissance spirituelle du pays, sa guérison et contre le communisme et ses apôtres. Dans cette vision, le communisme est étiqueté comme *le mal absolu* représenté dans ses manifestations les plus effroyables : camps de concentration, procès et exécutions sommaires, expropriations, terreur organisée. La plupart des images et des exemples utilisés datent des années 1950, et sont donc complètement désuets et insuffisants même pour la compréhension du système communiste développé lors de la dictature de Ceauşescu. L'objectif poursuivi était de déclencher un procès du communisme et provoquer l'éveil des consciences de manière à pouvoir contester et combattre efficacement les dirigeants de la Roumanie des années 1990 qui avaient profité du système. Ce discours ignore complètement la dimension populaire de l'appui au système communiste et les changements (institutionnels et sociaux) introduits par ce même système.

Lorsque les intellectuels élitistes s'organisent en groupe, au début de 1990, ils parviennent à mobiliser un support en faveur de leurs idées mais soulèvent une tempête d'indignation de la part de la majorité de la population et s'attirent l'hostilité des institutions de l'administration de l'État[101]. La proclamation de Timişoara, élaborée par des sympathisants du groupe élitiste, est vue à son tour comme une manœuvre visant à exclure, par voie antidémocratique, les adversaires politiques les plus redoutables des élitistes. À partir de cette proclamation, les élitistes seront

---

[100] Gabriel LIICEANU. *Apel către lichele*. Bucureşti : Humanitas, 1995, p. 120.
[101] Voir Vladimir PASTI. *România în tranziţie*. Bucureşti : Nemira, 1995, p. 242.

accusés de pratiquer un anticommunisme de type communiste, c'est-à-dire doctrinaire, antipopulaire, inflexible.

La nature même du message moralisateur proposé par les élitistes est confuse et suscite peu de popularité. L'insistance de certains leaders (Paler ou Liiceanu) sur une culpabilité générale, sur les divers niveaux de celle-ci, sur le refus de la personnaliser[102] fait peu d'adeptes. Un *procès du communisme* sans accusés, sans débats, sans coupables identifiés précisément est devenu impossible à promouvoir et se transforme en un simple discours intellectualiste de nature rhétorique que personne ne suit. D'autres critiques, comme Monica Lovinescu (intellectuelle roumaine exilée à Paris), ont carrément considéré cette approche de la culpabilité générale comme une mise en scène permettant à certains des intellectuels – eux-mêmes coupables d'avoir collaboré avec le régime communiste – (l'éditorialiste Paler, ancien membre du CC en est un bon exemple) de jouer les moralisateurs sans risquer de spécifier les responsabilités qui incombent à chacun[103].

Le discours sur la légitimité présente le groupe élitiste comme ayant une légitimité supérieure à celle d'autres élites politiques (et à la majorité de la population) lorsqu'il s'agit de se prononcer sur la société. Cette légitimité est plus grande parce que, selon sa propre interprétation, ce groupe n'a pas d'intérêts matériels, bénéficie d'une meilleure éducation et pose les vrais problèmes. Il s'agit en somme *de Roumains ayant, par miracle, un autre code génétique, d'autres instincts, d'autres goûts, d'autres talents. Ces derniers sont les créateurs des bibliothèques, les seuls endroits où l'appellation de Roumain est respectable, c'est-à-dire dans la culture*[104].

Le combat politique mené par le groupe élitiste vise donc à asseoir sa légitimité comme arbitre influent et critique mais aussi à promouvoir et établir les références et les valeurs capables d'assurer cette légitimité. Ainsi, le soutien à une vision

---

[102] Voir Gabriel LIICEANU. *Ibid.* et 22, 7 juin 1991.
[103] Voir le débat télévisé O. Paler-M. Lovinescu, 18 et 25 mars 1998, PRO-TV.
[104] H. R. PATAPIEVICI. *Politice.* Bucureşti : Humanitas, 1996, p. 69.

messianique de la culture devient le meilleur garant de la reconnaissance de la crédibilité des élitistes dans le domaine politique.

Car que peut apporter ce groupe élitiste dans le débat politique ? La *moralité* et *l'esprit critique* sont le plus souvent énoncés. Ensuite, selon plusieurs interprétations, l'éducation supérieure et l'expérience professionnelle des intellectuels de ce groupe les a bien préparés pour la gestion des affaires politiques. En tous cas, cette éducation les rend plus compétents à leurs yeux que leurs rivaux de la technocratie ou de l'ancienne classe de dirigeants de l'administration de l'État. *À la différence de la nomenklatura, qui est une classe sans classes, composée de personnes ayant perdu leur origine sociale et leurs compétences professionnelles, dans la mesure où ils ont de telles compétences, les intellectuels... sont des experts dans un domaine ou dans un autre... Ils connaissent au moins un domaine d'activité dans lequel ils peuvent intervenir d'une façon compétente... Par ailleurs, il y a de fortes chances qu'un homme qui sait bien faire une chose puisse en faire une seconde, par exemple la politique, de façon satisfaisante*[105]. Enfin, le *pragmatisme*, issu de la capacité à comparer et à évaluer, propre aux intellectuels, est fréquemment cité comme une qualité justifiant l'intervention de ceux-ci dans la vie politique.

Bien que très présente comme thème politique majeur chez les autres groupes, l'Europe tient une place très importante dans le discours des élitistes. En fait, *l'Europe, toujours invoquée dans le discours des élites du début des années 1990, est plutôt un continent idéal, une sorte de mythe des origines qui impose d'urgence le retour, une république de valeurs un peu dépassées et bourgeoises mais encore attirantes*[106]. Cette destination idéale qu'ils connaissent le mieux selon eux (grâce à leurs nombreux contacts avec les centres universitaires occidentaux) offre aux élitistes une puissante justification de leur crédibilité politique et appuie leurs

---

[105] Liviu ANTONESEI. *O prostie a lui Platon - Intelectualii în politică* Iaşi : Polirom, 1997, p. 77.
[106] D. BARBU. *Ibid*, p. 79.

demandes pour accroître leur influence. De nombreux articles ont été écrits par les membres du groupe élitiste sur des sujets impliquant cet idéal, cette Europe mythique. Certains de ces articles ont été publiés sous forme de recueil de textes[107] ; ils ont tous en commun cette approche strictement culturelle et quasi mythologique de l'idée européenne, l'ignorance de l'Europe en tant qu'institution politique et économique et l'ignorance des questions institutionnelles, organisationnelles et sociales qu'elle implique. Ce n'est donc pas l'Europe contemporaine que les élitistes revendiquent comme une appartenance, mais bien une *Europe mythique*[108].

---

[107] Le plus important est *Revenirea în Europa*. Craiova : Aius, 1996.

[108] Dans *Revenirea în Europa* (Le retour en Europe), sur 88 articles recueillis, 10 seulement abordent des sujets politiques (dont 7 écrits par des politologues et journalistes hors du cercle des *élitistes*), 2 sont historiques, un seul économique, les autres étant d'ordre philosophique ou littéraire. Le seul politologue du groupe élitiste se révèle être G. Andreescu.

CHAPITRE TROISIÈME

RESSOURCES INSTITUTIONNELLES

Les nationalistes

Les élites nationalistes proviennent pour la plupart des cercles influents de l'administration et de la vie culturelle d'avant 1989. L'armée, l'administration d'État, les universités, les revues et les cercles de culture proletcultistes sont les pépinières de ces élites.

Les hebdomadaires *România Mare, Timpul* et *Politica* sont les seuls organes officiels des partis nationalistes. La rédaction de *România Mare* accueille de nombreux officiers des Services de renseignements et se révèle une source d'informations très utile. Le ton pamphlétaire, hargneux contribue au succès populaire de ce magazine qui connaîtra son heure de gloire (jusqu'à 600 000 exemplaires vendus) en 1991 et 1992. *Il est construit sur la mise en scène, l'humiliation grossière des acteurs politiques, sur l'appel au passé et le dévoilement de secrets*[109]. Les autres hebdomadaires, *Politica, Vremea, Timpul, Totuşi iubirea,* bien qu'ayant un tirage d'à peine quelques milliers d'exemplaires, récupèrent l'idéologie nationaliste de Ceauşescu et combinent le communisme et la justice sociale en prônant ce que le poète Păunescu appele *une ethnocratie autoritaire.*

Dans les autres médias indépendants, les idées nationalistes sont très populaires. Les quotidiens *Adevărul, Jurnalul Naţional, Evenimentul Zilei* ont comme rédacteurs en chef et comme

---

[109] Roger TESSIER éd. *La transition en Roumanie : Communications et qualité de vie.* Québec : Presses de l'Université de Québec, 1995, p. 150.

directeurs des personnalités qui sympathisent avec les messages politiques nationalistes.

Le principal journal de la minorité magyare, *Romaniai magyar szo,* adopte un discours nationaliste modéré. On y trouve surtout une logique de l'autonomie administrative et la défense des objectifs politiques de la direction majoritaire de l'UDMR (université d'État, décentralisation…).

L'enseignement universitaire et la culture sont d'autres domaines où les élites nationalistes sont influentes. En fait, la rivalité entre intellectuels *proletcultistes* et réformateurs, existante à l'époque de Ceauşescu, se prolonge après 1989. La fondation *România Mare* décernera des prix à des artistes qui ont contribué à l'essor de la culture nationale ; parmi eux G. Vieru, L. Lari (Bessarabes), le metteur en scène Sergiu Nicolaescu, l'écrivain F. Neagu, le poète A. Păunescu. Andor Horvath, un des intellectuels les plus influents de l'université Babes Bolay de Cluj est une des élites les plus nationalistes des membres actifs politiquement de la minorité magyare.

Les institutions de la société civile, les associations et les ONG proches des nationalistes connaissent un essor formidable après 1989. Ce sont – avec celles proches des élitistes – les institutions les plus nombreuses du genre à se constituer en groupe d'influence politique. La plus importante (et la première) sera l'organisation *Vatra Românească,* fondée en 1990, qui prétend avoir trois millions de membres. Un mouvement comme *Fundaţia România de Mâine* réunit exclusivement des personnalités culturelles ainsi que des académiciens membres des minorités nationales. D'autres, moins connues, comme *Fundaţia pentru identitatea naţională, Fundaţia Anastasia* ou la *Ligue Maréchal Antonescu,* détiennent des restaurants, des maisons d'édition, publient des ouvrages nationalistes et organisent des conférences avec leurs sympathisants. Au sein de la minorité magyare, l'Église réformiste se distingue particulièrement par la pratique d'un nationalisme ethnique, en opposition à l'Église catholique.

L'armée et la police sont des institutions où les nationalistes roumains disposent d'importants appuis, particulièrement parmi la génération âgée de cadres de haut rang. Plus de 300 généraux et officiers roumains (la plupart à la retraite) signeront un appel dans *România Mare* pour protester contre la politique anti-nationale, et l'humiliation du pays devant la Hongrie, l'Ukraine et les institutions internationales. Des officiers supérieurs de la police et des Services de renseignements mis à la retraite se retrouvent rapidement dans des fonctions politiques du PRM.[110]

La restructuration des Services de renseignements et l'adoption d'une politique extérieure pro-occidentale a mécontenté une partie des cadres et des officiers qui avaient été formés durant la période communiste. Le démantèlement des structures de renseignements fidèles à Ceaușescu et la promotion de nouvelles générations de cadres favorables au nouveau pouvoir (FSN d'abord) a renforcé les rangs des élites politiques nationalistes. Pendant de longues années, des revues comme *România Mare* ont bénéficié d'informations secrètes provenant des structures même des Services de renseignements. Le parti politique *România Mare* et ses revues (*România Mare, Politica*) sont devenus des véhicules de promotion pour les idées nationalistes de ces cadres. Ils ont aussi contribué à entretenir le conflit entre diverses générations de cadres des Services de renseignements, plus particulièrement entre ceux qui ont apporté leur soutien au nouveau pouvoir et ceux qui en furent exclus et qui se sont tournés vers les nationalistes. Longtemps, une des personnalités honnies par les nationalistes a été Virgil Măgureanu, directeur du Service des renseignements (SRI), qui a été accusé d'être un *traître*. De même, nombre de hauts cadres de l'Armée, comme le général Stănculescu ou le ministre de la Défense Tinca, qui représentaient l'implication de l'armée dans le renversement de Ceaușescu ou le rapprochement avec l'OTAN, sont devenus des cibles du discours nationaliste. Dans des domaines aussi divers que la signature du traité avec

---

[110] *Cotidianul*, 6 avril 1998.

l'Ukraine, la rétrocession des biens de l'Église catholique ou les accords avec les FMI, les élites politiques nationalistes se sont alliées avec la génération conservatrice de militaires qui condamnait les décisions prises par le pouvoir politique[111]. Lorsque des généraux nationalistes sont mis à la retraite, les politiciens comme G. Funar ou C.V. Tudor se hâtent de condamner les *procédures totalitaires d'éviction des militaires patriotes*[112].

Les élites politiques nationalistes contrôlent aussi des fortunes économiques. L'origine de ces fortunes est à rechercher dans la protection assurée par les cadres militaires et dans la bonne collaboration qui existe entre autorités politiques, judiciaires et administratives. Le phénomène «Caritas» à Cluj a beaucoup contribué à asseoir la domination politique de cette ville par le PUNR. À partir de 1993, avec la bénédiction de la mairie et des autorités locales, le jeu Caritas fonctionnant comme une pyramide d'investissements est mis sur pied à Cluj. Pendant presque une année, des sommes immenses sont investies par des citoyens crédules espérant récupérer des bénéfices de 800%. Les premiers à bénéficier de ces sommes sont les hommes politiques du PUNR, le Parquet, la police régionale et les Services de renseignements. G. Funar, maire de Cluj, va jusqu'à déclarer que *ceux qui considèrent que Caritas était une escroquerie sont des hommes politiques qui sont dérangés par le fait qu'il y a trop de millionaires à Cluj et que c'est un succès du PUNR*[113]. Lorsque, à partir de l'automne 1994, le patron de Caritas, Ion Stoica, sera emprisonné et accusé de fraude, il se défendra en répondant que les autorités politiques avaient soutenu son entreprise et en avaient profité. Lorsque le phénomène Caritas prend fin, des milliers de gens sont ruinés, plusieurs dizaines de millions de dollars d'économies privées

---

[111] Radio Romãnia Actualitãţi, 7 février 1997.

[112] Domnita STEFANESCU. *Doi ani din istoria României.* Bucureşti : Ed. Maşina de Scris, 1999, p. 110.

[113] Graziela BARLA. *Personalitãţi publice 1992-1994,* Bucureşti : Holding Reporter, 1994, p. 64.

sont allés dans les poches de quelques privilégiés et plus d'un million de plaintes civiles sont soumises aux tribunaux par ceux qui se sont fait flouer[114]. La ville de Cluj elle-même et le PUNR se sont enrichis, les bénéfices recueillis permettant au maire Funar d'entreprendre plusieurs améliorations remarquables dans le centre-ville (hôpitaux, routes, etc.). Des journaux comme *Le Messager transylvain* profitent aussi de l'afflux de fonds publicitaires commandés par Caritas et par la multitude d'entreprises intermédiaires qui s'y sont greffées.

À partir de 1992, les nationalistes roumains accèdent aussi à des fonctions politiques. Les élections locales (février) voient 38 villes de Transylvanie (dont Cluj) élire un maire du PUNR, mais dans le sud et l'est du pays, la rhétorique antihongroise ne suscite pas l'enthousiasme des électeurs. En septembre, G. Funar obtient plus d'un million trois cent mille votes en tant que candidat à la présidence (10,88% du total) et, plus important encore, avec 30 (trente) députés et 14 (quatorze) sénateurs, le PUNR devient le quatrième parti politique du pays. Seulement sept parlementaires du PUNR (sur quarante-quatre) représentent des électeurs qui ne sont pas en Transylvanie. Le Parti România Mare, avec vingt-deux parlementaires recueille des votes de façon équilibrée dans tout le pays. Les nationalistes auront accès à des fonctions importantes désormais : des personnalités du PRM sont nommées dans la délégation du Parlement roumain à l'Assemblée parlementaire du Conseil de l'Europe[115] et jouent un rôle important dans les commissions du Parlement roumain (défense, culture, politique étrangère).

À partir de janvier 1995, un protocole de collaboration est signé par le PDSR et les partis nationalistes qui promettent leur appui au gouvernement Văcăroiu. La cohabitation sera

---

[114] Domnita STEFANESCU. *Cinci ani din istoria României*, Bucureşti : Ed. Maşina de Scris, 1995, p. 412.
[115] Comme I. Furo et A. Paunescu, voir Graziela BARLA. *Personalităţi publice-politice*, Bucureşti : Ed. Holding Reporter, 1994, p. 65.

orageuse et le PDSR achètera la bienveillance du PRM avec quelques postes d'ambassadeurs et de secrétaires d'État[116].

Après 1996, un regroupement se produit au sein des forces nationalistes. Le PRM devient le principal parti, réunissant en son sein les leaders nationalistes les plus médiatiques. Alors que le PUNR est en déclin, un nouveau parti, le PNR (Parti national roumain) fondé par V. Măgureanu, ancien chef du SRI, tente un rapprochement avec le PUNR. L'hostilité à l'égard du principal courant politique nationaliste, représenté par C.V. Tudor, est très grande. Elle est due surtout à des conflits personnels entre les deux leaders[117]. Les leaders nationalistes comme Constantin Simiriad (maire de Iași) ou Adrian Păunescu deviennent des leaders d'opinion bénéficiant d'une attention soutenue des médias. La télévision Antena 1 accorde ainsi à partir de 1999 au poète Păunescu une tribune de choix : un *talk show* régulier à une heure de grande écoute où sont invités tous ceux qui sympathisent avec les idées nationalistes.

Pendant la guerre du Kosovo, cette tribune sera le lieu de rassemblement de tous ceux qui rejettent l'action occidentale.

Les populistes-survivants

Les *populistes-survivants* provenaient de l'administration de l'État communiste pour la plupart et se sont d'abord dirigés vers les institutions politiques nouvellement créées : gouvernement, parlement, partis...

À partir de 1990-1991, une partie d'entre eux ont participé à la prise de contrôle des institutions économiques, généralement celles de l'État en voie de privatisation. Plus rares ont été les créations pures d'institutions économiques nouvelles alors que les premières institutions non gouvernementales (ONG) proches du groupe n'ont été fondées qu'à partir de 1996. Au niveau

---

[116] Domnita STEFANESCU. *Doi ani din istoria României*. Bucureşti : Ed. Maşina de Scris, 1998, p. 52.
[117] *Ziua*, 12 janvier 1998.

culturel et médiatique, les *populistes-survivants* ont aussi perdu, au cours des années, la domination des principales institutions qu'ils contrôlaient.

Les principales institutions politiques du pays ont été dominées par les *populistes-survivants* durant la période 1989-1991. En fait, en remplaçant la dictature de Ceauşescu, le FSN a vu se rallier à lui des élites politiques, administratives et surtout militaires de haut rang, qui contrôlaient les institutions importantes du pays. Parfois, le ralliement de ces institutions s'est fait par décret ou par déclaration publique (le cas de l'armée et des Services de sécurité), parfois il s'est fait en gardant dans des fonctions administratives des dirigeants considérés comme *indispensables*[118]. Par recrutement ou ralliement, les *populistes-survivants* contrôlaient au printemps 1990 la plupart des institutions de l'État.

Entre 1991 et 1996, la domination par les *populistes-survivants* des institutions du pouvoir politique (obtenues à la suite des élections de 1991 et 1992) a permis la prolongation de leur contrôle sur des institutions judiciaires et administratives. Pendant la campagne électorale de 1996, certaines institutions publiques (dont les dirigeants sont nommés par le gouvernement) ont apporté leur appui à campagne du PDSR. Ainsi, la compagnie nationale RomTelecom a installé 100 postes téléphoniques spéciaux (permettant l'accès direct dans les départements du pays) à une organisation non gouvernementale contestée qui était chargée de sollicitation téléphonique à domicile par le PDSR. L'événement avait fait scandale à l'époque parce que RomTelecom avait mentionné qu'il s'agissait d'un *accord commercial,* et avait refusé les sollicitations de postes téléphoniques similaires faites par la presse indépendante et les ONG des organisations libérales[119].

---

[118] Silviu BRUCAN. *De la capitalism la socialism şi retur*. Bucureşti : Nemira, 1998, p. 250.
[119] *Ziua*, 4-5 octobre 1996.

Le président Iliescu a nommé des proches à la Cour suprême de Justice et à la Cour constitutionnelle du pays comme d'ailleurs au Parquet général. À deux reprises, en 1992 et 1996, la Cour constitutionnelle du pays a dû se prononcer sur la possibilité d'Iliescu de se porter candidat à la fonction présidentielle. En 1992, la Cour constitutionnelle décide à l'unanimité que *la fonction présidentielle a été établie par le décret 92 en 1990...* et donc qu'Iliescu a détenu deux mandats présidentiels : le premier entre mai 1990 et septembre 1992, et le second entre septembre 1992 et novembre 1996[120]. En 1996, la Cour rejette en bloc les nombreuses contestations à une nouvelle candidature d'Iliescu, dans une séance fermée au public et à laquelle ont accès des conseillers du président et le ministre Petre Ninosu, responsable des relations avec le Parlement[121].

Les mêmes institutions judiciaires sont celles qui ont couvert les plus graves illégalités commises entre 1990 et 1996. Ainsi le jugement des responsabilités de hauts fonctionnaires communistes s'est-il limité à deux procès (de 4 et de 21 dirigeants) et seulement pour les actions commises lors de la répression de 1989. En 1990, le Parquet militaire va libérer l'ancien dirigeant de la Securitate, le général Vlad, pour *manque de preuves,* consacrant du même coup le *prolongement de l'influence des anciens Services secrets au service des nouveaux dirigeants*[122]. Enfin, les tribunaux militaires et civils vont enterrer toute poursuite judiciaire contre les responsables des événements du 13 au 15 juin 1990 et de septembre 1991 (descentes des mineurs à Bucarest) et contre les responsables de la répression militaire de cette période. De 1991 à 1996, les responsables des Services secrets bénéficieront de la même impunité judiciaire, les cas les plus scandaleux relevés par les médias étant ignorés[123]. Durant

---

[120] Victor BARSAN. *De la post-comunist la pre-tranziţie.* Bucureşti : Pythagora, 1996, p. 27.

[121] *România Liberă,* 14 septembre 1996.

[122] *Adevărul,* 21 décembre 1990.

[123] Ainsi, *Dilema* soutient que le philosophe H. R. Patapievici est persécuté par un capitaine des Services secrets. (3-9 mars 1995.)

cette période, même si les Services secrets roumains sont divisés en plusieurs clans (dont certains sont proches des *nationalistes* et d'autres des élites plus libérales et *technocrates*), les principaux bénéficiaires de leur appui restent les élites *populistes-survivantes*. Le chef des Services secrets, V, Măgureanu, personnage *impliqué dans la révolution des coulisses qui a renversé Ceaușescu...* (et) *longtemps soupçonné d'être un des pions principaux de la scène politique*[124] soutenait, sous une forme ou sous une autre, que le devoir de l'institution qu'il contrôlait était de *contribuer à la consolidation de l'État menacé par l'instabilité.*

En fait, l'engagement des Services secrets en appui aux partis politiques était interdit par la loi et les actions de ceux-ci en coordination avec le parti au pouvoir (FSN, PDSR) sont rares, sauf lors des événements de juin 1990 et de septembre 1991. En dehors de cette piste qui n'ouvre que peu d'éléments significatifs, il est plus intéressant de réfléchir aux élites *populistes-survivantes* comme prolongeant leur influence dans les institutions des Services secrets et l'étendant aussi à d'autres institutions administratives en appui aux leaders politiques du FSN/PDSR. L'action du SRI, longtemps à l'abri de toute évaluation parlementaire, s'apparente davantage à celle d'une *police politique* ou d'*une institution de l'administration centrale chargée des renseignements*, qui déplore l'apparition de centres de pouvoir et d'idéologies autres que celle adoptée par les *populistes-survivants*. Ainsi, parmi les actions des Services de renseignements contestées par l'opposition libérale se trouvent des enquêtes administratives, des campagnes de désinformation, de monitorisation des activités s'étant déroulées dans l'opposition politique[125].

À partir de 1992, avec le début du processus de privatisation des entreprises de l'État, les *populistes-survivants* se dirigent de plus en plus vers le contrôle des institutions économiques. Le

---

[124] *22*, 12-18 avril 1995. Reprise d'un rapport de *Jane's Intelligence Review*.
[125] Rapport de Constantin Ionescu Galbeni, député PNTCDCD, membre de la Commission de contrôle du Parlement, dans Victor BARSAN, *ibid*, p. 274-275.

procédé utililisé pour l'enrichissement personnel aux frais de l'État est devenu bien connu grâce aux médias[126] et il a été utilisé dans la même mesure par les élites *technocrates*. Il s'agit en fait de participation aux conseils d'administration des entreprises, d'une sous-évaluation de leur capital social ou de leurs liquidités pour permettre un achat ou une prise de contrôle aisée, de gestion frauduleuse des entreprises par le Conseil d'administration, de crédits avantageux (sans intérêt ou presque) offerts grâce aux contacts dans les banques contrôlées par l'État, de création d'entreprises parasitaires qui facturent les activités les plus profitables à l'entreprise d'État qui, elle, se voit acculée au désastre économique.

Il n'existe pas d'étude sérieuse du nombre de ces entreprises en voie de privatisation, spoliées et contrôlées durant la période 1992-1997 par les élites politiques roumaines. Deux tentatives de recoupement de ce genre indiquent, en 1995, dans sept départements du pays, quinze parlementaires du PDSR siégeant aux différents conseils d'administration des principales entreprises de ces départements et, en 1999, soixante hauts fonctionnaires du FPS participant illégalement à la gestion d'entreprises d'État[127]. Il est toutefois impossible de trouver des informations sur la nature de ces liens, sur la participation au capital social, les crédits ou les entreprises parasitaires. En 1995 toujours, le vice-président de la Commission parlementaire mixte anticorruption, Ion Dumitrescu, illustrait dans une entrevue la symbiose, qu'il considérait naturelle, **du capitalisme populiste-survivant** en Roumanie: membre à la fois de six conseils d'administration dans les plus importantes entreprises d'État de la Mer Noire (chantiers navals, société de tourisme, de commerce extérieur, etc.), il avait pris une *part active dans l'octroi de crédits pour ces entreprises, encouragé l'investissement de Daewoo Industry à Mangalia et fait de la prospection pour l'ouverture de*

---

[126] «Capitalism fără capitalişti», dans *Adevărul,* 18 avril 1997.
[127] Silviu BRUCAN, *Stâlpii noii puteri în România.* Bucureşti : Nemira, 1996, p. 126.

marchés extérieurs[128]. Durant la même période, le ministre de l'Industrie et du Commerce, P. Crişan, était propriétaire et administrateur de seize firmes commerciales.

La liste des institutions économiques contrôlées par les *populistes-survivants* n'est pas limitée à ceux qui exerçaient des fonctions politiques. En fait, une bonne partie de ces élites politiques, chargées de l'administration de l'État au niveau central et local, *contrôlaient indirectement, à travers leur famille ou des relations diverses... des entreprises privées... qui bénéficiaient de leur appui politique*[129].

Si la majorité de ces arrangements restaient obscurs, dans quelques situations précises, le système du capitalisme étatique bénéficiant de protection politique était bien connu de l'opinion publique. Le cas le plus spectaculaire est sans doute celui des frères Păunescu, anciens directeurs dans le ministère du Commerce extérieur à l'époque de Ceauşescu et impliqués aussi dans les Services de renseignements. Leur patrimoine comptait, en 1995, le contrôle de trois des plus luxueux hôtels de Roumanie (Lido, Intercontinental, Rex), de bars et de restaurants, d'entreprises d'exportation de matières premières, d'une compagnie aérienne (Dac-Air) et d'un journal national (*Curierul Naţional*). L'origine des capitaux investis, la gestion des entreprises achetées à l'État pour des sommes minimes (spécialement les hôtels) est présentée comme une preuve d'*expertise financière* ; plus prosaïquement, les crédits douteux offerts par les banques d'État sont considérés comme les leviers de cet enrichissement spectaculaire qui est longtemps resté à l'abri des poursuites judiciaires[130]. Nommé à la tête de l'UGIR (Union générale des Industriels roumains), et du Conseil du Patronat roumain, G.C. Păunescu est aussi membre du Conseil économique et social nouvellement fondé même si, après 1996,

---

[128] *Adevărul,* 4 mars 1995.

[129] Andrei CORNEA. *Directocraţia şi sfârşitul tranziţiei.* Bucureşti : CSPAC, 1995.

[130] Silviu BRUCAN. *Stâlpii noii puteri în România.* Bucureşti : Nemira, 1996, p. 112.

à la suite d'enquêtes effectuées sur ses relations avec les banques d'État, le crédit de 425 millions de dollars accordé à la compagnie Dac-Air pour l'achat de 24 avions Dash est bloqué[131].

Enfin, une dernière catégorie d'institutions économiques contrôlées par les *populistes-survivants* est celle d'anciennes élites de la haute administration qui ont délaissé l'engagement direct en politique pour se consacrer aux affaires avec l'appui de ceux qui sont restés en place. Le cas le plus connu est celui du général A. Stănculescu, ancien ministre de la Défense, dont la responsabilité au cours de la répression de décembre 1989 reste contestée. Après 1990, avec l'appui de ses relations dans l'armée, il fonde plusieurs compagnies d'exportation d'armement dont certains estiment le chiffre d'affaires à plus de 150 millions de dollars en 1992 (lorsque les armes roumaines étaient vendues en Yougoslavie)[132].

D'autres, qui sont proches des Services de sécurité et des hauts fonctionnaires de Ceauşescu, sont accusés d'avoir tiré profit des comptes secrets du dictateur pour mettre sur pied des affaires profitables. Le cas le plus médiatisé est celui de la nouvelle banque Columna, dont les propriétaires et dirigeants sont d'anciens amis de Nicu Ceauşescu (fils du dictateur), et on soupçonne V. Măgureanu (le chef des Services secrets entre 1990 et 1997). Se trouvant dans l'impossibilité de continuer une carrière administrative, des hauts cadres communistes comme Ion Dincă (conseiller de Ceauşescu et accusé en 1990 de génocide) ont utilisé des relations existantes et des contrats signés auparavant pour créer leurs propres compagnies profitables (Computerland, représentation de Pizza Hut en Roumanie)[133].

Les *populistes-survivants* ont progressivement perdu le contrôle des institutions médiatiques les plus importantes du

---

[131] *Cotidianul*, 26 juillet 1998.
[132] Silviu BRUCAN. *Stâlpii noii puteri în România*. Bucureşti : Nemira, 1996, p. 112.
[133] *Ibid*, p. 106.

pays. Au cours de l'année 1990, l'unique chaîne de télévision nationale et tous les quotidiens nationaux, sauf un, soutenaient la campagne électorale du FSN et condamnaient l'opposition. La bataille pour la direction de la télévision nationale a duré des années entières mais, jusqu'en 1996, le principal média du pays est resté sous la direction de *populistes-survivants*[134] promulgant un message conservateur. À l'occasion de la campagne électorale de 1992, même si le débat télévisé entre les principaux candidats a été préparé par une ONG neutre, la télévision nationale a accordé sensiblement plus de temps d'antenne aux candidats *populistes-survivants* qu'à l'opposition[135].

L'apparition de télévisions privées a diminué l'influence des *populistes- survivants* dans le paysage audio-visuel. Au courant de l'année électorale 1996, une évolution remarquable (négative) a eu lieu dans la présentation par les télévisions des activités des élites *populistes-survivantes*. C'est surtout le gouvernement et l'administration de l'État qui bénéficient d'un traitement favorable et près de la moitié des nouvelles présentées entre avril et novembre 1996, à la TVR, concernent *les activités courantes du gouvernement*. Sur les chaînes privées, la fréquence des nouvelles concernant le gouvernement et l'administration était aussi élevée (entre 25% pour Tele 7 Abc, et 33% pour Pro-TV, la chaîne commerciale la plus importante). La télévision nationale se fit aussi remarquer par l'accent mis sur les *informations d'ordre cérémonial* (présentant l'autorité de l'État) qui comptaient pour 46% des nouvelles durant cette période et sur le caractère *positif* des informations diffusées à propos du pouvoir (en moyenne dix par jour). Toujours durant cette période, la même télévision nationale présentait en moyenne sept leaders des élites *populistes-survivantes* par jour, soit deux fois plus en moyenne que les chaînes de télévision privées. À partir d'octobre et surtout de

---

[134] Dont une partie importante de personnalités arrivées à l'âge de la retraite, comme D. Popa, professeur à l'Académie des cadres du PC et P. Everac, dramaturge reconverti en polémiste politique après qu'il est devenu directeur de la chaîne nationale.

[135] Alina MUNGIU. *Românii după 1989*. București : Humanitas, 1995, p. 263.

novembre 1996, lorsque les résultats des élections sont devenus clairs, la tendance s'est inversée, les acteurs politiques *populistes-survivants* étant négligés au profit de ceux du nouveau pouvoir[136].

Au niveau des médias écrits, tous les quotidiens nationaux importants se sont prononcés contre la réélection du PDSR durant la campagne de 1996. Pourtant les élites *populistes-survivantes* restent influentes dans des quotidiens comme *Adevărul*, et *Jurnalul Naţional* qui, sans apporter leur appui directement au PDSR ou même en le critiquant régulièrement, ont des leaders qui partagent des valeurs avec ce parti. *Notre intérêt est de représenter les intérêts de la majorité de la population, de soutenir ceux qui ont le plus de difficultés dans la réforme, de combattre les abus, les extrémismes et de promouvoir la justice sociale[137], déclare le directeur du quotidien le plus lu en Roumanie.

Les *populistes-survivants* ont généralement négligé de créer des organisations non gouvernementales, surtout à l'époque où ils contrôlaient celles du pouvoir politique. À partir de 1996, on assiste aux premières initiatives en ce sens, qui resteront peu nombreuses et maladroites. Ainsi trois ONG (dénommées GADDO, LIRDOCT et AROLID) sont fondées pour assurer la surveillance des élections en proposant des observateurs *indépendants*[138]. Au début de 1998, R. Teodorescu, ancien directeur de la télévision nationale, propose la création d'une alliance des intellectuels de gauche, de nature similaire au GDS, le *Forum démocratique roumain*.

---

[136] Bruno STEFAN. Sondage CIS, présenté dans *The Global Netwotk*. N° 6-7, 1996-1997.

[137] Entrevue avec D. Tinu (ancien colonel des Services secrets, correspondant de presse à l'étranger pendant 20 ans), directeur du quotiden *Adevărul*. (6 août 1998.)

[138] Victor BARSAN. *Ibid,* p. 94-96.

Les passéistes

Les *passéistes*, exclus des institutions du pouvoir en 1990, ont mis les bases des institutions politiques de l'opposition et se sont donc dirigés vers les organisations culturelles et médiatiques qui se sont développées sans l'influence directe de l'État (observation valable jusqu'en 1996-1997). Une partie de ces institutions politiques et culturelles ont bénéficié de l'appui constant de sources financières extérieures : partis de la démocratie chrétienne européenne, organismes internationaux ou nationaux (comme le *Freedom Forum*), donations et participations diverses des Roumains influents de la diaspora.

À partir de 1992, les *passéistes* ont participé directement à l'administration du pouvoir politique, à travers l'administration locale d'abord et, progressivement, à travers diverses commissions parlementaires. Entre 1992 et 1996, le principal dessein des *passéistes* a été de former une opposition politique unie et forte et de définir les structures de commandement à l'intérieur de celle-ci.

Les deux principales formations politiques qui se sont disputé la domination au sein de l'opposition ont été le PNTCD et les différents partis libéraux. Dès 1990, le parti libéral a connu plusieurs ruptures, une bonne partie des élites libérales (dans le sens européen du mot) s'éloignant pour créer d'autres formations politiques ou préférant se concentrer sur les affaires économiques.

Au cours de 1990, la rivalité est si vive entre les divers courants de l'opposition que des candidats différents sont proposés aux élections présidentielles et qu'aucun des partis politiques n'accepte de sacrifier son identité au nom de l'union. C'est l'époque où différents mouvements, comme le mouvement étudiant dirigé par Marian Munteanu (qui finira par se rapprocher des élites nationalistes après 1996), ou les élitistes, tiennent à leur propre liberté de manœuvre tout en condamnant le pouvoir qui s'installe. Le résultat de ces animosités internes se reflète dans la marginalisation politique et électorale des *passéistes* : moins de 10% du vote populaire, moins de mandats que le parti de la minorité hongroise qui devient l'opposition officielle et l'échec fracassant des mouvements de rue (comme celui de la Place de l'Université).

Dès juillet 1990, le parti national libéral perd ses meilleurs jeunes cadres qui forment un autre parti dénommé *parti national libéral - aile jeune*[139] (PNL-AT). Peu impressionnés par leur échec électoral et leur manque de popularité, les *passéistes* se préoccupent d'assurer leur positionnement comme *opposition politique* et de prendre le contrôle de celle-ci. À la fin d'octobre 1990, le *Forum antitotalitaire roumain*, organisation civique, prend naissance à Cluj sous le slogan : «L'unité de l'opposition». Par la suite, toute une pléiade d'organisations syndicales ou d'associations sans réelle prise populaire sont fondées et leur présence formelle dans les structures de décision de ce qui deviendra rapidement la *Convention démocratique* n'a rien de réellement démocratique[140]. Les groupuscules d'élites politiques qui se trouvaient à la tête de ces partis (surtout le PNL et le PNTCD) se préoccupent surtout d'accentuer leur emprise sur la Convention démocratique et d'avancer leurs propres schémas de prise du pouvoir sans militer pour accroître leurs appuis en dehors de leurs cercles fidèles.

Dès la fin de l'année 1990, le PNL négocie avec le gouvernement Roman et certains de ses membres s'entretiennent souvent avec l'exécutif sur des questions de politique. Une première tentative pour désigner deux ministres libéraux au gouvernement est bloquée par le Parlement (29 avril 1991) mais, à la suite de la démission du gouvernement Roman, le PNL obtient deux portefeuilles (Justice, Économie-finances). Cette participation directe à l'exécutif est stigmatisée par les

---

[139] Domniţa STEFANESCU. *Cinci ani din istoria României.* Bucureşti : Ed. Maşina de Scris, 1995, p. 91.
[140] Parmi ces formations, notons le syndicat *Fraternitatea,* le mouvement *Roumanie future,* etc. Alina MUNGIU. *România mod de folosire.* Bucureşti : Staff, 1994, p. 109.

autres leaders *passéistes* comme une *trahison, l'abandon de l'opposition*[141].

En septembre 1991 a lieu le premier Congrès national du PNTCD, parti qui à cette époque n'atteignait pas plus de 10% dans les sondages d'opinions. Il visait la suprématie dans la Convention démocratique et tenait à se présenter comme la *seule opposition véritable*. Les émeutes déclenchées par le conflit avec les mineurs (qui avait entraîné la chute du gouvernement) offrent aux leaders du PNTCD une occasion de manœuvrer en vue d'un premier rapprochement avec les syndicats dont la capacité de mobilisation des masses reste importante. Les leaders des mineurs sont accueillis comme des héros, dans une rare (et unique) unanimité, le *régime Iliescu qui tire sur les étudiants et les ouvriers* est flétri, les membres[142] du PNTCD offrent de l'argent aux mineurs. Cette ouverture risquée se révélera n'être qu'un geste symbolique, car cette image d'unité ne s'est jamais traduite, chez les *passéistes,* en une stratégie politique de recrutement de leaders régionaux ou en une identification d'intérêts communs avec les syndicats.

En avril 1992, le parti national libéral, confiant en ses forces, décide de quitter la Convention démocratique et de faire cavalier seul. Les élections locales de février avaient en effet offert 255 postes de maires à la Convention démocratique (contre 1403 pour le FSN), et plusieurs villes importantes, dont Bucarest et Constanța, avaient élu un maire libéral sur les listes unies de l'opposition. La maîtrise du parti libéral devient le principal enjeu de l'année 1992 : en avril, une partie de ses membres fondent un autre parti libéral nommé PNL-CD (Convention démocratique)[143] qui réunit tous ceux qui refusent la rupture avec l'opposition.

À l'été 1992, le parti libéral Câmpeanu entreprend une autre tentative pour sortir de l'impasse existante et pour redéfinir le

---

141 *Cotidianul, România Liberă,* 16-17 octobre, 1991.
142 *Romania Liberă,* 27 septembre 1991.
143 *Rompress,* 29 avril 1992.

rapport de forces au sein de l'opposition. La solution proposée[144], la candidature du roi Michel (qui n'avait pas été averti) au nom du parti libéral, aux élections présidentielles, achève de désorienter l'électorat libéral[145]. Au début de l'automne, le parti libéral se divise en plusieurs factions et devient incapable de proposer une action politique d'envergure.

Les élections de l'automne 1992 témoignent de ce changement dans les rapports de force. La Convention démocratique dans laquelle le PNTCD a le rôle principal, recueille 20% du vote et 82 députés, avec 34 mandats de sénateurs, alors que le PNL n'obtient aucune représentation parlementaire. Pour la première fois, ainsi, les *passéistes* deviennent capables d'influencer les structures du pouvoir législatif, particulièrement dans les commissions parlementaires, dans les délégations du Parlement chargées de négocier avec des instances internationales, dans les bureaux permanents. Ainsi, entre 1992 et 1996, quatre commissions parlementaires importantes (droits de l'homme, abus et pétitions, défense nationale, économie) sont sous la présidence (ou la coprésidence) de personnalités reconnues du PNTCD[146].

Après 1994, il est question à plusieurs reprises d'une participation directe des partis de la Convention démocratique au gouvernement. Les leaders de ceux-ci rivalisent pour s'affirmer comme les personnalités les plus actives de l'opposition, alternant discours conciliants et accusateurs. Cependant, la querelle à l'intérieur de la coalition ne le cède en rien à la lutte contre le gouvernement et le pouvoir en place. En juillet 1994, par exemple, le PNTCD refuse d'accorder au parti libéral et aux *élitistes* un pouvoir de décision égal à l'intérieur de la Convention démocratique[147]. À la fin de l'été, le PNTCD impose son point de vue en gardant un pouvoir de décision majoritaire

---

[144] *România Liberă*, 18 juillet 1992.

[145] *Libertatea*, 28 juillet 1992.

[146] Graziela BARLA. *Personalități publice, politice*. București : Ed. Holding Reporter, 1994, p. 163.

[147] *România Liberă*, 12 juillet 1994.

et en rejetant les propositions de présidence tournante de la Convention démocratique. Au long de 1995, les opinions conservatrices *passéistes,* majoritaires à l'intérieur du PNTCD, l'emportent dans le parti et la Convention démocratique au détriment de celles qui sont plus libérales[148].

Les élections locales de 1996 démontrent les progrès de la Convention démocratique, dont les candidats emportent 320 postes de maires et maintiennent le contrôle de villes importantes, surtout Bucarest. À l'automne, lors des élections générales, la Convention démocratique recueille 35,57% des votes, 122 mandats de députés et respectivement 37,06% des votes et 53 mandats de sénateurs[149]. Pour la première fois, le PNTCD se trouve dans la position de former un gouvernement et de dominer le législatif grâce à sa coalition avec le parti démocrate et avec l'UDMR.

Le premier ministre nommé par le PNTCD fut Victor Ciorbea, un ancien leader syndicaliste, élu maire de Bucarest en juin 1996. Dès sa formation, son gouvernement souffre d'un manque de coordination et d'un manque de cohérence dans l'action.

À l'intérieur du PNTCD, la rivalité entre militants de l'aile *Coposu* (d'après le nom du premier leader du parti, décédé en 1995), le groupe des *talibans* (surnoms des militants les plus conservateurs) et les *réformistes,* est difficile à mettre sur le compte de divergences idéologiques. L'intérêt et le désir de participer à un partage avantageux des ressources institutionnelles du pouvoir semblent en être le principal motif. Cette rivalité se traduit au niveau du gouvernement par une politique inconstante et indécise et par de nombreux heurts avec les partis de la coalition. Au cours de 1997, le principal objectif des *passéistes* est de nommer leurs proches à la tête des institutions de l'État : le critère de loyauté doit primer, qu'il s'agisse de

---

[148] Voir les polémiques entre leaders réformistes et passéistes dans le PNTCDCD, *22*, N⁰ 8, 22-28 février 1995.

[149] Domniţa STEFANESCU. *Doi ani din istoria României.* Bucureşti : Ed. Maşina de Scris, 1998, p. 316-318.

postes d'ambassadeurs[150], de directeurs des Services secrets[151], ou de postes dans l'administration. Le FPS, organisme central chargé de la privatisation des entreprises d'État, est particulièrement visé : son président, Sorin Dimitriu, devient vice-président du PNTCD, ministre dans le second gouvernement Ciorbea, et il sera même proposé comme premier ministre en février 1998.

La lutte pour la contrôle du FPS sera longue. Les banques d'État, considérées comme *de véritables instruments du pouvoir du PDSR,* sont aussi désignées comme un objectif important, dans la *mission de réforme morale et sociale entreprise par le PNTCD*[152]. Le retrait des licences des banques *Dacia Felix* et *Credit Bank,* qui avaient soutenu financièrement, pendant des années, les intérêts des *technocrates* et des *nationalistes* est non seulement un acte de *réparation économique* mais aussi un geste politique[153]. En province surtout, les postes de directeurs régionaux de l'administration, y compris dans les institutions culturelles ou d'utilité publique comme les hôpitaux, sont offerts à des sympathisants récents ou plus anciens du PNTCD[154]. La Caisse d'épargne de l'État (CEC), dirigée par Camenco Petrovici fait la une des journaux[155] entre 1997 et 1999, ce qui témoigne des nombreuses subventions qu'elle verse au PNTCD, à l'Alliance civique et à des organisations proches du pouvoir.

Au début des années 1990, les *passéistes* sont exclus des principales institutions médiatiques nationales. Le seul quotidien qui accueille favorablement leurs opinions est *România Liberă* dont la nouvelle direction est assurée par un groupe de journalistes dissidents, récemment libérés (comme P.

---

[150] *Evenimentul Zilei*, 18 février 1997.

[151] Sur la lutte entre PD et PNTCD pour la direction du SRI, voir *Evenimentul Zilei,* 29 mars 1997.

[152] *Jurnalul Naţional*, 8 avril 1997.

[153] *Evenimentul Zilei*, 19 avril 1997.

[154] *Evenimentul Zilei*, 31 mai 1997, pour le cas du directeur de l'hôpital de Cluj remplacé par un militant actif du PNTCD.

[155] *Adevărul* surtout.

M. Băcanu) et par des personnalités intellectuelles ralliées à l'opposition. Au printemps de 1990, ce quotidien (dont le tirage dépasse le million d'exemplaires) est la principale voix de l'opposition politique avec les quelques revues et magazines littéraires contrôlés par les *élitistes*.

L'acquisition de nouveaux médias est alors une priorité absolue pour des partis dont la structure nationale est très peu développée et qui n'ont pas l'avantage de disposer des structures administratives locales contrôlées par les *populistes-survivants*. Rapidement, le PNTCD et le parti libéral lancent deux quotidiens nationaux, *Dreptatea* et *Viitorul* qui auront peu de succès et peu de diffusion, principalement à cause de la difficulté à recruter des journalistes compétents. À la suite de leur disparition, un des principaux bailleurs de fonds du PNTCD, Ion Rațiu, candidat à la présidence, finance l'apparition d'un autre quotidien, *Cotidianul* (1991) qui connaîtra les mêmes déboires ; malgré d'importants investissements au niveau de la présentation graphique, son tirage ne dépassera pas 3000 exemplaires avant 1997 alors qu'il sera repris et confié à Ion Cristoiu, un journaliste expérimenté, connu pour ses sympathies nationalistes.

Les *passéistes* connaissent des difficultés similaires lorsqu'ils essayent de s'assurer de l'appui de la presse locale. Si, dans certaines régions comme à Constanța ou à Timișoara, généralement celles où ils assurent aussi le contrôle des autorités locales, certaines publications survivent et prennent de l'expansion jusqu'en 1996, la presse reste relativement indifférente aux avances de la Convention démocratique.

L'obtention du contrôle d'un poste de télévision a été une priorité pour les *passéistes*. En 1990, la télévision publique, asservie au pouvoir, avait contribué à la marginalisation de leur mouvement politique. Une des doléances des manifestants de la Place de l'Université a été l'autorisation d'une licence de diffusion de télévision nationale, l'équipement technique étant mis à disposition par plusieurs fondations internationales. La conviction que le message de l'opposition serait facilement accepté par une grande partie de la population si celle-ci avait seulement l'occasion de le découvrir était tellement forte qu'on en vint même à installer, dans des conditions sonores et visuelles très mauvaises, un écran géant sur les murs de l'université.

En 1992, lorsqu'une première licence de télévision privée, quoique d'accès limité, fut autorisée, la nouvelle chaîne de télévision *Soti*, dotée d'équipements techniques offerts par le PNTCD, se rallia à celui-ci. Comme dans le cas des journaux, la mauvaise qualité des reportages diffusés et le manque de préparation de ses cadres ont limité sa popularité. Comme le Parlement tardait à réglementer les droits de licence de télévisions nationales, les *passéistes* insistèrent sur le fait que seul un *accès équitable* aux décisions prises par la télévision publique pouvait garantir le respect de la démocratie. Plusieurs sondages effectués en 1992 confirmèrent la conviction de l'opposition que la télévision publique faisait une propagande soutenue au gouvernement et aux leaders de l'autorité en place, spécialement aux *populistes-survivants*.

En fait, d'une manière constante, l'électorat qui faisait confiance à la télévision publique avait deux fois moins de chance d'accorder une opinion favorable à l'opposition que l'électorat qui ne considérait pas la télévision comme une source d'information crédible[156]. Au courant de l'année 1993, lorsqu'un écrivain nationaliste (Paul Everac) dirigea la télévision publique, l'opposition à la politique de cette dernière devint obsessionnelle chez les *passéistes*.

Les *passéistes* n'ont pas pu acquérir les services d'une télévision nationale avant 1996. En gagnant les élections cet automne-là, ils prirent par la même occasion le contrôle de la télévision publique. Des personnalités reconnues pour leur opposition au PDSR furent nommées à la tête de cette institution publique (Alina Mungiu, Anca Toader, Stere Gulea, Radu Nicolau). Très vite, la télévision nationale devint un instrument fidèle de

---

[156] Pavel CAMPEANU. *Ibid,* p. 22. D'autres chiffres indiquaient que parmi les gens qui préféraient la presse pour se former une opinion politique, les préférences électorales étaient réparties de manière similaire.

diffusion des politiques gouvernementales et spécialement des idées et des logiques les plus conservatrices du PNTCD. Une étude, effectuée à l'été 1998, montrait que seulement 6% des informations d'actualité diffusées sur la chaîne publique concernaient les activités de l'opposition dans son ensemble (qui avait recueilli 45% des votes de l'électorat) et que 60% des commentaires à l'adresse du gouvernement et du PNTCD étaient positifs[157]. La même étude démontrait aussi que la nouvelle chaîne de télévision *Prima TV* suivait, mais de très loin, la télévision publique dans sa politique de favoriser les commentaires positifs à l'égard du PNTCD alors que les autres chaînes de télévision (*Pro-Tv, Tele 7 abc, Antena 1,* les chaînes locales) avaient une politique beaucoup plus équilibrée.

Les principales organisations non gouvernementales des *passéistes* sont des organisations d'anciens détenus politiques ou des institutions chargées d'organiser et d'entrenir la mythologie historique qui les concernait. Les *élitistes* ont assuré aux *passéistes* et à l'opposition politique, jusqu'en 1996, le principal appui des organisations de la société civile par des centres de recherche, de conférences, etc. La préparation des événements publics et le maintien des relations avec les alliés politiques de l'extérieur de la Roumanie ont été garantis par ces organisations élitistes qui, dès 1990, ont assumé un rôle majeur dans le combat contre le FSN/PDSR. Les seules organisations civiques des *passéistes,* comme l'association des anciens détenus politiques (AFDPR en roumain) ou la Fondation Mémoria, avaient un rôle politique direct, leurs dirigeants étant des parlementaires du PNTCD (Constantin Ticu Dumitrescu) ou jouant un rôle actif dans les structures politiques de la Convention démocratique. Une organisation étudiante (*Liga Studenților*) très influente en 1990 et 1991, lorsque ses leaders étaient responsables des événements de la Place de l'Université est passée progressivement sous le contrôle politique des *passéistes*. Le poste de recteur de l'Université de Bucarest, assuré par E.

---

[157] *Cotidianul*, 9 septembre 1998.

Constantinescu, candidat de la Convention démocratique à la présidence, a contribué à un rapprochement avec cette organisation. Après les élections de 1996, *Liga Studenţilor* perdit de sa popularité auprès des étudiants, alors même que ses leaders étaient des proches parents des hommes politiques du PNTCD. D'autres organisations, comme la *Jeunesse du PNTCD,* ne comptent que quelques centaines de membres et ne sont que des façades institutionnelles des acteurs politiques du PNTCD.

Liga Studenţilor, comme la *Fondation Memoria* ou *Fundaţia Prinţesa Margareta,* militaient activement à l'appui des idées monarchistes des *passéistes* et adoptaient généralement le même message restaurateur. Ce n'est qu'en 1996, lors de la préparation des élections, que le PNTCD a créé une association de droit privé, chargée de servir aussi bien des buts politiques que de coordonner la gestion des fonds, des donations de l'étranger et de pratiquer diverses activités commerciales et culturelles. *Centrul Român de Comunicare* (CRC) fut doté d'équipements modernes, placé sous la direction d'un journaliste connu de *România Liberă* (Marius Ghiulezean) et chargé d'orienter et de gérer les campagnes électorales. Situé dans un immeuble cossu, à proximité du siège central du PNTCD à Bucarest, la CRC est aussi l'interface officielle pour la mise en œuvre de programmes internationaux de financement dirigés directement vers le PNTCD, les programmes de formation politique, de communication et de relation avec la presse des leaders *passéistes*. De même, l'Institut d'études libérales, fondé en 1999 avec l'aide de financements extérieurs, sert en fait de gestionnaire de fonds du PNL en dirigeant les subventions recueillies vers l'amélioration des instruments d'action politique du PNL. Ses principales activités sont le soutien à la diffusion de la doctrine libérale, l'organisation de conférences politiques, etc. Il est dirigé par des leaders *passéistes* comme A. Paleologu et administré par des personnalités loyales ; il n'a pour ainsi dire aucun rapport courant avec la communauté des gens d'affaires et mène une politique peu transparente à l'égard des médias.

Les technocrates

Les *technocrates* sont présents dans plusieurs partis politiques, dans les institutions publiques et dans des institutions privées nées pour la plupart de l'appui public.

Au cours de l'année 1990, les *technocrates* se retrouvèrent dans le premier FSN et dans les premiers gouvernements Roman, auprès des *populistes-survivants* reconvertis. Au fil des mois, les tensions se sont intensifiées entre *populistes-survivants* et *technocrates* : le domaine des rivalités s'étendait et couvrait non plus seulement le partage des ressources du pouvoir politique et l'établissement des priorités de gouvernement mais aussi le contrôle des institutions et l'image publique. Selon un analyste, au-delà du conflit personnel entre leaders (Roman et Iliescu), la raison du divorce à l'intérieur du FSN provenait des intérêts divergents des *populistes-survivants* et des *technocrates* qui dirigeaient les institutions publiques. Les *technocrates* favorables aux *populistes-survivants* (ceux des grandes entreprises d'État) et les politiciens de province du FSN reprochaient au gouvernement central et aux élites *technocrates* de ne pas avoir rempli les promesses électorales et se sentaient menacés par les réformes économiques (privatisation entre autres) entreprises par le gouvernement. Or la réforme économique et le changement des structures institutionnelles étaient les seuls moyens par lequel les jeunes élites *technocrates* pouvaient espérer confirmer leur ascension au pouvoir politique et disputer aux *populistes-survivants* leur légitimité[158].

Ainsi, lorsque la brouille au sein du FSN se transforma en conflit ouvert, les élites *technocrates* adoptèrent le discours *réformiste*, en attribuant aux *populistes-survivants* le désir de garder les *structures institutionnelles intactes* et de *bloquer la réforme*. Le message mis au point par les *technocrates* s'adressait à la population et proposait *de suivre le FSN pour son projet politique de réforme sans compromis*, tentant d'attirer ainsi l'appui des

---

[158] Vladimir PASTI. *România în tranziție*. București : Nemira, 1995, p. 213.

différents membres du FSN et des institutions de l'administration[159]. Ce message échoua puisque, dans une grande majorité, les institutions économiques (les directeurs d'entreprises d'État, par exemple) et celles de l'administration publique préférèrent se rallier aux *populistes-survivants* avec lesquels ils avaient plus en commun et, au premier chef, le désir de *stabilité*. Cependant les élites *technocrates* conservèrent le contrôle du FSN et d'une partie importante des fonctions de l'administration centrale et financière, comme les banques[160].

Les *technocrates* furent parmi les premiers bénéficiaires de l'apparition en Roumanie d'un secteur financier et commercial privé. La plupart des institutions qu'ils dominèrent voyaient le jour à l'aide d'un appui politique et allaient dans le sens d'une concentration. Le parcours typique de la maîtrise des institutions était le suivant : collaboration avec les autorités publiques pour l'obtention des licences et des autorisations requises, nomination à la tête d'une entreprise privée qui reprenait les activités d'une entreprise d'État acculée à la faillite.

Le nombre d'institutions roumaines qui s'occupaient des Affaires étrangères (commerce et services) était restreint avant 1989 : quarante-six entreprises commerciales. Parmi celles-ci se trouvaient les directeurs de quelques grands holdings financiers qui sont apparus après 1989. Ainsi, le ministre du Commerce, entre 1992 et 1996, Petre Crişan, a privatisé dès 1990 l'entreprise d'État qu'il dirigeait et a acquis au fil du temps quatorze autres entreprises commerciales situées en amont et en aval de la sienne avant de s'occuper de la distribution sélective des licences d'exportation et d'importation[161].

Le secteur bancaire était encore plus concentré que celui des industries et du commerce. Avant 1989, et sous le régime communiste, la Caisse de dépôts et de placements (CEC) était

---

[159] Vartan ARACHELIAN. *Faţă în faţă cu Petre Roman*. Bucureşti : Ed. Cartea Românească, 1996, p. 72-77.

[160] Vladimir PASTI. *România în tranziţie*. Bucureşti : 1995, p. 217.

[161] Silviu BRUCAN. *Stâlpii noii puteri în România*. Bucureşti : Nemira, 1996, p. 119.

seule autorisée à offrir des emprunts aux personnes physiques et à recueillir les dépôts des particuliers. Toutes les opérations commerciales étaient sous le monopole de la Banque nationale. La loi N° 43/1991 autorisait la division des opérations commerciales de la Banque nationale roumaine en six institutions à capital d'État majortaire : la Banque commerciale roumaine, la Banque roumaine pour le Développement, la Bancorex, la Banque Post, l'Eximbank et la Banque agricole et à une institution publique (CEC – caisse de dépôts)[162]. Fin 1997, il y avait 43 banques enregistrées et licenciées en Roumanie. Le personnel qualifié dans les transactions financières étant peu nombreux au début, les procédures d'accréditation et d'inspection furent longtemps aux mains d'une poignée de privilégiés qui, surprise, étaient proches des intérêts politiques des *technocrates*.

Le système bancaire d'État fonctionna pendant de longues années comme une organisation fermée dans laquelle des initiés jouaient le rôle d'intérmédiaires entre les ressources financières et le pouvoir politique. Le rôle principal des banques, celui d'offrir des prêts et des crédits sur les bases d'un plan d'affaires profitable, fut négligé au profit du rôle de principal bailleur de fonds des entreprises d'État et des investissements privilégiés. La profession bancaire elle-même était considerée par l'Association des Banquiers roumains comme étant une *communauté spécifique* et son interaction avec d'autres professions était limitée. Particulièrement frappante était le manque d'interaction entre les principales banques et les institutions académiques, la société civile ou les programmes de coopération internationale ou de subventions culturelles. Par ailleurs, les banques d'État s'impliquaient activement dans le soutien de l'industrie, au moyen de garanties ou de prêts sans intérêt, contribuant ainsi à une coalition d'intérêts entre la *technocratie industrielle* et la *technocratie financière*. Entre 1991 et 1997, la Bancorex, à elle seule, assura des transactions financières d'une valeur de 8

---

[162] *Romanian Financial Directory*. Bucureşti : Finmedia, 1998, p. 50.

milliards de dollars (soit l'équivalent de la dette extérieure du pays en 1998) en appui de l'industrie[163]. Lorsque l'on considère que la majorité de ces transactions s'est effectuée en dehors de tout contrôle public et en l'absence de normes législatives sur la responsabilité managériale, la banqueroute frauduleuse et l'exécution de mauvais crédits, on saisit toute l'ampleur des attributions et de l'influence de la *technocratie industrielle* et *financière*. Le même phénomène s'est répété dans d'autres banques, comme la Banque agricole et le résultat se chiffrait, en 1997, à plus de 1 milliard de dollars de provisions pour pertes assurées par le budget public et, en 1998, à une somme équivalente[164] garantie par l'État. Ces sommes communes ailleurs, mais immenses pour le budget de la Roumanie (3% du PIB en 1997) ont été couvertes par l'État – et donc par les contribuables – sans que leur perte soit imputée à un responsable en particulier.

Les autres banques roumaines apparues après 1991 sont aussi originaires de la même concentration de capital et de leaders *technocrates*. En Roumanie, un peu à l'inverse du phénomène existant à l'échelle mondiale, le système financier a évolué vers une diversification des ressources et des institutions à partir d'un noyau initial relativement bien consolidé (celui des banques d'État et de leurs directeurs). Ces nouvelles institutions privées roumaines ont rarement représenté d'autres intérêts que ceux, déjà bien établis, de la *technocratie financière*. Cette dernière avait aussi comme caractéristique d'être liée au cercle central du pouvoir des élites politiques technocrates. On trouve parmi les principaux actionnaires de ces banques les principales élites économiques du pays et l'illustration de l'origine du pouvoir politique des *technocrates*.

Sur les dix banques privées, il n'y en a que deux qui sont extérieures au cercle d'influences politiques directes : Banca Transilvania, avec son siège social à Cluj, représente les intérêts

---

[163] *Romanian Financial Directory*. Bucureşti : Finmedia, 1998, p. 84.
[164] Voir *Piaţa Financiară*, mars 1999.

de la communauté d'affaires locale et a reçu l'appui d'un fond d'investissement américain. La Banque internationale des religions, pour sa part, est détenue par des investisseurs privés saoudiens. Toutes les autres banques ont des rapports directs entre leur direction et les leaders politiques.

La plus importante des banques privées, Banca Tiriac, est directement liée au groupe Media-Pro dont le principal actionnaire roumain, Ion Tiriac, détient 20% du capital. La même banque est partenaire, avec la Bancorex et la BERD dans Capital SA, la première banque roumaine d'investissement, basée à Londres depuis 1993. Quant au groupe Media-Pro, détenteur d'une licence de télévision nationale (Pro-TV) qui enregistre régulièrement entre 35 et 40% de l'audience depuis 1997[165] et de nombreux postes régionaux, il est aussi massivement impliqué dans la diffusion radiophonique (Pro-Fm) et dans la presse (plus d'une dizaine de revues de spécialité). Le même groupe, détenu à 80% par Central European Media, un investisseur américain, a développé un nombre important d'entreprises reliées au domaine de la communication, s'impliquant ainsi pour une part de 9% dans le capital de Mobilrom, principal opérateur de téléphonie mobile du pays, ainsi que dans la mode et les agences de presse (Media-fax). Enfin, le groupe Media-Pro, avec son directeur général Adrian Sârbu et son principal actionnaire roumain, Ion Tiriac, sont des proches du parti démocrate et de Petre Roman. Les interventions politiques de ce dernier à l'écran sont fréquentes et l'émission-phare de Pro-TV, le show humoristique *Chestiunea zilei*, équivalent roumain des *Guignols de l'info* ne s'en prend jamais aux leaders du PD.

L'autre banque privée importante, la BankCoop, en liquidation judiciaire depuis 1997, est liée aux intérêts des frères Păunescu. Ceux-ci sont fréquemment donnés en exemple comme modèles de capitalistes rouges, devant leur ascension aux relations de confiance qu'ils ont établies avec les politiciens.

---

[165] *Capital*, 18 mars 1999.

À partir de 1992, bénéficiant de l'appui du PDSR, des *passéistes* et des *technocrates,* ils prennent le contrôle des deux plus luxueux hotels de Bucarest (l'Intercontinental et le Lido) avec des sommes empruntées de la Bancorex dans des conditions très avantageuses. Les frères Păunescu ont principalement soutenu les intérêts du PDSR avec lesquel ils partageaient des intérêts communs. Recconus pendant des années comme les représentants de la nouvelle classe d'hommes d'affaires roumains, participant à des voyages diplomatiques en tant que tels, dirigeant l'UGIR (l'association générale des industriels roumains), les frères Păunescu ont vu leur fortune politique chanceler après 1996. Leur compagnie aérienne privée (Dac-Air), qui s'était lancée sur les routes concurrentes de la compagnie nationale, a cessé ses activités lorsque les banques et principalement la Bancorex, régie par un contrôle politique différent, ont commencé à réclamer la restitution de leurs crédits. Le journal *Curierul National,* détenu par les mêmes frères Păunescu, a vu son influence diminuer grandement et la BankCoop elle-même fait l'objet de difficiles procédures de restructuration.

Une autre banque qui a connu d'importants ennuis fut la Banque Columna. Apparue en 1995, cette banque s'est fait remarquer non seulement par le caractère imposant des édifices qui accueillaient ses activités (caractéristique fréquente chez les banques roumaines) mais par les rendements garantis en devises qu'elle offrait. À la fin de 1997, ladite banque était aussi en faillite et on découvrait que les investisseurs qui l'avaient soutenue avaient misé sur l'appui financier des banques d'État auxquelles ils étaient liés. Ces investisseurs étaient proches des leaders politiques du PNR (Parti national roumain) dirigé par l'ancien chef des Services secrets, Virgil Măgureanu.

Libra Bank est une autre banque dont les actionnaires principaux sont des leaders *technocrates* ayant des ambitions politiques. Dans ce cas-ci, l'actionnaire principal, l'entreprise Elvila, est détenue par l'homme d'affaires Viorel Cataramă. Ancien officier des Services de renseignements, servant dans des entreprises de commerce extérieur, il a fondé après 1990 les entreprises Elvila. Membre éminent du Parti libéral, plaidant pour des facilités fiscales pour les entrepreneurs roumains, Viorel Cataramă quitta ce parti en 1999 pour entrer directement dans le PNR aux côtés d'autres leaders *technocrates*.

De la même façon, la Credit Bank a été fondée par un ancien directeur d'une entreprise d'État, Marcel Ivan. Le capital souscrit, avec l'aide des directeurs de l'administration publique, le FPS, était en grande partie constitué par des apports en nature et en capital d'entreprises profitables comme l'Intercontinental ou Romcereal[166]. Comme dans le cas de la banque Romexterra, plus petite, il s'agissait de construire, avec le capital d'État, des institutions privées à la tête desquelles on plaçait des leaders *technocrates* qui servaient leurs propres intérêts et celui des *populistes-survivants,* politiciens ou directeurs d'entreprises. Dans le cas de Banca Românească, dirigée par un ancien président de la Bancorex, les intérêts politiques soutenus sont ceux des partis libéraux et du PS (nouvelle appellation du PC).

Un autre groupe d'institutions importantes contrôlées par des élites *technocrates* impliquées dans des activités politiques est celui appartenant à l'homme d'affaires Dan Voiculescu. Ce dernier possède plusieurs investissements importants dont le groupe Crescent et le poste de télévision Antena 1, qui se trouve en pleine ascension. Le même homme d'affaires détient aussi un réseau de quotidiens (*Jurnalul...*) dans une dizaine de villes du pays, un poste de radio (Radio Romantic) et il partage avec Cristi Burci, un entrepreneur qui détient la chaîne de télévision Prima TV, le contrôle d'une des agences de publicité les plus actives du pays (Graffitti). Fondateur du Parti humaniste roumain (PUR), ratant de peu une participation parlementaire en 1996, Dan Voiculescu a cherché à développer une image de politicien centriste, technocrate. Lors des élections locales de novembre 1998, il accorde son appui à un autre homme

---

[166] Silviu BRUCAN. *Stâlpii noii puteri în România*. Bucureşti : Nemira, 1996, p. 119.

d'affaires local prospère, George Pădure, qui recueille 17% des voix[167] avec une plate-forme politique d'indépendant.

Le dernier venu sur la scène politique se trouve être l'homme d'affaires Sorin Vântu, propriétaire entre autres du quotidien national *Curentul*, et de l'important réseau local des quotidiens *Monitorul* (présent surtout en Moldavie) ainsi que du groupe d'investissements Gelsor qui est de loin le principal courtier roumain[168]. Il détient aussi le paquet de contrôle de la petite chaîne de télévision *Tele 7 abc*. Ce dernier s'est activement impliqué dans la campagne électorale locale de 1998 et se prépare à constituer, avec d'autres *technocrates,* une *troisième force politique* sur la scène publique roumaine. Il prévoit aussi d'investir dans la création d'une nouvelle chaîne de télévision, provisoirement appelée Star TV. Enfin, le groupe Gelsor réunit autour de lui plusieurs leaders d'opinion éminents, comme Vladimir Pasti (nommé à la tête du nouvel institut de sondages Insomar), et Bogdan Teodorescu (qui publie une revue ostensiblement destinée aux élites).

L'ApR, dernier parti important apparu sur la scène politique, bénéficie de ressources institutionnelles et financières signi- ficatives. Ses leaders disposent personnellement de positions influentes (chaires universitaires, conseils d'administration, participation dans les entreprises). Son principal bailleur de fonds semble être Mircea Cuptor, homme d'affaires prospère, qui dispose entre autres du contrôle de la principale agence de sécurité privée du pays (Securent) qui, avec plus de 2000 employés dirigés par des officiers à la retraite, se livre, selon certains médias, à des activités de renseignement politique et économique[169].

---

[167] *Curentul ,* 24-26 octobre 1998.
[168] 126 Mds lei en actif à la fin de 1997. Voir *Romanian Financial Directory.* Bucureşti : Finmedia, 1998.
[169] *Caţavencu,* 1-8 septembre 1999.

Les élitistes

Le groupe des *élitistes* contrôle principalement des institutions culturelles privées et publiques. Dès 1990, la question d'une participation directe à des fonctions publiques s'est posée pour certains de ses leaders (G. Andreescu, A. Blandiana, D. Cornea, A. Pleşu). Leur participation directe au FSN ne dure que quelques mois, à la suite de quoi d'autres formes d'engagement prennent le dessus. Le ministère de la Culture est détenu par A. Pleşu, entre décembre 1989 et octobre 1991.

Le Groupe pour le Dialogue Social (GDS) fondé en janvier 1990 deviendra une des plus importantes institutions des *élitistes*. Une immeuble somptueux, au centre-ville de Bucarest (120 Calea Victoriei) leur est confié par l'administration d'État dès cette période. On y organise rapidement des colloques, des conférences, des débats politiques. C'est là aussi que se trouve la rédaction de l'hebdomadaire *22,* principal émetteur du message politique et social du groupe.

Rapidement, des sources de financement externes sont identifiées pour appuyer les actions du GDS. Il s'agit principalement de fondations étrangères qui viennent appuyer la création des premières institutions de la société civile. Dès février 1990, le financier Soros fait une visite au GDS et propose la somme d'un million de dollars pour la mise sur pied d'une fondation portant son nom. Le premier président en sera le sociologue Alin Teodorescu et le conseil de directeurs comprendra plusieurs personnalités du GDS. Les premiers programmes établis sont ceux qui permettent la participation des membres du GDS et d'autres intellectuels à des conférences internationales. Dès 1991, la Fondation Soros de Roumanie deviendra un bailleur important de fonds du GDS et des alliés du groupe élitiste. Les trois grandes directions de programmes développées seront l'appui à la communication, à l'éducation et à la société civile. Entre 1991 et 1996, plus de 50 millions de dollars seront dépensés par cette fondation pour ses activités en

Roumanie et en financement accordé[170] à plus de 5000 bénéficiaires (associations ou personnes privées). La procédure d'octroi de financement était assez complexe et requérait, entre autres, des recommandations de personnalités culturelles et le vote d'une majorité des membres du jury interne de cette fondation. Durant toute cette période, ce jury était formé en majorité de personnalités proches du groupe des *élitistes*, ce qui accordait à celui-ci une forte influence sur les décisions de financement[171]. Ainsi, outre la participation à des conférences internationales, les dotations en matériel, la publication de livres, l'achat de publications et équipements de l'étranger et des allocations de recherche, les fonds Soros permettaient aussi à ceux qui en bénéficiaient d'acquérir une indépendance financière et de consolider leur statut *d'élites de la société civile,* selon l'appellation interne. Ces élites, à leur tour, bénéficiaient d'une influence et d'un pouvoir (financier, en l'occurrence) leur permettant de sélectionner et de promouvoir les élites qui leur étaient proches.

L'objectif officiel de la Fondation Soros était la consolidation de la société démocratique à travers le soutien aux initiatives privées et individuelles. Ainsi les programmes financés étaient de préférence de courte durée, n'impliquaient pas d'engagement institutionnel et en principe offraient des sommes limitées (entre quelques centaines et quelques milliers de dollars). D'autre part, sous certaines conditions, la fondation offrait aussi du financement de type institutionnel, c'est-à-dire permettant l'établissement de nouvelles institutions, la prise en charge de leur fonctionnement et l'octroi de sommes importantes pour l'organisation d'événements spéciaux. Votés par un jury proche du groupe élitiste, sous la base de recommandations de

---

[170] Voir rapport annuel de la Fondation Soros, Roumanie, 1996.
[171] En 1996, le jury du Conseil national comptait les membres suivants : C. Anastasiu (sociologue), A. Pippidi (historien), C. Pleşu (directrice fondation culturelle), S. Antohi (philosophe), M. Voicu (historien), A. Marga (professeur), V. Ionescu (avocat), R. Weber (spécialiste des droits de l'homme), M. Mihăieş (écrivain).

personnalités proches de ce même groupe, ces capitaux importants revenaient d'une façon surprenante à des proches amis. Sur 39 cas d'allocation de capitaux dépassant 10 000 dollars, que nous avons identifiés entre 1993 et 1997 dans les programmes de développement de la sociéte civile, 24 sont revenus à des alliés proches du groupe élitiste[172]. La même proportion se retrouve dans les programmes d'éducation et de communication, la Fondation Soros prenant en charge la publication de la plupart des titres édités par le groupe élitiste[173].

Les hebdomadaires *22* et *Dilema* sont les principaux médias contrôlés directement par le groupe élitiste. Le premier, organe officiel du GDS, ayant un tirage d'environ 10 000 copies par semaine, comporte des rubriques permanentes sur la politique, la culture et la société, et il est financé par les propres fonds du GDS et ceux de fondations internationales. Au cours des années, ses signataires les plus connus sont restés les mêmes: Gabriela Adameşteanu, Andrei Cornea, Gabriel Andreescu, Ana Blandiana, etc. *Dilema,* avec un tirage similaire, est financé par la Fondation culturelle roumaine (une institution parapublique) et reçoit des fonds de l'État. Le directeur en est Andrei Pleşu, ancien ministre, et la politique éditoriale est celle des numéros spécialisés[174].

Le groupe élitiste dirige et contrôle aussi d'autres revues culturelles ; en fait la plupart des revues de littérature qui ont survécu grâce à un financement extérieur. Les plus connues sont

---

[172] Parmi les plus intéressants, notons 12 000 $ offerts à la faculté d'Histoire sous la direction de Zoe Petre, 75 000 $ à la faculté de Géologie sous la direction d'Emil Constantinescu, 10 000 $ au fils de celui-ci pour des études à l'étranger. Source : Base de données, programmes Open/Travel, Fondation Soros.

[173] Ainsi 200 000 $ pour la maison d'Édition Cartea Românească de Nicolae Manolescu (1993), 160 000 $ pour la revue *Sfera Politicii* (1993), le financement de dizaines de titres des maisons d'édition Humanitas (G. Liiceanu) et Polirom (L. Antonesei). Source : Base de données, programmes Open/Publishing de la Fondation Soros.

[174] En 1997-1998, le conseil éditorial était formé d'Augustin Buzura, Andrei Codrescu, Stefan A. Doinaş (tous écrivains), Z. Ornea (critique littéraire), A. Pleşu et P. Gross (journaliste américain).

la revue *Equinox* (Université de Cluj) et *Romậnia Literarǎ* (Nicolae Manolescu). Enfin, le quotidien national *Romậnia Liberǎ* est dirigé par P.M. Bǎcanu et par O. Paler, deux figures importantes du groupe élitiste et il ouvre la possibilité aux autres membres du groupe d'écrire un éditorial quotidien. Ce journal deviendra le média le plus important de l'opposition, servant à la fois les intérêts du groupe élitiste et ceux des conservateurs du parti national paysan chrétien[175].

Dans l'ensemble, ces médias veulent *garder un rôle strictement éducatif et pédagogique dans la formation d'une culture politique démocratique et manifestent une propension au retrait dans la sphère de la culture*[176].

Dans les universités, ce sont les facultés des sciences humaines – et principalement celle d'histoire, de philosophie et de sciences politiques – qui sont acquises aux intérêts du groupe élitiste. Les évolutions dans la structure de l'enseignement, l'afflux des étudiants vers les facultés de sciences humaines et les appuis financiers extérieurs importants contribuent à l'accroissement de l'influence de ces facultés. La faculté d'Histoire, avec le doyen Zoe Petre, premier conseiller présidentiel (1996-2000) et celle de Philosophie (où enseigne, entre autres, A. Pleşu) sont parmi les facultés qui bénéficient le plus de sommes qui servent à la publication de livres, à l'organisation d'échanges internationaux et de conférences. La faculté de Sciences politiques, fondée en 1994, reçoit aussi du financement extérieur, principalement d'origine française, grâce à son programme d'enseignement classique en français ; elle est dirigée aussi par des proches du GDS.

Par contre, les *élitistes* sont notoirement absents de l'enseignement technique et économique où ils recrutent très peu d'appuis. D'ailleurs 70% des élitistes ont, à la base, une

---

[175] Roger TESSIER (ed). *La transition en Roumanie-Communications et qualité de vie*. Québec: Presses de l'UQAM, 1995, p. 140-142 entre autres.
[176] *Noua alternativǎ*, N° 17, 1990, p. 40.

profession liée aux lettres et aux arts et un seul d'entre eux possède une formation économique.

Institution-phare du groupe, le GDS est à son tour à l'origine de la création de nouvelles institutions suivant le même modèle. De nombreuses associations voient le jour avec, à leur tête, des proches du groupe. La Fondation de la Société civile édite régulièrement un magazine de sciences politiques intitulé *Sfera Politicii*, financé entre autres par la Fondation Soros. On y trouve des articles et des rubriques d'analyse politique et sociale et les signatures des principaux historiens et politologues proches du groupe élitiste. La même fondation bénéficie de fonds internationaux importants pour la mise en œuvre de programmes orientés vers l'étude du nationalisme (Project on Ethnic Relations). À Târgu-Mureş, au cœur de la Transylvanie, une directrice de théâtre, Smaranda Enache, fonde une organisation nommée *Liga Pro-Europa*, la première association du genre à promouvoir l'intégration européenne à travers le respect des droits des minorités. Plus importante encore se trouve être la filiale roumaine du Comité Helsinki *APADOR* dont le comité directeur est formé par le physicien-éditorialiste G. Andreescu et par une avocate Renate Weber. Financé directement par des organisations internationales, *APADOR-CH* s'intéressera particulièrement aux droits des minorités (principalement magyares et gitanes) ainsi qu'au respect des droits des inculpés et des prisonniers. Très influente et bénéficiant de solides appuis internationaux[177], *APADOR-CH* se révèle une institution très présente dans les débats politiques puisqu'elle est capable de financer des projets d'envergure et qu'elle aborde des sujets sensibles. Elle rendra publics des rapports qui feront scandale et qui entraîneront des confrontations durables avec d'autres groupes politiques. Sur la

---

[177] Renate Weber devient, en 1998, présidente de la Fondation Soros Roumaine alors que G. Andreescu fait partie depuis 1992 du jury national votant les programmes de financement.

question de la minorité magyare[178], sur la responsabilité du gouvernement dans la répression du 13 au 15 juin 1990, sur la Constitution, *APADOR-CH* prendra des positions radicalement opposées à celles du pouvoir.

Dans le domaine audio-visuel, en appui au syndicat de la télévision roumaine, le groupe du GDS donnera naissance au *Comité de surveillance de la télévision*, qui obtiendra l'autorisation de mettre sur pied la première télévision indépendante en Roumanie, SOTI (1991)[179]. Enfin, avec l'appui de plusieurs organisations françaises, dont la COFREMCA, le GDS parrainera la naissance d'un institut de sondage indépendant, le CIS, qui sera dirigé par le sociologue Pavel Câmpeanu et qui entreprendra principalement des études sur les attitudes politiques.

Dans le domaine de ce qu'on pourrait appeler les pratiques institutionnelles, ou la création d'événements d'envergure, le groupe des élitistes est le groupe politique en Roumanie qui organise le plus de conférences, de séminaires et d'expositions internationales. Les thèmes sont généralement d'ordre culturel ou social, mais ces événements sont aussi l'occasion de manifester les positions du groupe sur des questions politiques. En fait, les *élitistes* bénéficient d'une vitrine internationale et parviennent à identifier des ressources financières pour appuyer leurs autres activités. Ces conférences internationales, dont le nombre varie d'une dizaine à une vingtaine par année (entre 1990 et 1996), sont généralement financées aussi par des organisations internationales. L'expérience dans la gestion de ses programmes et les bonnes relations que les *élitistes* entretiennent avec ces organisations expliquent la fréquence de ces manifestations. Un des principaux événements réguliers genre est la Foire internationale du livre de Bucarest, organisée depuis 1993 par la Fondation Art-Expo, et dont le responsable est M. Oroveanu. Enfin, un financement européen important (plus

---

[178] Gabriel ANDREESCU, Renate WEBER. *Evoluția concepției UDMR privind drepturile minorităților maghiare*. Bucureşti : Arta grafică , 1995.
[179] Voir *22*, N⁰, 50, décembre 1991.

de 200 000 Euro) soutient la création à Sighet, dans le nord du pays, d'un mémorial dédié aux victimes du communisme. Les conférences qui y sont organisées et la diffusion, sur la chaîne publique, d'émissions télévisées consacrées à ce mémorial, évoquent le rôle prééminent des personnalités élitistes.

Dans l'édition, plusieurs institutions d'État passent directement sous le contrôle du groupe. G. Liiceanu se voit confier par le ministre de la Culture de l'époque (A. Pleşu) le patrimoine et la direction de la maison d'édition politique du parti. Rebaptisée *Humanitas*, cette dernière se donne pour mission de devenir *le guérisseur par la culture de la société roumaine et de publier des livres qui, comme un médicament, devront se trouver dans la bibliothèque de chacun des hommes politiques*[180]. En quelques mois, bénéficiant de solides subventions du ministère de la Culture et de la Fondation Soros, la maison d'édition *Humanitas* atteint des tirages de plusieurs dizaines de milliers d'exemplaires pour des publications de classiques du libéralisme et de classiques roumains (Cioran, Eliade, Noica, en particulier). En 1991, la maison d'édition se transforme en une société mixte ayant une participation d'intérêts français. Elle continuera de bénéficier de subventions importantes des fondations étrangères et de la Fondation Soros.

Au sein de l'administration de l'État, le groupe élitiste est présent de manière irrégulière depuis 1990. Au début de 1990, nous l'avons vu, une partie de ses membres, dont G. Andreescu, Ana Blandiana, A. Pleşu sont membres du FSN. Ils se voient offrir par le pouvoir qui s'installe des postes de haute responsabilité (celui de vice-président du FSN est offert à Ana Blandiana) qu'ils refusent pour la plupart[181]. Pourtant Dan Petrescu et A. Pleşu acceptent respectivement la fonction de vice-ministre et celle de ministre de la Culture, fonctions qu'ils garderont jusqu'en octobre 1991. Au cours de cette période, plus de 80% du personnel du ministère est remplacé et celui-ci

---

[180] Entrevue de G. Liiceanu, publiée dans *Cotidianul*, 4 juillet 1994.
[181] *22*. N⁰ 21, mai 1991.

devient donc une institution contrôlée par le groupe. De même, le ministère de l'Éducation nationale est confié jusqu'en juin 1990 au philosophe M. Sora, membre fondateur du GDS.

Entre 1990 et 1996, la plupart des intellectuels du groupe élitiste ne participent pas à des fonctions administratives, à l'exception de quelques-uns qui sont nommés conseillers culturels dans diverses ambassades. Après 1996 et l'élection du nouveau gouvernement, les choses changent. Un groupe important de l'Alliance civique est propulsé aux plus hautes fonctions exécutives. Ainsi, l'historienne Zoe Petre devient le principal conseiller du président Constantinescu, lui-même membre de l'Alliance civique, donc bénéficiant de son soutien. D'autres professeurs, dont le doyen de la faculté de Sciences politiques, et le fils de Zoe Petre, seront aussi nommés à la présidence. Au sein du gouvernement, le ministère des Affaires étrangères revient, en octobre 1997, à A. Pleşu qui s'entoure à son tour de conseillers provenant du milieu élitiste (dont des boursiers du collège *New Europe* et des rédacteurs de la revue *Dilema*). À la même période, le ministère de l'Éducation nationale revient à un autre proche du groupe, le philosophe Andrei Marga, recteur de l'Université de Cluj, qui procède de la même façon.

CHAPITRE QUATRIÈME

RÉPERTOIRE D'ACTIONS, PROCÉDURES DE RECRUTEMENT, DE NÉGOCIATIONS, FLEXIBILITÉ DES ÉCHANGES

Les nationalistes : une logique des coups d'éclat et des nuances dans la définition des ennemis

Les élites *nationalistes* ont en commun le fait que la plupart de leurs représentants proviennent des structures administratives (gouvernementales ou culturelles) et se connaissent entre elles. Alors que d'autres élites, comme celles du groupes des *technocrates,* n'avaient pas eu accès à des fonctions importantes avant 1989, les élites *nationalistes* sont formées en grande partie par des personnalités ayant joué un rôle public significatif avant 1989. L'armée (15%), les métiers d'administration technique (25%), l'administration d'État, les universités, les revues et les cercles de culture proletcultiste (35%) sont les pépinières de ces élites.

Avec les *technocrates*, les *nationalistes* forment les élites les plus compactes (concentrées) autour de la pyramide d'âge. Du point de vue de l'éducation, les *nationalistes* ont en commun avec les *populistes-survivants* d'être, d'une façon relative, moins bien préparés que toutes les autres élites : 5,7 années d'études en moyenne avec, là aussi, une concentration visible autour de ce chiffre (déviation standard réduite à 1,93 année).

Les élites *nationalistes* sont formées par ces cadres de haut niveau qui redoutaient des changements importants dans la structure sociale du pays, craignaient les réformes politiques et économiques et qui avaient été exclus lors de la prise du pouvoir par les élites *populistes-survivantes*. Les élites *nationalistes* ont entretenu une relation ambiguë et complémentaire avec les *populistes-survivants* assumant le rôle politique. La consolidation des institutions (partis politiques, revues, etc.) nationalistes a été vue par une partie des leaders *populistes-survivants* comme l'exutoire idéal des frustrations de la population. La création de l'hebdomadaire *România Mare* s'est ainsi faite à l'été 1990, avec des fonds gouvernementaux et a servi le pouvoir alors en place, en le faisant paraître plus conciliant avec l'opposition. L'ancien président Iliescu par exemple, lorsqu'il énumère les dangers de la transition roumaine, place l'*extrémisme centralisateur nationaliste* aux côtés du *dilettantisme politique* et du *passéisme* comme principaux adversaires de la stabilité et de la modération représentée par ses idées politiques[182]. Dans cette interprétation, l'existence même des élites nationalistes permet aux *populistes-survivants* de se faire passer pour des modérés modernes.

Nous ne croyons cependant pas que les élites nationalistes soient les simples instruments d'une obscure coalition politique, *les crypto-communistes* recyclés dans plusieurs groupements. Cette théorie du complot, familière aux plus libéraux des élitistes, masque les véritables enjeux de la rivalité entre les *nationalistes* et les autres élites. Il est plus commode d'étiqueter plusieurs mouvements politiques de l'appellation *communiste* parce qu'ils s'opposent à des changements et des réformes importants que d'essayer d'identifier les raisons précises de la formation de ces mouvements et leurs intérêts.

Depuis 1990 en fait, les intérêts des *nationalistes* se sont heurtés à plusieurs reprises à ceux du pouvoir en place, à ceux de la technocratie et généralement à ceux qui ont connu une ascension sociale. Le premier gouvernement du FSN, le début de la privatisation, la prise de contrôle des bénéfices des entreprises d'État, les réformes législatives, les droits des minorités ont été quelques-unes des occasions où les rangs des élites nationalistes

---

[182] Ion ILIESCU. *Revoluţie şi Reformă.* Bucureşti : Ed. Enciclopedică, 1994, p. 238.

ont été renforcés par l'apport de nouvelles personnalités, frustrées par le partage du pouvoir. C'est ainsi que, par exemple, se sont rapprochés des *nationalistes* de nombreux militaires mis à la retraite.

Les élites *nationalistes* ont aussi le plus faible taux de mobilité professionnelle : 2,6 des fonctions exercées, comparativement à 3,2 pour les *populistes-survivants*. Le cas le plus fréquemment rencontré chez les représentants des élites *nationalistes* est celui où ils n'ont exercé qu'une seule fonction professionnelle (métier). Le contraste avec les *populistes-survivants* (le cas le plus typique étant 3) est éloquent. Ces chiffres dévoilent non pas la collusion des intérêts et des ressources des *nationalistes* et des *populistes-survivants* mais leurs différences.

Les *nationalistes* ont recruté des appuis parmi tous ceux qui considéraient que la réforme politique et économique était en fait un complot organisé pour affaiblir l'État roumain et mettre les ressources nationales entre les mains d'intérêts étrangers. Il est facile de ridiculiser ces élites comme étant simplement motivées par des convictions naïves sur le rôle et la place de la Roumanie dans le monde. Cependant leurs ambitions étaient généralement mieux accomplies dans le genre de système centralisateur et autoritaire qu'ils avaient connu que dans le nouveau système politique et économique de transition. La diminution importante des contrats d'armement à destination des pays du Moyen-Orient a ainsi privé des cadres de l'armée de dividendes importantes. Les plus affectés ont été les générations d'officiers qui avaient été recrutés dans les années 1970 et avaient contribué à la politique étrangère de Ceauşescu basée sur un rôle actif de la Roumanie dans les Affaires étrangères et particulièrement au tiers monde. Le rapprochement de l'OTAN et l'intégration de nouveaux officiers parlant des langues occidentales ainsi que la collaboration avec des compagnies occidentales dans le domaine militaire a accru l'autorité et le pouvoir des nouvelles élites *technocrates* et a diminué ceux des cadres nationalistes.

Les élites *nationalistes* ont montré une grande habileté à produire des leaders médiatiques, à retenir l'attention publique et à organiser et recruter des alliés. Leurs principaux bassins de recrutement étaient les cadres de l'administration frustrés ou dépassés par d'autres élites, les personnalités culturelles provenant des rangs des proletcultistes, les officiers et autres cadres partageant des idées nationalistes et tous les leaders qui voyaient dans le nationalisme théâtral la meilleure option pour accroître leur influence. Ainsi, parmi les personnalités proches des nationalistes, il y a eu des généraux de la police mis à la retraite[183], des figures culturelles connues comme Mitzura Arghezi[184], des leaders syndicaux[185], des millionaires roumains exilés qui avaient entretenu des relations amicales avec le régime Ceauşescu[186].

Les *nationalistes* n'ont eu aucune difficulté à concilier la gauche et la droite au nom du refus du régime technocratique et antinational (après 1996). La grande alliance *rouge-noire* réunissant les partis socialiste du travail (avec A. Păunescu et d'anciens proches de Ceauşescu, comme I. Verdeţ) avec le PRM, le PUNR, a fonctionné depuis 1995, collaborant fort bien tant dans l'opposition qu'au pouvoir, avec comme but commun le *maintien de l'intégrité spirituelle et politique de la nation roumaine... le culte des héros nationaux... et la lutte contre les traîtres et les incompétents*[187].

Les élites *nationalistes* partagent avec les élites *populistes-survivantes* une éducation professionnelle fondée sur le respect de l'autorité et l'utilisation de la loyauté comme principal critère d'évaluation des compétences. Cependant, à partir de 1992, une

---

[183] Comme Nicolae Niţu, ancien chef de la police de Bucarest, recruté et proposé par le PRM comme candidat à la mairie lors des élections locales de novembre 1998.
[184] Nommée sécrétaire d'État au Département d'information du gouvernement, en 1994-1995, cette octogénaire était la petite-fille du poète Arghezi.
[185] Miron Cozma, le leader des mineurs, devenu membre en novembre 1997, alors qu'il était encore emprisonné.
[186] Iosif Constantin Drăgan.
[187] Radio România Actualiţăţi, 13 septenbre 1997.

distinction marquante prend forme entre ceux qui profitent réellement du pouvoir politique et ceux qui n'en maîtrisent que des sphères marginales. Les élites *nationalistes* se regroupent et leurs actions commencent à se distinguer de celles (adoptées par la force des nécessités) des gouvernements et de l'administration du PDSR. Les *nationalistes* vont s'assigner eux-mêmes le terrain de manœuvre laissé libre par la consolidation financière et institutionnelle des *populistes-survivants* : celui des actions politiques d'éclat, spectaculaires, contestant l'ordre actuel. Identifier une cohérence intentionnelle entre les actions du gouvernement et de l'administration contrôlée jusqu'en 1996 par les *populistes-survivants* et l'agitation nationaliste fut ce que firent la plupart de leurs adversaires politiques[188]. La tolérance manifestée par les autorités politiques envers les excès des *nationalistes* (illustrée entre autres par le phénomène Caritas et les nombreux procès pour diffamation enclenchés contre C.V. Tudor mais qui n'ont jamais abouti) est vue comme une preuve de cette stratégie.

Les négociations entre élites *nationalistes* et *populistes-survivantes* se font avec une dose de tolérance et de sympathie réciproque qui est absente à l'égard des autres élites. Lorsque des conflits éclatent entre les leaders, ils ne touchent pas les relations de fond entre partis et institutions. En octobre 1995, à la suite d'une offensive diplomatique du président Iliescu, le rapprochement avec la Hongrie provoque l'insatisfaction des *nationalistes*. Accusé par Iliescu d'être le *Jirinovksi roumain*[189] le leader du parti România Mare se déchaîne et présente, dans la revue du même nom, des *preuves irréfutables... de l'appartenance d'Iliescu au KGB... de sa politique antinationale mise au service du lobby juif mondial*[190]. Les conflits sont de courte durée pourtant ; on en revient rapidement à des déclarations de sympathie

---

[188] Alina MUNGIU. *Românii după 1989*. Bucureşti : Humanitas, 1995, p. 52.
[189] *Adevărul*, 30 septembre 1995.
[190] *România Mare*, 29 septembre 1995.

réciproque[191] et on met les excès de langage sur le compte de l'*entourage* et des conspirations inamicales.

Le traitement réservé aux adversaires politiques est nettement différent. Aucune circonstance atténuante, aucune tolérance n'est accordée à ceux qui ne font pas partie des amis des *nationalistes*. Ceux-ci développent toute une scénographie politique pour humilier leurs adversaires ; à Cluj, le maire Funar se met à la tête d'une délégation de bergers (venus avec leurs moutons) pour contester un leader économique local[192]. Au Parlement, le député Vadim Tudor utilise ses gardes du corps armés pour agresser des députés du Parti démocrate qui l'avaient contredit. Les médias sont particulièrement visés par les *nationalistes* et parmi ceux-ci les médias libéraux et élitistes[193]. De nombreux procès en diffamation (plusieurs dizaines) visent ou impliquent les quotidiens *România Liberă, Ziua*, des ministres, des conseillers présidentiels. À aucun moment, les leaders nationalistes n'ont accepté que participent à des débats leurs plus farouches adversaires ; les nombreux séminaires, conférences et débats sur les questions de politique étrangère, par exemple, n'ont jamais accueilli de leaders élitistes ; les journalistes de *România Liberă* ou de *22* étaient même interdits aux conférences de presse du PRM et du PUNR. Enfin, les leaders *nationalistes* se spécialisent dans les déclarations théâtrales qui font le délice des médias ; lors d'un débat au Parlement sur la gestion des fonds de l'administration locale, C.V. Tudor propose de soumettre les membres du gouvernement *au détecteur de mensonges* afin de découvrir leur *marge de négociation*[194].

Cependant, lorsque leur intérêt est en jeu et qu'il s'agit d'obtenir des gains politiques, les *nationalistes* se montrent très ouverts à la négociation et habiles diplomates. Un ancien leader

---

[191] *Dilema*, N⁰ 146, 27 octobre-2 novembre 1995.

[192] 9 mai 1997, Radio România Actualități.

[193] *Republica*, 16 avril 1998 relate l'incident opposant les gardes du PRM aux reporters de *PRIMA-TV*.

[194] *Curierul Național*, 12 septembre 1998.

contestaire (Marian Munteanu) d'extrême-droite se transforme en proche conseiller gouvernemental, après 1996, suivant le premier ministre Vasile dans plusieurs voyages en Europe occidentale. Le parti Românâ Mare entretient des relations excellentes avec d'autres partis européens[195] et envoie des délégations étrangères amicales en Irak, en Lybie ou en Palestine, même si la revue du même nom pratique un xénophobisme brutal à l'égard des Arabes et des populations de couleur. Le leader du PRM lui même, C.V. Tudor, décrit ses consultations avec le président Constantinescu comme *chaleureuses et civilisées*[196] alors que le même candidat avait été ridiculisé et humilié quelques mois auparavant. Enfin, les *nationalistes* savent parfaitement monnayer leur appui et avancer des revendications claires et bien définies en retour de leur appui politique. Cela fut particulièrement évident lors du soutien apporté par le PUNR/PRM au gouvernement Văcăroiu.

Dans la bonne tradition de la politique réaliste communiste, les *nationalistes* roumains se montrent particulièrement sensibles au respect de leurs intérêts et savent modeler un discours idéologique et généreux avec des demandes très précises.

Les populistes-survivants : une logique sultanique

Les *populistes-survivants* proviennent généralement de l'administration politique de l'État et sont originaires des nouvelles classes professionnelles apparues sur le marché du travail au milieu des années 1960[197]. Ils constituent la première génération de cadres formés uniquement dans le système communiste et ont en commun d'avoir *été un groupe compact, distinct, ayant des actions coordonnées dans la société socialiste... dont la cohésion provenait de relations sociales spéciales, du milieu dans*

---

[195] Voir visite de J. Marie Le Pen, 4 novembre 1997.
[196] Radio Contact, 21 juin 1997.
[197] *Sfera Politicii*, N⁰ 34, janvier 1996.

lequel ils agissaient, du poste que ces cadres occupaient dans l'exercice du pouvoir... et spécialement de l'accès qu'ils avaient à une gamme importante de privilèges et de bénéfices[198].

Près de 37% d'entre eux ont à la base un métier technique de gestion, soit le pourcentage le plus élevé des élites roumaines impliquées dans l'administration de l'industrie communiste. Le pourcentage de ceux qui ont détenu une fonction économique (15%) comme premier métier est aussi élévé. Enfin, près d'un quart des membres de ces élites ont exercé d'abord un métier culturel (généralement dans l'administration). Les horizons professionnels divers des *populistes-survivants* couvrent ainsi des domaines plus étendus et plus complets que ceux des autres élites.

Cette cohésion de groupe et cette diversité dans l'origine professionnelle a permis aux *populistes-survivants* de prendre le contrôle des principales institutions de l'administration au détriment des autres élites politiques, au lendemain de la révolution de 1989. En fait, les relations d'autorité existantes dans le système communiste se sont prolongées dans les années 1990. Les *populistes-survivants*, cadres et fonctionnaires dans des postes relativement importants avant 1989, ont accédé à des fonctions supérieures et ont naturellement manifesté leur fidélité à ceux à qui ils devaient cette ascension.

Certains analystes proches d'eux estiment que ces relations d'autorité présentes dans le groupe *populiste-survivant* étaient extrêmement simplistes et archaïques, de simple subordination et, par conséquent, inefficaces. *L'autorité est basée presque exclusivement sur la capacité que possèdent ceux qui sont en haut de la hiérarchie de nommer ou de destituer leurs subordonnés*[199]. Ce système de recrutement et de gestion basé sur la fidélité à celui qui *nomme* et qui *destitue* a entraîné deux conséquences : la création de relations féodales entre les élites *populistes-survivantes*

---

[198] Silviu BRUCAN. *Stâlpii noii puteri în România*. Bucureşti : Nemira, 1996, p. 21.

[199] Vladimir PASTI. *România în tranziţie*. Bucureşti : Nemira, 1995, p. 113.

et leur incapacité à promouvoir et à construire une politique efficace.

Les relations féodales chez les *populistes-survivants* sont le produit d'une nomination dans des fonctions institutionnelles par l'autorité supérieure au lieu que ce soit par l'analyse des compétences ou par une quelconque autorité démocratique (élue). Ainsi, les préfets, les chefs régionaux de parti, les directeurs d'entreprises parapubliques, etc., sont nommés directement par leur chefs supérieurs au lieu d'être sélectionnés à partir des organisations inférieures. *Tels des barons féodaux, les hommes participant aux structures du pouvoir peuvent faire ce qui leur passe par la tête, à condition d'appuyer leur seigneur en cas de besoin*[200]. Cette structure rend impossible la construction d'une politique cohérente, la hiérarchie ne disposant que d'informations incomplètes, insuffisantes et d'aucun moyen de vérifier la gestion des décisions par leurs structures inférieures, la seule option étant de destituer ou de nommer d'autres personnes dans des fonctions institutionnelles, de faire appel à des réseaux informels ou de naviguer au gré des conjonctures ou selon l'inspiration du moment.

Une des conséquences de ces habitudes de recrutement est que le taux de renouvellement des *populistes-survivants* a été plus important que celui d'autres élites. Leur mobilité professionnelle (3,2 fonctions en moyenne) est plus élevée que la moyenne générale des élites étudiées et que celle de toutes les catégories spécifiques d'élites. Avec les *technocrates* et les *nationalistes*, les *populistes-survivants* ont la plus grande variance du taux de mobilité politique (2,74), ce qui veut dire que leur capacité à intégrer de nouvelles recrues est importante. Voilà qui vient nuancer l'analyse sur les relations d'autorité existantes.

La personnalisation de la vie politique et la création d'institutions de pouvoir à partir du haut vers le bas est typique

---

[200] Vladimir PASTI. *Ibid.*

en Europe de l'Est post-communiste[201] mais l'absence d'un autre choix de gouvernement pendant une longue période (les *populistes-survivants* ont dominé entre 1989 et 1996) a aggravé les conséquences néfastes de cette situation.

En fait, nous avons assisté à une accumulation de conflits et d'intérêts personnels dans le recrutement des cadres (aboutissant, entre autres, à des ruptures successives à l'intérieur du FSN, du PDSR), à la domination de critères subjectifs de loyauté dans ce recrutement, à des relations diverses d'autorité et d'interdépendance personnelles inextricables ; l'incertitude structurelle du processus de recrutement et de remplacement dans des fonctions de pouvoir s'est maintenue.

Un taux de renouvellement important, une base de recrutement professionnel très étendue (tous les métiers principaux sont bien représentés chez les *populistes-survivants*) et des procédures de négociations autoritaires, voilà qui défie toute capacité à prévoir d'une façon stable et logique le comportement des réseaux existants, même pour ceux qui en font partie.

Un cas typique de cette situation qui empire est décrit par un conseiller du président Iliescu ; recruté à la suite de la proposition d'un ami[202] il accepte des fonctions dont la responsabilité et les limites restent imprécisées. Au fil du temps, son rôle entre en compétition avec celui d'autres conseillers ou personnes influentes dont la nomination et le rôle restent, chez eux aussi, obscurs, dépendant de la bienveillance de l'un ou l'autre des leaders proches d'Iliescu. Enfin, aucune personne manifestant des opinions divergentes ne sera recrutée dans ce cercle d'intimes[203]. D'autres remarquent que, malgré plusieurs remaniements ministériels entre 1992 et 1996, *aucun ministre n'admet dans une occasion quelconque ses fautes, ses actions inappropriées, son incompétence.* Le remaniement ne se fait pas parce qu'une personne *est incapable... responsable ... ou*

---

[201] Keith CRAWFORD. *East Central European Politics today.* Manchester : Manchester University Press, 1996, p. 250.

[202] Paul DOBRESCU. *Iliescu contra Iliescu* . Bucureşti : Diogene, 1997, p. 107.

[203] Paul DOBRESCU. *Ibid,* p. 131.

coupable, et les échecs sont systématiquement mis sur le compte de *généralités abstraites, impersonnelles, incontrôlables (corruption, contexte international)*[204].

Généralement, les *populistes-survivants* proviennent des horizons professionnels de l'école des cadres du parti communiste ; dans les deux dernières décennies du régime Ceauşescu, le système politique roumain avait découragé la promotion selon la compétence, optant plutôt pour le critère de loyauté à l'égard du dictateur. Une classe entière des élites politiques est parvenue au pouvoir, en 1990, sans avoir connu l'habitude des *négociations,* d'un *échange libre d'opinions,* de *procédures d'évaluation scientifique* dans la prise de décisions de nature politique[205]. Les *populistes-survivants* n'ont pas uniquement prolongé le contrôle des institutions administratives et politiques, en 1990, mais aussi le *caractère autoritaire, paternaliste, grégaire, intolérant,* lors des négociations politiques.

Dès la formation du FSN, on remarque dans l'entourage de ses leaders le *refus de négocier avec les adversaires politiques... l'absence totale de critiques internes... la présence excessive de* «yesmen»[206]. Les premières séances du parlement provisoire (CPUN) illustrent le manque d'expérience des nouvelles élites politiques dans les procédures complexes de négociations : les leaders révolutionnaires, dirigés par Dan Iosif et Gelu Voican Voiculescu, paradent avec leurs armes lorsque les opinions exprimées ne leur conviennent pas, le président Iliescu s'adresse à l'opposition avec des diminutifs familiers pour leur demander de voter à l'unanimité, les autres personnalités injurient les caméramen de la télévision ou demandent la destitution de journalistes d'une presse désormais libre... qui à son tour exhorte les représentants politiques à changer de place avec les

---

[204] *Dilema,* N⁰ 122, 12-18 mai 1995.

[205] Voir les exemples donnés par Silviu BRUCAN, *De la capitalism la socialism şi retur.* Bucureşti : Nemira, 1998 p, 132-187 sur le caractère arbitraire des décisions administratives et politiques durant les années Ceauşescu.

[206] *România Liberă,* 2 juin 1990.

mineurs *pour apprendre à se mettre d'accord pour travailler ensemble*[207].

Ces habitudes se montreront durables, la fragmentation du pouvoir politique accentuant la tentation des *populistes-survivants* à considérer leurs adversaires politiques comme des ennemis alors que l'apparition de centres alternatifs de pouvoir va contribuer à la diminution des excès d'intolérance. Le message politique des *populistes-survivants,* faisant appel au *consensus* et à l'établissement d'un *pacte social* afin d'*éviter les dangers de l'anarchie*[208], n'est pas parvenu à empêcher la *déstabilisation des institutions du pays* et *les manifestations extrémistes.*

Pour ces raisons, les élites *populistes-survivantes* ont consolidé, à partir de 1992, leur conviction qu'il n'était possible de travailler qu'avec des acteurs (personnalités) politiques proches de leurs idées et partageant leurs intérêts. Le refus politique de l'opposition de contribuer à la création d'un gouvernement d'unité nationale après les élections de 1992 accentue la marginalisation des *populistes-survivants* et le sentiment qu'ils ont d'être les seuls à *avoir le courage de se préoccuper des véritables défis à relever*[209].

Ainsi, les exemples de refus à négocier ou à faire des compromis se multiplient malgré le discours sur le besoin d'un consensus : en 1995, les membres du Conseil d'administration de la télévision nationale, nommés par le Parlement et le gouvernement (PDSR), refusent d'accepter parmi eux la présence de deux représentants (Liiceanu et Iuga) nommés par l'opposition ; ils *ne prennent aucun risque, ne veulent pas céder,* même s'ils savent que leur vote pourait *facilement être neutralisé...*[210]. La même année, lors d'une procédure de vote électronique au Sénat, le nombre de votes du parti au pouvoir était plus élevé que le nombre de parlementaires présents dans la

---

[207] Voir H.R. PATAPIEVICI. *Politice.* Bucureşti : Humanitas, 1996, p. 19 ; *22,* N⁰ 4, février 1990 et *România Liberă,* 26 avril 1990.

[208] Ion ILIESCU. *Revoluţie şi reformă.* Cluj : Ed. Enciclopedică, 1994, p. 236.

[209] *Adevărul,* 15 décembre 1993.

[210] *Dilema,* N⁰ 116, 31 mars-6 avril 1995.

salle ; même si la défection technique avait été relevée par l'opposition, la procédure de vote continue et la loi est promulguée[211].

Lorsque les *populistes-survivants* réalisent, dans les difficultés de l'exercice du gouvernement, le besoin de faire appel à des expertises nouvelles ou d'évaluer leurs propres ressources, ils ne poussent pas le raisonnement jusqu'à juger leurs propres alliés. Déplorant le *manque de direction politique* qui *accentue la suspicion et la marginalisation* d'une partie de la population, les élites *populistes-survivantes* font appel à des généralités sur le besoin *de clarification... d'investissement en capital humain... d'élaboration d'idéologies politiques*. Ces déclarations ne dépassent pas le stade de commentaires contemplatifs dénués de toute conséquence pratique[212]. Plus symbolique encore est le désir du gouvernement de demander à l'opposition politique d'être *constructive*. Il s'agit, selon les coutumes communistes, de présenter des *critiques métissées d'hommages... et surtout de ne pas chicaner ou critiquer systématiquement afin de laisser l'exécutif travailler*[213].

À partir de 1992, on assiste à un double phénomène de **consolidation** de l'appui du public et des institutions fidèles aux *populistes-survivants* et de **reproduction** de celles-ci. La **consolidation** a lieu parce que ces élites préfèrent proposer à l'électorat un message rassurant qui va précisément dans le sens des attentes de celui-ci. La **reproduction** se produit par l'intégration de nouvelles élites et de groupes d'intérêt politique qui estiment que la meilleure façon de se créer un capital politique influent est de rejoindre le courant populiste. Cette **consolidation** et cette **reproduction** des *populistes-survivants* se fait parfois à l'encontre des objectifs politiques du parti PDSR et de l'administration – que certains représentants des élites *populistes-survivantes* n'hésitent pas à quitter ou à critiquer.

---

[211] *Dilema*, N° 151, 1-7 décembre 1995.

[212] Mircea COSEA. *Jurnal în tranziţie*. Bucureşti : 1995.

[213] *Dilema*, N° 138, 1-7 septembre 1995.

Un exemple de **consolidation-reproduction** est la tournure prise par une bonne partie de la presse écrite roumaine en 1992-1993. Renonçant à persuader ouvertement l'opinion publique d'appuyer l'un ou l'autre des partis politiques, une partie des leaders médiatiques découvrent le gain facile (financier et politique) qui peut être réalisé par la pratique d'un *populisme de marché*. Cette nouvelle presse-spectacle est *orientée vers le fait divers sous toutes ses formes... sexe, infractions et calomnies* et, avec *la presse nationaliste,* elle *contribue largement à conforter, par son conservatisme (rouge ou noir) le discours officiel*[214].

En 1993, le nouveau quotidien *Evenimentul Zilei* se lance dans une campagne furibonde pour recueillir des signatures en faveur de la peine de mort ; son directeur, l'influent journaliste Ion Cristoiu, va jusqu'à déclarer que *personnellement il est contre, mais qu'il faut répondre à la demande de millions de lecteurs excédés par la violence*[215]. En 1996, un autre quotidien d'orientation *populiste-survivante, Adevărul* se prononce pour *le changement* par un vote négatif à l'endroit du PDSR et d'Iliescu.

Flairant l'insatisfaction croissante de la population, l'abandon des positions politiques du PDSR ne signifiait pas une perte d'influence des idées *populistes-survivantes* mais une reconversion de celles-ci vers d'autres formes d'action politique. Cette reconversion a été adoptée par la plupart des acteurs médiatiques, désireux de *se plier à la tendance générale... de résister à l'accroissement vertigineux de la presse à scandale... de partir à la recherche, non pas d'opinions mais de gratifications, non pas de sujets graves mais de thèmes divertissants... présentés dans un langage demandant un minimum d'éducation*[216]. Cette attitude vient remplacer les campagnes de mobilisation populistes de

---

[214] Gina STOICIU, Andrei STOICIU. *La dynamique de la communication et son rôle dans la reconstruction de l'identité roumaine,* dans Roger TESSIER, *La transition en Roumanie.* Québec : Presses de l'Université du Québec, 1995, p. 151.

[215] Alina MUNGIU. *Românii după 1989.* Bucureşti : Humanitas, 1995, p. 250.

[216] Mihai COMAN. *Les médias roumains en transition,* dans Roger TESSIER, *ibid,* p. 178.

1990-1991, en confortant les principes du discours *populiste-survivant* : déresponsabilisation individuelle, absence d'articulation communautaire au bénéfice d'un discours déculpabilisant, collectif, domination des thèmes de nature *conspirative*, création *dramatique* d'un consensus autour d'un minimum d'idéologie n'impliquant aucun engagement concret et refusant tout pragmatisme.

Après 1996, les élites *populistes-survivantes,* déstabilisées au début par la perte du pouvoir gouvernemental, retrouvent rapidement leur voie. Abandonné par une partie de leurs représentants, qui rejoignent les élites *nationalistes* et *technocrates,* le chemin du *populisme-survivant* est emprunté par de nouveaux acteurs qui rejoignent les anciens fidèles. Syndicalistes, cadres de l'administration et anciens leaders du PDSR *remettent leurs bottes et recommencent à sillonner les campagnes, les usines... en promettant une réforme sans douleur... en condamnant le gouvernement... en essayant de diriger la nervosité et l'insatisfaction de la population de manière à revenir au pouvoir.*

La presse se fait l'écho de cette évolution[217]. La télévision[218] privée appuie de même ce genre de discours en présentant les conséquences d'une réforme mal appliquée.

Les passéistes : des calculs et des logiques instables entre maladresses et intransigeances

Les leaders *passéistes* sont généralement d'anciens cadres des partis qui avaient gouverné la Roumanie avant le communisme, et leurs sympathisants. Les *passéistes* sont plutôt de formation technique (près de 40% d'entre eux), juridique (24%) ou humaniste (17%). Ils sont rarement économistes (4,5%) et

---

[217] *Cotidianul,* 12 août 1998.
[218] Spécialement *Antena 1, Prima TV* et *Pro-Tv,* avec des débats politiques mettant en cause le style et les conséquences du gouvernement après 1996.

aucun d'entre eux n'a à la base une formation en sciences sociales[219]. Ils ont en commun de constituer un génération qui a été exclue du pouvoir politique, soit par l'exil soit par la marginalisation et l'exil intérieur (la prison). Leur expérience de gestion publique et économique est évidemment réduite. Ce sentiment d'isolement, couplé à ce qu'ils considèrent l'abandon des valeurs qui avaient fait la prospérité de la Roumanie d'avant le communisme (monarchie, religion, partis politiques nationaux…) a contribué à la formation d'une mentalité *messianique* et *restauratrice*. Les *passéistes* partagent le rejet d'un système politique qui les a éloignés des structures du pouvoir et l'aversion envers ceux (principalement les *populistes-survivants*) qui ont réussi à s'affirmer durant cette période. Se trouvant en minorité et ayant été, en grande majorité, punis et dénués de toute influence politique à l'intérieur du pays, les *passéistes* en viennent à transformer la nécessité en vertu. C'est ainsi que se développe parmi eux un culte de la *victimisation* de leur destin tragique qu'ils considèrent, sans beaucoup d'arguments, comme représentatif de la Roumanie entière. La *non-participation* aux affaires publiques, leur *inadaptation au régime communiste,* les *procès de délation dont ils ont été victimes,* sont présentés comme des certificats leur assurant la *légitimité morale et historique* pour revendiquer la *restauration morale et politique* du pays, selon le modèle d'avant 1945.

Au-delà même de la justification morale de ces convictions, il reste que les réalités historiques auxquelles les *passéistes* font référence ne signifient rien pour la majorité de la population, ce qui ne fait qu'accentuer leur sentiment d'être une *minorité vouée à jouer un rôle restaurateur*[220].

Avec cette conviction, les *passéistes* ont recruté tous ceux qui se sentaient délaissés ou abandonnés dans la transition politique du pays qui a suivi l'effondrement du communisme après 1989.

---

[219] Voir annexes.
[220] Voir aussi Alina MUNGIU. *Românii după 1989*. Bucureşti : Ed. Humanitas, 1995, p. 60-63.

Une analyse par groupes d'âge nous indique que si l'âge moyen des leaders passéistes est similaire à celui des autres élites (57 ans), on retrouve chez eux une variation beaucoup plus grande (variation moyenne de près de 14,5 ans)[221]. Ce chiffre indique bien la polarisation existante au sein des élites *passéistes* entre les anciens cadres du parti (âgés parfois de plus de 70 ans) et leurs jeunes alliés et sympathisants.

Alors qu'en 1990-1991, le FSN et les *populistes-survivants* ont mobilisé leurs appuis en misant sur un discours *rassurant* et *intégrateur*, les *passéistes* se sont présentés comme un *refuge pour les contestaires*. Ils ont ainsi hébergé des membres de la *Securitate* mécontentés par leur perte de pouvoir (comme D. Mazilu), un mouvement étudiant virulent (dirigé par Marian Munteanu), le discours *élitiste* (marginalisateur par sa nature même), des personnalités connues pour leur réquisitoire permanent à l'égard de la Roumanie (comme Doru Braia, ancien correspondant à Radio Free Europe) et même d'anciens cadres communistes au déclin de leur carrière et des leaders syndicaux.

La conséquence de ces habitudes de recrutement est que le renouvellement des structures institutionnelles des *passéistes* s'est fait au gré des circonstances, en improvisant selon les conjonctures et les opportunités qu'elles offraient. La stabilité interne du groupe était ainsi bien moindre que celle des autres groupes d'élites qui pouvaient mobiliser leurs alliés en fonction d'intérêts précis et d'une capacité à pouvoir compter sur ces alliés à long terme et non seulement en recueillant leurs frustrations. Ainsi, les *passéistes* qui s'évertuaient à assurer leur image d'*unité* et qui misaient sur la *loyauté* comme critère principal de construction de leur réseau politique, se trouvaient fragilisés de l'intérieur par l'inconsistance de l'engagement de leurs propres membres. Lorsque des occasions de s'affirmer individuellement apparaissent, de nombreuses élites quittent les *passéistes* : c'est le cas de certains libéraux en 1991, des *élitistes*

---

[221] Voir annexes.

en 1994, et même des *technocrates* qui s'étaient alliés au PNTCD pour gouverner mais qui parvinrent, après 1996, à se détacher partiellement de l'image d'incompétence du gouvernement.

Les *passéistes* n'ont rien retiré de cette leçon : ils se sont concentrés davantage sur le resserrement de leurs liens internes au lieu d'identifier les causes profondes de la fragilité de leurs alliances. Avec les *élitistes*, les *passéistes* ont en commun d'être le groupe le plus conformiste au niveau de la carrière politique. La concentration du pouvoir au sein d'un petit groupe de fidèles démontre leur faible taux de variance dans la mobilité politique (2,03) combiné à la plus haute moyenne (4,6) de fonctions politiques.

Pis encore, cette coutume de recruter parmi eux d'autres personnalités en fonction de leur seul mérite de s'opposer aux politiques actuelles des *technocrates* ou des *populistes-survivants* a comme corollaire d'être en contradiction directe avec le message principal des *passéistes* : la *supériorité morale*. Ainsi, le gouvernement Ciorbea, acclamé comme le premier gouvernement roumain à disposer d'un *capital de confiance, valeur morale indispensable à la réforme*[222] accueille en son sein des personnalités aussi controversées que Sorin Dimitriu, chef du FPS, sur qui planent de nombreuses accusations de corruption, et se voit même proposer la candidature d'Alexandru Bogdan (ancien membre PUNR, ancien membre PDSR) au ministère de l'Agriculture. Ridiculisant un des messages de la campagne électorale et une des promesses du *Contrat avec la Roumanie,* qui mettait de l'avant les *15 000 spécialistes* préparés par la Convention démocratique pour gérer le pouvoir, les hommes recrutés par les *passéistes* dans des fonctions administratives, après la victoire électorale de 1996, sont souvent des cadres de second ordre dont le seul mérite est d'être loyaux au parti.

Dès la première année du gouvernement de coalition (1997), de nombreux scandales éclatent, en province surtout, où une partie des employés de l'administration (les plus frivoles)

---

[222] Voir Dan PAVEL. *Leviathanul bizantin.* Iaşi : Ed. Polirom, 1998, p. 152.

se hâtent d'abandonner leur allégeance politique et s'inscrivent au PNTCD, à la grande insatisfaction des membres les plus anciens du parti[223]. D'autres, proches des leaders *passéistes,* mettent de l'avant leur loyauté au parti pour réclamer leur nomination dans des fonctions de direction au sein d'institutions qui requièrent pourtant une compétence spécialisée[224]. Enfin, les *passéistes* vont récompenser leurs alliés en leur offrant des fonctions politiques, transformant le clientélisme pratiqué par les gouvernements précédents en une pratique courante, et démonétisant du même coup le terme de *spécialiste*[225].

Les *passéistes,* ayant au départ une mentalité d'élite marginale et messianique, ont eu énormément de mal à concilier un calcul rationnel et stable de leurs intérêts avec leur idéalisme restaurateur et leurs convictions morales. Beaucoup de leurs leaders plus anciens, qui avaient connu la prison et les privations diverses durant le régime communiste, étaient tout simplement incapables de s'imaginer en train de négocier avec ceux qu'ils considéraient comme *les héritiers de leurs tortionnaires.*

Au début de 1990, bien qu'ils se retrouvent dans une opposition farouche face au FSN, ils n'hésitent pas à adopter le même comportement politique, encourageant ainsi par exemple les mouvements de rue, les manifestations d'indépendance politique et les appels au boycott des élections. Durant la même période, ils iront jusqu'à proposer à Ion Iliescu d'être candidat à la présidence au nom du PNTCD, calcul irrationnel s'il en fut[226], car à ce moment-là, Iliescu n'avait aucunement besoin des structures politiques faibles et naissantes du PNTCD pour s'imposer. Ces attitudes ont ajouté à *la confusion des électeurs de*

---

[223] *Adevărul,* 12 juillet 1997.

[224] Tel le cas de ce député (M. Ioniţă) qui demanda à être nommé au sein du Conseil d'administration de Rodae automobile, une societé privée à capital majoritaire coréen. *Naţional,* 15 juillet 1997.

[225] La presse s'empara ainsi du cas de Ion Olteanu, médecin stomatologue, accusé de fraude dans la gestion du restaurant *Primera,* et nommé directeur à la Régie nationale chargée du protocole. *Evenimentul Zilei,* 15 juillet 1997.

[226] *Jurnalul Naţional,* 29 août 1997.

bonne foi, qui en sont venus à croire que les partis politiques représentaient une forme dépassée [227].

À partir du moment où ils considèrent chaque action du pouvoir comme faisant partie d'un plan minutieux d'instauration d'un nouveau régime totalitaire, et qu'ils méprisent la légitimité des *populistes-survivants* en la mettant sur le compte d'une manipulation grossière, les *passéistes* sont incapables de dissocier les actions et les mobiles des *populistes-survivants* et ont tendance à les attribuer en gros à une *volonté maléfique. Le chemin qu'ils ont parcouru depuis 1989 en est un d'instigations et de discorde*[228], écrivait en 1991 l'éditorialiste de *România Liberă*. Les *passéistes* sont tellement persuadés de l'impossibilité morale et pratique de négocier avec ce qu'ils appellent le *Pouvoir* qu'ils ignorent ou interprètent de façon complètement fantaisiste la rivalité croissante entre *populistes-survivants* et *technocrates*. Entre 1991 et 1992, des événements aussi notables que la fracture du FSN, la chute du gouvernement Roman, les réformes économiques difficiles sont interprétés par les *passéistes* à travers la même grille analytique obsolète, celle d'un *piège tendu à la démocratie*[229] ou du *double visage d'un même monstre totalitaire.*

Selon un intellectuel proche de l'opposition, celle-ci se comportait, à l'époque du gouvernement PDSR, comme si elle représentait un électorat complètement enfantin, fanatique et irresponsable. *Pour l'opposition, le gouvernement aurait dû demander pardon de ne pas être dans l'opposition… s'excuser d'assumer la charge du pouvoir exécutif… organiser les élections et les négociations au Parlement de manière à ce que l'opposition gagne. Les médias auraient dû présenter l'image d'une opposition forte, unie, et victorieuse*[230].

Après avoir gagné les élections de 1996, l'incapacité des *passéistes* à manœuvrer leurs actions politiques d'après le calcul

---

[227] Octavian PALER. *Vremea întrebărilor.* Bucureşti : Ed. Albatros, 1995, p. 44.
[228] *Ibid,* p. 110.
[229] Voir, par exemple, *România Liberă,* 3 avril 1992.
[230] *Dilema,* N⁰ 138, 1-7 septembre 1995.

rationnel des intérêts et des coûts va rapidement paralyser l'activité du gouvernement de coalition.

Dès l'été 1997, lors des premiers heurts avec les *technocrates*, forcés de combler le gouffre entre le discours *moraliste, restaurateur* et les contraintes du pouvoir politique, les *passéistes* réagissent avec maladresse. L'expulsion du gouvernement de Valeriu Stan, un leader élitiste qui avait dénoncé les affaires de certains leaders *technocrates,* fait paraître le PNTCD et le gouvernement comme un *groupement débile, facilement manipulable, prêt à tout pour s'accrocher au roseau du pouvoir*[231]. Dans ce cas, comme dans celui de la marginalisation du sénateur C.T. Dumitrescu, ce n'est pas tant la soumission des individus à la discipline du parti qu'on critique, mais le maintien d'un discours inflexible et intransigeant du point de vue éthique, ainsi que des calculs maladroits de *realpolitik*[232].

Incapables de désigner un programme d'actions politiques communes et d'identifier ses modalités d'application avec l'appui des autres élites politiques, après 1996, les *passéistes* ont préféré s'en tenir à leur conviction intime qu'ils étaient *condamnés à gouverner* puisqu'ils représentaient autre forme de pouvoir face au communisme. À partir du moment où l'acte de gouvernement a été vu comme une fatalité et que le pouvoir politique est devenu un *héritage* offert par l'histoire, il en est ressorti que tous ceux qui contestaient la légitimité des *passéistes* étaient des ennemis. D'autre part, la légitimité étant de nature *messianique*, il en résultait qu'elle n'impliquait aucune responsabilité précise, les déficiences de l'acte gouvernemental étant à mettre sur le compte des autres élites politiques qui n'acceptaient pas l'évidence de sa légitimité. Le leader Diaconescu déclarait en 1997, donc un an après la victoire électorale du PNTCD, que *l'actuel programme de gouvernement n'est pas à mettre au compte du PNTCD puisqu'il a dû le négocier*

---

[231] *Libertatea*, 1ᵉʳ septembre 1997.

[232] Le sénateur C.T. Dumitrescru fut marginalisé par son parti pour sa lutte acharnée en faveur d'une loi favorisant le libre accès aux dossiers des cadres de l'ancienne Securitate. *Naţional*, 5 septembre 1997.

avec d'autres partis... et d'autres groupes d'intérêt[233], la négociation étant ici synonyme d'abandon de la responsabilité.

Dans ces conditions, la crise gouvernementale de l'hiver 1997, qui paralysa le gouvernement pendant de longs mois, démontra tous les aspects déficients de l'organisation des *passéistes* : intransigeance morale combinée avec des concessions sur toute la ligne, agressivité et impuissance à identifier rapidement les raisons de la crise, incapacité de séparer les individus en cause (à ce moment-là, le premier ministre Ciorbea, dont la démission était demandée par tous les médias et tous les partis de la coalition) des problèmes et des intérêts réels, gaspillage de temps et de ressources, abus de coups de force et chantages divers (comme l'utilisation de la télévision publique en direct, pour appuyer la position du premier ministre), incohérences et contradictions permanentes quant aux positions adoptées par divers leaders du PNTCD (dont celui qui allait devenir le nouveau premier ministre – Radu Vasile) et pour culminer, les déclarations répétées qu'il s'agissait d'une *crise artificielle*[234].

La crise de l'hiver 1998, pendant laquelle le PNTCD a même flirté avec l'idée de former un gouvernement de coalition avec le PDSR (alors même que la presse proche des *passéistes* attaquait avec virulence ce parti)[235] a laissé dans l'opinion publique l'image d'un parti politique moribond et fragmenté. À partir de ce moment, l'image d'unité du parti fit place à une vision dans laquelle divers leaders du PNTCD furent associés à différents groupes d'influence : certains d'entre eux se rapprochèrent des *technocrates* (par exemple le groupe de Radu Vasile) d'autres des *élitistes*, alors que la majorité *passéiste* radicalisa encore son discours. Chacun de ces groupes reçut à son tour l'appui des leaders médiatiques et économiques qui partageaient leurs intérêts.

---

[233] *Libertatea*, 2 septembre 1997.
[234] *Cronica Română*, 18 janvier 1998, par exemple.
[235] *Naţional*, 29 janvier 1998.

Les technocrates : des calculs exclusivistes et incontournables

Les *technocrates* sont des hauts cadres de l'administration financière et administrative qui se sont progressivement laissés tenter par un engagement politique. Près d'un tiers d'entre eux ont à la base un métier technique, et 30% un métier économique. Ils forment le groupe d'élites le plus compact du point de vue de l'âge : la variance standard de 8,8 années contraste avec celle de 14,5 années chez les *passéistes*. Ils sont aussi, avec 50,3 ans comme moyenne d'âge, la plus jeune (donc, potentiellement, la plus durable) des générations d'élites. Cette génération que forment les élites *technocrates* ne mise pas principalement sur des ressources d'ordre populaire (capital électoral) ou symbolique (capital médiatique ou culturel), mais plutôt d'ordre financier et institutionnel. Ils ont entretenu des relations de collaboration surtout avec les leaders politiques *populistes-survivants*.

Cependant, à la différence de ceux-ci, les *technocrates* ne doivent pas leur ascension politique à des leaders ou à une idéologie précise, mais plutôt à leur maîtrise des ressources indispensables à l'exercice de l'autorité publique. Quelquefois, ces ressources institutionnelles ou financières étaient inédites, ou nouvelles, c'est-à-dire qu'elles ne dépendaient pas directement d'une autorité délivrée par le pouvoir en place. Dans le cas du poste de télévision Pro-TV, des banques comme la BankCoop ou du Parti démocrate et de l'ApR, il s'agit effectivement de création, dans un contexte de transition économique et d'opportunités spécifiques, de sources nouvelles de pouvoir. En ce sens, l'autonomie et la marge de négociation des *technocrates* étaient plus élevées que celles des leaders *populistes-survivants, nationalistes* ou *élitistes* qui dépendaient strictement de la reconversion permanente, dans un contexte en rapide évolution, de ressources institutionnelles déjà en place.

Qu'il s'agisse d'institutions bancaires ou d'habiletés administratives supérieures, des leaders *technocrates* comme Ion Tiriac ou Theodor Meleşcanu ont converti avec régularité leurs ressources en exerçant un lobby politique efficace ou en détenant des fonctions administratives importantes. Dans le cas de leaders comme Virgil Măgureanu (directeur des Services de renseignements) ou Valentin Păunescu, représentant respectivement les intérêts de la *technocratie* de l'appareil de sécurité de l'État et de celle du monde bancaire, leur influence était tellement considérable qu'ils ont pu, sans encombre, mettre sur pied leur propre réseau d'alliés politiques et soutenir en même temps des leaders politiques *passéistes* et *populistes-survivants*[236].

Par ailleurs, le nombre de ces institutions et de ces leaders *technocrates* entrés dans la compétition politique restait très faible et relativement insignifiant par rapport à ceux des élites *passéistes* ou *populistes-survivantes*. Il est remarquable de constater que le parti démocrate a construit sa campagne électorale de 1996 en misant sur une thématique du *renouveau,* en donnant de son principal candidat *l'image d'un homme compétent représentant les nouveaux leaders du pays.* Les mêmes leaders, Petre Roman, Traian Băsescu, Adrian Severin, Alexandru Sassu, Victor Babiuc, Radu Berceanu, Bogdan Bujor Teodoriu, Bogdan Niculescu Duvăz sont à la tête du parti démocrate et les seuls à jouer un rôle dans le gouvernement après 1996. Sur les huit hommes, sept ont détenu des fonctions ministérielles dans au moins un gouvernement précédent. Cette situation diffère fort de la situation la plus fréquente rencontrée parmi les élites *technocrates* : le plus souvent, leurs membres n'ont détenu qu'une seule fonction politique.

D'autres leaders *technocrates*, comme Adrian Năstase à l'intérieur du PDSR, Theodor Meleşcanu dans le PDSR et l'ApR, ou Virgil Măgureanu dans le PNR, ont régulièrement joué un rôle important, dirigeant des ministères ou représentant des intérêts puissants dans ces partis. Leur position s'est consolidée au fil des années et leur image s'est personnalisée : ils ne sont

---

[236] Ainsi, la presse a fait grand cas des dossiers et des informations offertes par Virgil Măgureanu à Emil Constantinescu, en 1996, et a remarqué l'apparente impunité juridique de Valentin Păunescu depuis 8 ans.

plus maintenant les délégués d'une certaine faction de politiciens (plus réformiste), ils sont même devenus des leaders indispensables et incontournables dans toutes les négociations politiques actuelles.

Les élites technocrates ont dû leur ascension initiale à des compétences supérieures et à la pratique d'un discours prônant la compétition des valeurs et leur promotion. Ils ont réussi ainsi à s'affirmer au sein du FSN et des institutions de l'État, se détachant progressivement des *populistes-survivants* et attirant auprès d'eux l'appui de la technocratie financière par leur pratique d'un discours plus libéral. Leurs habitudes de renouvellement et de recrutement ne sont pas pour autant plus démocratiques que celles de leurs adversaires politiques. En fait, l'objectif principal des *technocrates* a été de se démarquer de ces adversaires (plus riches en ressources symboliques et en capital électoral) en noyautant des institutions importantes et en rendant incontournable le recours à leurs leaders politiques.

Ainsi, malgré les apparences réformistes, ni l'ApR, ni le Parti démocrate n'ont cherché à attirer auprès d'eux des élites nouvelles ou à en former à partir des leaders représentatifs de leur électorat type[237]. Les leaders du Parti démocrate, suivant les conseils du Centre d'analyse et de politique comparée dirigé par le sociologue Dorel Sandor (un proche de Petre Roman), ont axé leur campagne d'image sur leur propre promotion en tant qu'élites *compétentes* à transformer le parti en *parti du pouvoir*. Autant le bureau de presse que les décisions stratégiques sont directement dépendants de cette poignée de leaders, l'unité d'action et du parti étant préférées à toute action d'élargissement de leur réseau.

Une particularité des élites *technocrates* est leur grande mobilité entre les cercles d'intérêt politique, les institutions

---

[237] Selon un sondage de la Fondation Soros, en novembre 1997, l'électorat type de l'ApR et celui du PD se ressemblaient ; chacun était plutôt urbain, disposait d'une éducation et d'une situation financière au-dessus de la moyenne et était âgé entre 40 et 55 ans. Une autre catégorie d'électeurs très favorables à ces partis étaient les jeunes cadres (moins de 25 ans).

économiques et les différents partis. À la différence d'autres élites, les leaders *technocrates* n'hésitent pas à faire le va-et-vient entre le secteur public et privé ; certains, comme Theodor Stolojan qui a été successivement premier ministre, conseiller à la Banque mondiale et conseiller pour Tofan Group (un grand industriel roumain) illustrent bien cette mobilité qui élargit leur marge de manœuvre politique. D'autres leaders *technocrates,* comme l'ancien ministre des Finances Eugen Dijmărescu, quittent la vie politique pour se concentrer sur les affaires.

Les relations que les *technocrates* entretiennent avec d'autres élites sont en apparence plus rationnelles que celles d'autres leaders politiques. Pour certains analystes, proches des *élitistes,* il existe une véritable coalition d'intérêts entre leaders *technocrates* et leaders *populistes-survivants.* Cette coalition fonctionne selon le principe de la nomination dans des fonctions publiques et juridiques de leaders qui assurent la protection administrative des élites *technocrates,* en échange d'appuis économiques. Ainsi, le pouvoir politique resterait concentré dans les mains d'une élite identifiée grosso modo au PDSR et aux *populistes-survivants.*

Ce système, baptisé *directocratie* dans certaines études[238], souffre de deux insuffisances : il n'a jamais été démontré empiriquement et il est incapable de définir la reformulation permanente des intérêts qu'il fige dans sa prémisse. Une autre hypothèse est celle qui voit dans la *technocratie* de niveau moyen (directeurs de l'administration, directeurs de banques et directeurs d'industries) le véritable noyau du pouvoir politique qui transmet une *idéologie de la compétence technique* et s'*est opposé autant au pouvoir communiste qu'au pouvoir nomenklaturiste... post-révolutionnaire*[239].

Cette hypothèse a été reprise, à plusieurs occasions, par le président Constantinescu et par les médias[240] et elle est formulée

---

[238] Andrei CORNEA. *Directocraţia.* Centrul pentru Studii Politice şi analiză Comparată. Bucureşti, 1995.

[239] Dan PAVEL. *Leviathanul bizantin.* Iaşi : Polirom, 1998, p. 266.

[240] Récemment, durant les mouvements syndicaux des mineurs en janvier et février 1999.

comme une incapacité des leaders politiques à avoir un pouvoir réel, même s'ils détiennent une légitimité électorale.

Par ailleurs, il est difficile de découvrir chez les élites *technocrates* une capacité supérieure d'organisation qui puisse leur assurer la prééminence politique sur tous les autres leaders. Tout d'abord, les membres de la technocratie, dirigeants de niveau intérmédiaire dans l'administration publique, financière et industrielle, sont loin d'assurer un appui cohérent et indéfectible aux élites *technocrates* qui assument des rôles politiques. Les intérêts des élites *technocrates* sont différents et leurs objectifs politiques aussi, leur seul point commun étant l'accent mis sur leur *compétence technique* à travers des connaissances et des ressources qu'ils contrôlaient. Un économiste comme Sever Mureşan, responsable de la faillite de la Banque Dacia Felix qui a causé 200 millions de dollars de pertes à la Banque nationale, et un premier ministre de formation économiste comme Nicolae Văcăroiu, ont pu voir leurs carrières et leurs intérêts coïncider à un certain moment dans l'exercice d'un lobby spécifique, mais il est impossible de démontrer une collaboration ultérieure entre eux[241]. Un leader *technocrate,* comme Theodor Stolojan, s'est construit une image de redoutable négociateur avec les syndicats et bénéficie d'une crédibilité enviable auprès des institutions financières internationales, mais pendant la période où il a été premier ministre (1991-1992) et depuis son retour dans la vie publique roumaine (1998), il n'a entrepris aucune mesure politique d'envergure, n'a soutenu aucun lobby particulier et n'a pas opté pour un engagement en faveur d'une politique publique en particulier. Un autre leader *technocrate,* comme Daniel Dăianu, économiste en chef de la Banque nationale (jusqu'en 1997) et, ultérieurement, ministre des Finances apprécié par la communauté internationale, a maintenu sa crédibilité intacte en gardant un profil politique discret. Dans un cas comme dans

---

[241] Gheorghe SMEORANU. *România : jocuri de interese*. Bucureşti : Intact, p. 134.

l'autre, le rôle politique joué par ces personnalités s'est limité à une fonction de représentation institutionnelle et de gains en termes de popularité et d'image. Même dans le cas de leaders *technocrates* plus actifs, comme Viorel Hrebenciuc, ancien secrétaire général du gouvernement et Vladimir Pasti, politologue, qui ont tous deux été proches de milieux financiers (respectivement la Bancorex et le groupe GELSOR) la dimension de leur engagement politique est égale aux ressources qu'ils contrôlent personnellement : un nombre d'aptitudes, de connaissances, et d'habiletés de négociation avec des dirigeants économiques et politiques. Là encore, il s'agit de succès personnels, durables et relativement autonomes parce qu'ils ne sont pas dus au contrôle d'une institution particulière ou à l'appui d'un seul groupe d'intérêt politique. Dans un cas comme dans l'autre, ces leaders *technocrates* ont essayé, comme d'autres, de maximiser le pouvoir et les ressources d'influence qu'ils détenaient en gardant un grand nombre d'options ouvertes et en refusant de s'engager en faveur d'un projet politique plutôt que d'un autre. Cette situation est confirmée par la variance élevée du nombre de fonctions politiques détenues : 2,75, ce qui fait des *technocrates* un groupe de leaders beaucoup moins compact et moins homogène que les *passéistes* par exemple.

Une dernière caractéristique des élites *technocrates* est que leur pouvoir et leurs ambitions se limitent le plus souvent à l'exercice personnel de leurs compétences et de leurs ressources. Aucun des leaders *technocrates* connus ne s'est préoccupé de construire à son tour une base plus large de représentation, en tentant par exemple de s'associer à des professionnels, ou d'établir des institutions ouvertes qui permettent de militer pour l'inclusion d'autres personnalités ou d'autres intérêts. Des économistes tels que Théodor Stolojan ou Nicolae Văcăoroiu ont entretenu très peu de relations avec d'autres économistes. Un juriste comme Adrian Năstase s'est consacré à sa propre carrière politique, transformant les associations qu'il contrôlait[242] en institutions fermées, parfois à but commercial, mais sans jamais se préoccuper de collaborer avec d'autres juristes ou spécialistes en relations internationales. Des industriels comme Viorel Păunescu ou Dan Voiculescu ont dénaturé le but déclaré des associations (comme celle de l'Union des Industriels roumains) qu'ils dirigeaient en les faisant devenir de simples lobbies institutionnels privés. Théodor Meleşcanu, diplomate de carrière, a refusé après 1996 de participer à la mise sur pied d'une Académie diplomatique sous le patronage du ministère des Affaires étrangères, préférant se concentrer sur sa carrière de leader de parti politique. Aucun d'entre eux ne s'est intéressé à développer des relations durables avec les institutions académiques. Le seul groupe d'intérêts plus ambitieux, *Un Avenir pour la Roumanie*, réunissant des banquiers comme Mugur Isărescu, des sociologues comme Vladimir Pasti ou V. Secăreş s'est limité à créer une institution d'enseignement supérieur (L'École supérieure d'Études politiques). En somme, à l'intérieur de leurs compétences professionnelles, les *technocrates* se sont montrés exclusivistes, tout en plaidant pour une professionnalisation de la vie politique.

Les élitistes : une logique de reproduction dans une tour d'ivoire

La similarité de comportements parmi ceux qui font partie du groupe *élitiste* ne doit pas mener à la conclusion qu'à l'intérieur du groupe on assiste à une solidarité systématique. Bien au contraire, une des causes de l'échec électoral et de l'incapacité des *élitistes* à recruter des appuis hors des sphères d'activité généralement familières aux intellectuels humanistes est justement l'absence de cette solidarité. En fait, la plupart des analystes politiques en Roumanie reprochent aux *élitistes* leur

---

[242] ADIRI (Association roumaine pour le Droit et les Relations internationales) et ARD (Association roumaine pour la Démocratie).

incapacité à offrir des solutions politiques pouvant concurrencer celles qui sont offertes par d'autres partis ou groupes d'intérêt[243].

Dans le champ politique, les *élitistes* ont gardé pour la plupart les attitudes familières aux intellectuels : esprit individualiste et critique, coalitions éphémères d'intérêt, intervention de principes moraux dans le jugement des individus, etc. Gardant l'attitude critique de l'intellectuel engagé, ils ont visé aussi à la reconnaissance politique, sans être intéressés par des objectifs précis, mesurables ou sans définir des sphères d'intérêt communes à eux-mêmes et aux autres élites politiques.

Les débats permanents entretenus par les intellectuels sur des sujets comme le nationalisme ou l'Europe sont très virulents ; il s'agit de véritables compétitions pour la domination du champ symbolique, mais elles se produisent en vase clos, sans intervention d'autres élites qui ne font pas partie du groupe[244]. La prétention des intellectuels à une légitimité politique se fait donc en ignorant les ressources et les idées autres que celles proposées par leur groupe.

Plusieurs des critiques des *élitistes* à l'égard des autres élites politiques font référence au *style de gouvernement marqué par le paternalisme et l'entourage de collaborateurs dociles*[245], à l'attitude ironique, mimant l'ouverture démocratique et jouant de la ruse[246], à la *collusion néfaste des intérêts entre individus détenant des fonctions administratives, partageant les mêmes valeurs*

Voir Vladimir PASTI. *România în tranziție*. București : Nemira, 1995, p. 240-244.

[244] Voir par exemple G. ANDREESCU. *Naționaliști, anti-naționaliști*. Iași : Polirom, 1996. Dans ce livre sur le nationalisme, les six essais proposant des interprétations différentes sont écrits seulement par des proches du groupe. Comme dans *Revenirea în Europa*, Craiova: Aius, 1996 : il s'agit d'une œuvre de référence qui ne recueille que les opinions des élitistes.

[245] Voir *România Liberă, Adevărul*, 9-10 décembre 1993.

[246] Voir Octavian PALER. «Stiluri în șmecherie», *România Liberă*, 12 novembre 1993.

autoritaires, s'offrant reconnaissance et appuis réciproquement pour couvrir leurs méfaits[247].

Les mêmes accusations leur sont lancées par leurs détracteurs en ce qui concerne les procédures de recrutement, de négociations et d'ouverture démocratique.

Le processus de renouvellement et de recrutement des *élitistes* est généralement vu comme étant basé sur des relations de pouvoir et de filiation dans le domaine culturel. Les *élitistes* sont, sans aucun doute, les élites les plus éduquées (en nombre d'années) : 7,4 en moyenne.

En fait, dès les années 1970, une partie de ces élites intellectuelles ont construit, en réaction à la culture officielle soutenue par des intellectuels proches du parti, un centre alternatif d'influence culturelle, basé sur un cercle de relations fermées[248]. Nous avons vu que dans le domaine des institutions culturelles ce processus a continué après 1989 et qu'il s'est rapidement étendu au domaine des institutions publiques ou politiques. Le recrutement dans cette dernière sphère s'est fait exclusivement à partir de relations antérieures. En fait, le principal problème des élites intellectuelles est qu'elles n'ont jamais recruté de nouveaux membres provenant d'horizons professionnels éloignés des sciences humanistes ou d'autres cercles d'influence. Ainsi, sur 60 boursiers du Collège NEC (1993-1998), institution phare des élitistes, seulement 6% provenaient des sciences sociales appliquées (un seul économiste, pas de journaliste…) le reste appartenant au domaine des sciences humaines classiques. Audacieux, dans ces circonstances, de prétendre proposer un modèle interdisci-plinaire européen d'éducation supérieure moderne!

En fait, il est remarquable de constater qu'**aucune** des institutions publiques contrôlées par les *élitistes* (maisons d'édition, universités, fondations et organisations, médias,

---

[247] H.R. PATAPIEVICI. «Regimul Iliescu - un portret», *România Liberă*, 4 avril 1995.

[248] Voir Katherine VERDERY. *Compromis şi rezistenţă*. Bucureşti : Humanitas, 1995.

administration gouvernementale) n'a jamais procédé par publicité dans les journaux ou concours public pour recruter des employés. Le recrutement par voie de publicité n'apparaît pas comme un critère de respectabilité démocratique pour beaucoup d'intellectuels.

Si les *élitistes* ne sont pas seuls à procéder ainsi, aucun autre groupe d'élites politiques ne mise autant qu'eux sur l'ouverture et la libéralisation des institutions comme moteur de légitimation. Ce qui semble primer c'est le *capital symbolique* et la reconnaissance accordée par le groupe intellectuel au-delà de la valeur intrinsèque des individus (voir plus bas).

Non seulement les institutions contrôlées par les *élitistes* sont-elles fermées à un renouvellement dynamique de l'intérieur, mais elles se prêtent aussi fort peu à une évolution extérieure. Ainsi, dans les dernières années (9) en Roumanie, aucune d'entre elles n'a été transférée, vendue, soumise à un changement important de capital ou à la nomination d'une nouvelle direction.

Les institutions qui sont sous la gouverne des *élitistes* n'ont pas de personnalité propre ni d'identité publique en dehors du *capital symbolique* détenu par les proches de ceux qui les dirigent. En fait, sous bien des aspects, le *secteur de l'économie roumaine qui négocie des valeurs culturelles – maisons d'édition, librairies, journaux, revues, universités, think-tanks – est lui-même loin de l'idéal d'une économie de marché. La privatisation du secteur culturel n'a pas été différente de la privatisation de l'économie roumaine en général, où les directeurs d'entreprises et la nouvelle classe politique se sont contentés de s'approprier les entreprises commes des rentes viagères... la propriété de ces institutions est donc basée sur le principe de l'usufruit, de l'utilisation et non sur celui de disposition et de transfert*[249].

Au niveau de la capacité de négociations et d'obtention d'un consensus avec des groupes divers, les *élitistes* ont montré parfois plus d'entêtement et de fermeture que leurs adversaires.

---

[249] *Interval* (2) 1997.

En fait, l'argument le plus commun rencontré chez eux est que les *élitistes* ne forment pas – il s'en faut de beaucoup – un groupe d'influence politique équivalent à ceux de la *technocratie*, des *populistes, nationalistes,* etc., puisque les *élitistes* ont des opinions divergentes sur les questions politiques. Cet argument a comme corollaire le fait qu'entre le groupuscule du GDS, celui des littéraires humanistes, les personnalités individuelles marquantes comme O. Paler, A. Pleşu, A. Paleologu ou M. Sora et les institutions contrôlées par des intellectuels comme G. Liiceanu, N. Manolescu ou Z. Petre, il y a eu beaucoup de conflits personnels, de différences d'opinions et parfois d'animosité.

Ces différences, selon cet argument, ne permettent pas de traiter l'ensemble de ces acteurs comme un groupe défini et solidaire sur le plan de l'action et du lobbying politique. Nous croyons avoir montré que ces *élites intellectuelles* ont en commun la prétention *de faire de la politique au nom de la légitimité offerte par leur statut d'intellectuel* et de participer à la compétition politique avec des attitudes similaires, ce qui les différencie nettement des autres élites. Par ailleurs, nous ne soutenons pas que ce groupe est capable d'action unitaire et cohérente, bien au contraire, mais que l'anticipation de leurs intérêts et la définition du rôle qu'ils s'attribuent eux-mêmes dans la société sont convergentes. Les enjeux dans les disputes intervenues au sein de l'Alliance civique et aussi les mésententes récurrentes entre les personnalités membres du GDS et les intellectuels agissant dans d'autres institutions le montrent suffisamment.

Loin de constituer un argument plaidant contre la présence d'un lobby politique, il s'agit plutôt d'une preuve de l'incapacité de ce lobby d'articuler une action politique consistante, à cause de son impuissance à faire fonctionner une méthodologie cohérente d'échange politique. Le manque de flexibilité, de capacité d'adaptation et de négociation de ces élites, constituent à notre avis, une autre cause de l'échec de leur action politique à une époque où il n'y avait pas d'élites politiques qui s'opposaient à celles de la *technocratie*[250]. En fait les rivalités et les disputes personnelles ont fait des intellectuels des acteurs politiques relativement inefficaces, vulnérables à la subjectivité et extrêmement passionnés. La rupture intervenue lors de la nomination surprise d'Emil Constantinescu comme candidat à la présidence en est un exemple. Plus récemment, en raison d'un conflit antérieur, survenu alors qu'aucun d'entre eux n'avait de fonction institutionnelle, le ministre de l'Éducation nationale, Andrei Marga, a refusé de rencontrer lors d'une visite officielle effectuée à Budapest, le vice-recteur de l'Université Central-Européenne (établissement unique), le philosophe S. Antohi. Le jeu démocratique n'est joué, semble-t-il, que s'il n'oblige pas les intellectuels à négocier avec des adversaires farouches de leurs idées ; ainsi le philosophe Gabriel Liiceanu, proposé dans le conseil d'administration de la TVR (télévision nationale), a refusé de se présenter devant la commission parlementaire de l'audiovisuel, à l'époque (1995) contrôlée par le poète nationaliste A. Păunescu. Fin 1999, lorsque Valeriu Sterian, un rocker non conformiste proche des élitistes, ivre au volant, cause un accident mortel, des dizaines d'intellectuels et les principaux médias des élitistes font un lobby pour le disculper et le soustraire à l'enquête. D'une façon unanime, les institutions contrôlées par les *élitistes* refusent d'inviter des adversaires politiques à des conférences ou à des événements publics organisés.

Bien entendu, ces rivalités personnelles et cette incapacité à négocier avec des adversaires ne sont pas des caractéristiques exclusives aux *élitistes*. Simplement, proposer un nouveau système de valeurs basé sur l'ouverture libérale et faire de cet argument un enjeu fondamental de la crédibilité politique, comme l'ont fait les *élitistes,* paraît stupéfiant dans les circonstances et différent de ce que font les autres élites. Pour certains, qui prennent en compte les agissements institutionnalisés par les *élitistes*, ces derniers forment une *société fermée,*

---

[250] Vladimir PASTI. *România în tranziție.* București : Nemira, 1995, p. 244.

basée sur des groupes de prestige qui s'opposent à une société ouverte, basée sur des relations utilitaires, réglées par l'offre et la demande[251]. Ce qui est certain, c'est qu'avec la plus petite variance des fonctions politiques et professionnelles exercées (respectivement 1 et 1,35), les *élitistes* forment le groupe le plus compact et le plus homogène.

Des groupes de prestige bien définis (formés autour des centres d'influence du GDS, des revues littéraires, des universités humanistes et des institutions publiques dirigées et contrôlées par des personnalités intellectuelles) sont ceux qui choisissent délibérément et décernent la reconnaissance publique à ceux qu'ils considèrent proches de leurs idées. Sont automatiquement exclues les élites qui ont un bagage de connaissances ou un parcours professionnel différent, alors que les *élitistes,* eux, font montre d'un appétit de légitimité dans tous les domaines. Ainsi, des essayistes comme O. Paler, des professeurs universitaires comme A. Pleşu, L. Antonesei ou A. Marga, des philosophes comme H.R. Patapievici, G. Liiceanu, A. Cornea ou des écrivains comme A. Blandiana, G. Adameşteanu ou N. Manolescu jouent à fond la carte de la légitimité intellectuelle pour se prononcer publiquement sur tous les sujets de nature politique, économique, sociologique, etc.

Bien entendu, la compétition des intellectuels dans le *champ symbolique de l'interprétation de la société* (où la libre concurrence des idées et l'engagement public des intellectuels sur des sujets divers sont vus comme un comportement lié intrinsèquement au statut de l'intellectuel) ne saurait leur être reprochée. Près des deux tiers des *élitistes* ont, à la base, un métier littéraire ou artistique. Cependant, lorsqu'ils agissent comme des élites politiques proposant une légitimité intellectuelle, leur mainmise sur des institutions publiques dont la gestion est au service de la consolidation de leur influence comme groupe provoque des critiques sévères. Ainsi, à la faculté des Sciences politiques de Bucarest et dans celle des Études européennes de Cluj, dirigées

---

[251] Voir aussi *Adevărul literar şi artistic* (43), novembre 1997.

jusqu'à récemment par des intellectuels qui ont accédé à des hautes fonctions politiques (respectivement deux conseillers présidentiels et un ministre de l'Éducation) le programme d'études, d'une quarantaine de cours, ne comprend que cinq cours axés sur le droit, l'économie et l'administration publique contemporaine. Le reste appartient au domaine d'études familier aux élites intellectuelles humanistes (philosophie, histoire des idées, etc.). La mise à l'écart des cours specialisés et, par conséquent, des experts n'appartenant pas au groupe élitiste consolide la domination de la culture humaniste-littéraire, de la même façon qu'elle assure la survie du groupe en empêchant l'apparition de centres différents et qu'elle encourage le clientélisme et le manque de transparence.

Dans le domaine de l'édition et de la culture, il a été remarqué que *la priorité est de promouvoir son propre groupe... cela se fait par l'imposition et l'extension du prestige de ce groupe dans l'arène sociale... négligeant le but de l'économie de marché qui imposerait d'abord de satisfaire la demande du consommateur ... qui se trouve à réprimer ses propres fantaisies et désirs comme il le faisait à l'époque du communisme*[252]. Dans ces conditions, certains remarquent que d'autres intellectuels roumains, promoteurs de culture populaire et habiles utilisateurs de l'imaginaire public, ont obtenu une célébrité importante en répondant à la demande des consommateurs (Păunescu est l'exemple le plus fréquemment cité).

---

[252] Voir *Adevărul literar și artistic* (43), novembre 1997.

CHAPITRE CINQUIÈME

ATTITUDES FACE AUX PRINCIPAUX ENJEUX
POLITIQUES

Les nationalistes

Les *nationalistes* ont entretenu un double discours en ce qui
concerne leur engagement et leurs idées sur la démocratie.
Celle-ci n'a jamais été vue comme une priorité et une analyse du
discours nationaliste du Parti România Mare nous montre que
le mot *démocratie* n'est apparu que cinq fois dans l'année 1998
dans la presse roumaine en rapport avec ce parti. Toutefois, les
nationalistes n'ont pas hésité à accuser leurs adversaires
politiques de ne pas respecter les normes démocratiques à
chaque fois que leurs intérêts étaient en jeu. C'est au nom de la
démocratie que le poète Păunescu est intervenu pour la libération
de Nicu Ceauşescu détenu, selon lui, dans des conditions
inhumaines à la suite d'un procès *politique*. C'est au nom de la
démocratie que le sénateur Vadim Tudor a accusé ses adversaires
d'intenter des procès politiques contre lui, de menacer la sécurité
nationale et d'encourager la corruption. ...*Sous le couvert de la
démocratie, une contrebande de cigarettes est organisée à l'échelle
nationale par les proches du président Constantinescu*[253].

Les *nationalistes* sont d'avis que le discours sur la démocratie
utilisé par leurs adversaires politiques (spécialement les
technocrates, les libéraux et les élitistes) n'est qu'une propagande
visant à affaiblir la force et l'unité nationale et à servir des
intérêts particuliers. Entre 1989 et 1996, alors que les

---

[253] *Azi,* 7 mai 1998.

nationalistes étaient près du pouvoir politique, puisqu'ils y participaient indirectement, leur critique de la démocratie était articulée autour des arguments suivants : la démocratie culpabilisait l'armée et les services de sécurité, elle menaçait les acquis de la politique d'indépendance nationale de Ceauşescu et elle affaiblissait l'unité nationale[254]. Deux années plus tard, les appels à la dictature allaient être multipliés dans le Parlement par les leaders nationalistes. Après 1996, le discours nationaliste allait évoluer, réclamant avec l'insistance l'organisation d'élections anticipées (seule solution démocratique aux révoltes populaires), accusant le président Constantinescu et le gouvernement de *menacer l'ordre constitutionnel issu de la volonté populaire – démocratique – avec leurs intrigues et leur trahison de l'intérêt national*[255].

Qu'ils soient extrémistes ou modérés, les *nationalistes* se sont montrés systématiquement légalistes, bien entendu, quand leurs intérêts politiques le réclamaient. Ainsi, pour nombre d'entre eux, les événements de 1989 constituaient avant tout *un renversement de l'ordre constitutionnel, une menace contre les lois existantes* et, par conséquent, ceux qui avaient participé à ces mouvements de rue étaient *aussi coupables que ceux qui les avaient réprimés en respectant les ordres reçus*[256]. À ces arguments, s'ajoute l'opinion – largement répandue dans les cercles militaires – que les événements de Timişoara ont impliqué des services secrets étrangers (hongrois et soviétiques) qui avaient pour mission de provoquer une intervention extérieure en Roumanie.

Le goût pour la légalité est surtout exprimé lorsqu'il s'agit de défendre la sécurité nationale ou les prévisions constitutionnelles. Les *nationalistes* incriminent régulièrement les élitistes et les conservateurs-restaurateurs pour leurs sympathies monarchistes et demandent, à plusieurs reprises, l'instauration

---

[254] *România Mare*, 4 octobre 1991.

[255] *Cronica Romanā*, 5 janvier 1998.

[256] *Pro-Patria*, été 1990, et *Cotidianul*, 14 décembre 1998, pour des versions similaires (à quelques années de distance) du même argument.

de la censure pour les *attitudes anticonstitutionnelles*[257]. La minorite magyare est particulièrement visée et accusée de promouvoir la *fédéralisation du pays*[258] ou d'*œuvrer pour acheter la Transylvanie*[259].

Dans le domaine de l'économie, les *nationalistes* ont mis au point un discours particulièrement efficace au cours des années. En fait, comme le montrent les sondages, une bonne partie du capital de sympathie des leaders nationalistes est dû à leur image de *personnalités inccorruptibles* et préoccupées du *bien-être de la majorité de la population*[260].

Les attitudes des *nationalistes* sur le développement économique sont à la fois extrêmement simplistes et très ambitieuses. Au fil des années, les PRM s'en est pris régulièrement à la corruption des leaders politiques qui *appauvrissaient la Roumanie* alors que le PUNR a concentré ses critiques sur la discrimination économique dont souffraient les Roumains en Transylvanie, deux thèmes particulièrement populaires dans l'opinion publique. Pratiquement chaque nouvelle initiative législative de libéralisation économique a été contestée par les nationalistes : la privatisation des terres, des sociétés commerciales, les crédits d'impôts, par exemple, toutes ces choses sont *des dangers car elles masquent l'asservissement de l'économie roumaine*[261]. Les leaders médiatiques, particulièrement populaires dans *Adevărul* ou *Cotidianul* utilisent la même rhétorique nationaliste pour critiquer les problèmes

---

[257] *Ziua*, 9 janvier 1998.

[258] *Libertatea*, 20 mai 1997.

[259] Selon le PUNR, il existe une stratégie bien mise au point pour faire passer les principales richesses de la Transylvanie sous contrôle hongrois, étape préliminaire avant le démantèlement du pays. *Cronica Română*, 5 juin 1997.

[260] Selon *Metro-Media*, et le sondage effectué en novembre 1998, 84% des Roumains étaient insatisfaits de l'action du gouvernement au niveau de la protection sociale et 1% seulement des Roumains estimaient que les partis nationalistes (PUNR/PRM) avaient des leaders corrompus (comparativement à 17% et respectivement 10%, qui estimaient que les leaders de la CDR et du PDSR étaient corrompus).

[261] *Cronica Română*, 20 janvier 1998.

d'application des nouvelles législations économiques et ont beau jeu pour critiquer les injustices et les irrégularités saisies.

Les *nationalistes* ne manquent pas d'arguments pour critiquer l'involution économique du pays. Toutes les analyses prouvent que la répartition des coûts sociaux de la transition est inégale ; une majorité de gens s'appauvrit alors qu'une minorité s'enrichit rapidement[262]. Cette minorité forme souvent une clientèle du pouvoir politique auquel les *nationalistes* ne sont jamais associés dans l'opinion publique.

Au niveau pratique, les *nationalistes* initient des projets de loi pour limiter les marges de profits des distributeurs de produits alimentaires de base[263] ou demandent une supervision plus stricte des privatisations en dénonçant des irrégularités. Sur ce terrain, ils sont quasiment les seuls à s'exprimer, les autres élites politiques étant directement impliquées dans le gouvernement ou prônant au contraire une libéralisation plus rapide.

Devant la diversité des intérêts économiques, les *nationalistes* prêchent sans surprise pour l'intérêt national. Le volontarisme économique, les mesures prises à la demande des organisations internationales ou pour satisfaire les intérêts des lobbies sont considérés comme autant de maladresses ou de fautes ayant des conséquences dramatiques sur l'état de l'économie nationale[264]. Le rôle de l'État devient, dans cette perception, celui de coordonnateur de la politique économique, de garant d'une législation protectrice des industries nationales.

La solution de rechange proposée par les *nationalistes* est une hypothétique mais ambitieuse troisième voie de capitalisme populaire qui vise à assurer à la fois l'indépendance et la souveraineté nationale, la prospérité du plus grand nombre, le dynamisme économique et le maintien d'industries stratégiques. Si les objectifs sont louables, ils n'ont pas le mérite d'être soutenus par des arguments ou des solutions pratiques. En fait

---

[262] Voir *Anuarul Statistic al României, 1995-1998.*
[263] *Evenimentul Zilei*, 25 mars 1998.
[264] Fundaţia România de Mâine, *Starea naţiunii.* Bucureşti : Ed. Fundaţiei România de Mâine, 1996, p. 104-105.

de programmes, les *nationalistes* se font remarquer par de grands appels à la renaissance économique du pays et aussi par la publication de nombreuses études sur le potentiel historique et les ressources naturelles disponibles de l'économie nationale. Des exhortations en faveur du développement de la classe moyenne, d'une culture économique populaire participative et du partage équitable des richesses nationales sont aussi très fréquentes.

Lorsque ces propositions sont réunies dans un programme économique, cela s'appelle simplement *unité dans la prospérité* (chez le PRM), ou *la sortie du gouffre* (chez les nationalistes de droite). On y propose des solutions aussi rocambolesques que le paiement par l'État d'intérêts annuels à chaque citoyen roumain, le calcul d'investissements sur la base des profits à venir grâce à une *gestion patriotique des richesses,* la création de millions d'emplois dans les industries de haute technologie, le calcul de la valeur ajoutée par ces nouvelles entreprises, l'émission de bons et d'emprunts à des taux non spéculatifs, etc.[265].

En ce qui concerne la politique extérieure, les *nationalistes* sont particulièrement sensibles à la soumission de la Roumanie aux intérêts économiques étrangers. La politique menée par Ceauşescu est fréquemment idéalisée, comme un exemple de compétence et d'indépendance par rapport aux deux blocs d'alliance militaire. Le rôle joué par la diplomatie roumaine dans les crises du Moyen-Orient et dans les affaires de désarmement est souvent cité, alors que le culte de la personnalité de Ceauşescu est plutôt perçu comme la conséquence intérieure du succès de sa politique extérieure. Des universitaires et des journalistes partagent largement cette opinion soutenue dans un ouvrage publié par une fondation proche des nationalistes : *en fait la politique extérieure de la Roumanie a apporté une contribution remarquable à l'érosion de la confrontation Est-Ouest, au dépassement des rigidités Est-Ouest et à la préparation de la*

---

[265] Voir Constantin COJOCARU. *Ieşrea din Prăpastie.* Bucureşti : Bravo Press, 1998 et la brochure *Unire în Belşug,* Fundaţia România Mare, 1998.

détente, spécialement ... par l'établissement de relations diplomatiques avec la RFA en 1967 et par l'adhésion au FMI et à la Banque Mondiale[266].

Si le rôle actif de la Roumanie dans les affaires internationales est prôné par les *nationalistes,* leur discours est, par ailleurs (et paradoxalement), assez isolationniste. En fait, ce discours puise dans la vision qu'entretiennent généralement les *nationalistes* quant au rôle et à la place de la culture roumaine dans le monde. Convaincus de l'unicité et de l'importance de ses ressources, les *nationalistes* ne peuvent s'expliquer le sous-développement du pays autrement que par la théorie d'un complot international. Il en résulte donc un mélange assez hétéroclite d'idées sur l'héritage spirituel de la Roumanie (pour les intellectuels nationalistes), un mysticisme universaliste (comme dans la littérature de Pavel Coruţ), une rhétorique agressive contre les principaux voisins de la Roumanie – responsables de l'avoir dominée pendant des siècles – et une admiration pour les leaders politiques qui ont mené une politique d'indépendance (particulièrement Ceauşescu).

Par conséquent, les *nationalistes* identifient beaucoup d'ennemis de la Roumanie et aucun allié. La Hongrie constituera longtemps la cible idéale, à la fois pour des raisons historiques et à cause du rôle important joué par la minorité hongroise du pays et le danger d'irrédentisme qu'elle pose. La Russie et l'Ukraine sont aussi accusées régulièrement du crime le plus grave aux yeux des nationalistes : l'occupation de territoires roumains, alors que les pays occidentaux sont généralement critiqués pour avoir *abandonné la Roumanie aux mains des soviétiques/communistes.*

À tout propos, la Hongrie est décrite par les *nationalistes* comme le pire ennemi de la Roumanie, parfois en liaison avec une mystérieuse coalition restauratrice centrale-européenne à laquelle se seraient joints les intellectuels élitistes roumains, les

---

[266] Fundaţia România de Mâine, *Starea naţunii.* Bucureşti : Ed. Fundaţiei România de Mâine, 1996, p. 116.

Habsbourg et la maçonnerie internationale, parfois seule, au nom d'anciennes traditions guerrières, *non européennes*. Chacune des actions revendicatrices de l'UDMR (parti de la minorité hongroise), comme le refus d'arborer le drapeau roumain dans les mairies des villages sous la gouverne de ce parti, les conflits dans les communautés locales et l'intimidation des responsables de l'État est perçue comme faisant partie d'un plan bien orchestré de Budapest pour faire *exploser la marmite en Transylvanie, provoquer les Roumains et faire intervenir les casques bleus, avant de fédéraliser la Roumanie*[267].

Si les *nationalistes* ont été virulents à l'égard du gouvernement PDSR (surtout pendant ses derniers mois, en 1996, lors de la signature du traité avec la Hongrie), la nouvelle coalition CDR-UDMR (après 1996) entraîne une radicalisation de leur discours et une augmentation de leur popularité. Le message des *nationalistes* est simple : les leaders politiques qui soutiennent les intérêts de l'UDMR manquent de dignité, sont antinationaux et les droits de la minorité hongroise sont suffisamment garantis ; il est donc grand temps de se préoccuper des intérêts de la majorité romaine.

Le soutien aux Roumains vivant au-delà des frontières du pays est un cheval de bataille important des *nationalistes*, alors que ce problème est complètement ignoré par d'autres politiciens. Les journaux nationalistes consacrent de longues pages à décrire la situation catastrophique de ces Roumains d'Ukraine ou de Hongrie et certains (comme *Adevărul*)vont même jusqu'à se préoccuper spécialement du sort des *minoritaires roumains* des deux départements de Transylvanie, dominés à 90% par la population d'origine hongroise et forcés d'apprendre le hongrois pour y vivre. Le PUNR initie de nombreux projets de loi et des règlements visant à protéger les Roumains de l'étranger[268] et encore plus de projets de loi et de

---

[267] *Radio România Actualități*, 1ᵉʳ août 1997.
[268] Obtenant, par exemple, de doubler le budget du département gouvernemental chargé de la défense des Roumains de la diaspora, *Național*, 22 mai 1998.

règlements pour protéger les intérêts locaux contre les investisseurs hongrois. Curieusement, aucun des leaders *nationalistes* ne sera intéressé à la défense des intérêts de la diaspora roumaine établie en Occident comme la rétrocession de leurs propriétés ou la proposition de mesures visant à encourager leur retour au pays. À ce niveau, les attitudes nationalistes sont bien inspirées de la politique officielle de l'époque communiste qui considérait, en Roumanie, les émigrés établis en Occident comme des traîtres à la patrie, leurs voyages au pays comme des missions d'espionnage et encourageait l'émigration d'une main-d'œuvre très qualifiée (comme celle de la minorité allemande).

L'Ukraine et la Russie sont les autres grands ennemis des nationalistes roumains. La figure du maréchal Antonescu, libérateur de la Bessarabie et martyr de la lutte contre *les barbares des steppes,* est particulièrement présente dans la mythologie des *nationalistes*. La signature du traité avec l'Ukraine est une nouvelle occasion de revendiquer les territoires de la Bukovine et de condamner un acte de *trahison nationale* des gouvernants. Selon un leader nationaliste, l'abandon de ces terres, l'acceptation du diktat de Staline – choses que les communistes n'ont pas osé faire pendant 50 ans – a été légitimé par le premier gouvernement démocratique roumain[269]. Quant à la Moldavie, les *nationalistes* la considèrent automatiquement comme une partie intégrante de la Roumanie et sont les seuls à avoir offert un appui constant au développement des intérêts nationaux roumains dans ce pays.

La position des *nationalistes* par rapport à l'intégration euro-atlantique est aussi assez hétéroclite. D'un côté, toutes les mesures visant au renforcement des capacités et des alliances militaires du pays sont vues comme souhaitables, le PUNR militant même pour l'achat de coûteux hélicoptères de combat américains[270]. Par ailleurs, la signature de traités avec la Hongrie

---

[269] TVR 1, 22 mai 1997.
[270] *Curentul*, 18 août 1998.

ou l'Ukraine en vue du rapprochement de l'OTAN est considérée comme une erreur capitale même si, dans les circonstances, la seule proposition de rechange des nationalistes est l'appel à la *dignité nationale*[271]. Le nouvel ordre international, dominé par les valeurs occidentales, est fréquemment dénoncé, à la fois comme *décadent*[272] et comme *arrogant*. Les gouvernements roumains sont accusés par le PRM de soumettre et de vendre le pays aux intérêts étrangers, alors que les institutions internationales sont démasquées comme ayant un plan précis d'affaiblissement et d'appauvrissement de la Roumanie[273]. Le leader du PRM menace de *pendre les représentants du FMI le jour où il sera élu président*, alors que le même parti n'hésite pas à envoyer un mémorandum à ces institutions internationales, mémorandum dans lequel il accuse le gouvernement roumain et ses institutions d'État d'*écraser avec une violence extrême les revendications ouvrières*[274] et de *démanteler l'ordre constitutionnel* (en fait de préparer la mise hors la loi du PRM)[275]. La guerre du Kosovo a signifié aussi pour les *nationalistes* roumains l'occasion de préciser leur propre définition des relations avec les États occidentaux : aucun leader nationaliste n'a appuyé la politique occidentale, désormais considérée comme *fasciste* et *impérialiste*. Les médias d'orientation nationaliste ont contribué à la diffusion des sentiments hostiles à l'action occidentale[276] largement majoritaires dans l'opinion publique.

---

[271] *Libertatea*, 10 juillet 1997.

[272] Voir, par exemple, la position des quotidiens *Adevărul* et *Cotidianul* sur la civilisation et la culture américaines, en 1997.

[273] Congrès PRM, 8 novembre 1997.

[274] Communiqué de presse PRM, 24 avril 1997.

[275] *Adevărul*, 27 avril 1997.

[276] Spécialement la télévision Antena 1 qui diffuse depuis le printemps 1999, à des heures de grande audience, des émissions occidentales critiques de la Roumanie et propose des talk-shows par la suite. Les plus virulents ont été enregistrés pendant la guerre du Kosovo et en août 1999, avec la diffusion du *Frère trahi*, un film français, financé par la Commission européenne, montrant l'image d'une Roumanie imaginaire, totalitaire, qui massacre sa minorité hongroise.

Les *nationalistes* montrent beaucoup de sympathies aux pays qui sont en marge du système international ou qui affrontent des problèmes similaires à la Roumanie. Si l'expérience des pays d'Europe centrale comme la République tchèque ou la Pologne n'est guère prisée, le sort de la Yougoslavie (et particulièrement de la Serbie) est longuement discuté dans les médias nationalistes. Des leaders nationalistes effectuent des voyages dans des pays comme l'Irak ou la Lybie[277] et accueillent des leaders des partis d'extrême droite européens (comme Jean-Marie Le Pen) décidés à soutenir l'alliance des *nations contre le modèle de la pensée unique*.

Les populistes-survivants

Le développement démocratique du pays est d'abord pour les élites *populistes-survivantes* une expérience personnelle. Confortant leur insatisfaction d'avoir été longtemps asservies à un système dictatorial qui ne leur donnait pas accès aux décisions importantes, et convaincus de mériter par leur expérience l'ascension au pouvoir, elles accueillent la démocratie comme un événement naturel. *Tout est logique et prévu : les masses n'ont plus qu'à se précipiter dans cet océan de certitudes.* Dans ces conditions, au cours des premiers mois de 1990, le discours officiel vient à l'appui des médias proches du pouvoir et affirme qu'il n'est *pas grave que le pouvoir provisoire soit devenu parti et État sans se soumettre au processus démocratique.* Le ralliement d'institutions administratives, l'organisation des élections, la condamnation des actions déstabilisatrices (Place de l'Université), tout est propre à *une douleur à nous. Une histoire à nous. La forme de son déclenchement n'a aucun repère comparatif, soit dans l'espace géographique, soit dans l'espace historique. Inutile de regarder les autres. Inutile de regarder le passé*[278].

---

[277] *Ziua*, 8 mai 1998.
[278] Alina MUNGIU. *Românii după 1989*. Bucureşti : Humanitas, 1995, p. 230.

Il semble que, dans ces circonstances, les élites *populistes-survivantes* aient d'abord été étonnées de découvrir une forme d'opposition qui met en cause leur propre légitimité à gouverner parmi les élites politiques. Pour les *populistes-survivants* du début de 1990, l'opposition née de la compétition entre les attentes diverses de la population était gérable et acceptable : ils se sont montrés prêts dans un premier temps à conforter celle-ci avec des mesures de subventions pour se différencier du régime précédent et gagner des voix. Confrontés à l'opposition ultérieure de la rue, les *populistes-survivants* ont utilisé le bâton ou la carotte. Cependant, lorsqu'ils découvrirent l'opposition au sein des élites dirigeantes (reprentées au début dans le CPUN ensuite dans le Parlement, les médias, etc.), ils n'étaient prêts à *aucun compromis sur la question de la direction du système politique*[279]. Ainsi, au long de l'année 1990, les *populistes-survivants* ont-ils développé une image du système politique dans laquelle le développement et la démocratisation du pays n'étaient concevables que dans un *consensus* sur leur domination du système politique, sur la prééminence de l'expérience, du rang, des valeurs qu'ils représentaient par rapport aux valeurs prônées par les autres élites politiques.

À partir de 1991, le développement démocratique du pays devient pour les élites *populistes-survivantes* une question de *pacte social* – et de *réconciliation nationale*[280] – afin d'obtenir la collaboration de tous dans la mise en place des réformes établies. *L'instabilité, les intérêts personnels qui vont à l'encontre de l'intérêt de la majorité de la population, l'ambition politique personnelle* sont les principaux adversaires de ce développement harmonieux, contrôlé par les *populistes-survivants*. La Constitution de 1991 est ainsi vue comme le triomphe des valeurs démocratiques défendues par le pouvoir et préparées par le gouvernement du FSN. Plus important encore, ses prévisions

---

[279] Vladimir PASTI. *România în tranziţie*. Bucureşti: Nemira, 1995, p. 157.
[280] Voir Ion ILIESCU. *Revoluţie şi Reformă*. Cluj : Ed. Enciclopedică, 1994, p. 144.

légales sont estimées comme étant compatibles *avec l'horizon des attentes de la majorité de la population... elles confirment le programme révolutionnaire... et offrent à la société roumaine un support législatif sur lequel modeler son développement*[281]. La meilleure solution est donc celle de la préservation de l'univers des certitudes.

Au fil des années, la conception des *populistes-survivants* par rapport à l'évolution politique du pays tient compte à la fois du caractère inéluctable des changements et du renforcement des autres forces politiques. Les changements sont désormais vus comme impliquant *l'ensemble des composantes et des dimensions sociales... le système politique et social, les institutions, les relations sociales, les organisations de la société civile, les formes d'organisation, les modes de vie et les mentalités*[282]. Les nouveaux dangers pour la démocratie ne sont plus le communisme mais les nostalgies de toutes sortes, surtout passéistes, le dirigisme autoritaire[283], le chaos, le désordre, la crise des autorités, les extrémismes (libéralistes ou nationalistes) et l'omission des attentes de la majorité de la population.

Le message exprimé est le suivant : dans des conditions difficiles et confrontés à l'opposition politique, les *populistes-survivants* ont dirigé et informé le pays à travers les moments les plus durs de la réforme et ils ont construit les principaux mécanismes démocratiques du pays. L'État de droit, les valeurs démocratiques, la séparation des pouvoirs dans l'État, les libertés individuelles, les droits accordés aux minorités, l'apparition de la société civile, la liberté d'expression, le pluralisme, le retour aux traditions interdites par le communisme (religion, traditions nationales) sont autant d'étapes accomplies. *L'objectif essentiel de la révolution de décembre 1989 – la transition de la dictature vers la société démocratique a été*

---

[281] *Ibid*, p. 164-166.

[282] Voir *Programul PDSR 1996-2000*. Bucureşti, 1996.

[283] Condamné à la fois chez les élites politiques et les élites médiatiques qui le pratiquent. Voir Ion ILIESCU, *Revoluţie şi Reformă*. Cluj : Ed. Enciclopedică, 1994, p. 238 et *Adevărul*, 10 novembre 1996.

atteint[284]. Le message corollaire est, bien entendu, que ceux qui ont dirigé ces changements sont les plus aptes à cause de leur dévouement et de leur expérience, à assurer la sauvegarde et le développement de ces acquis.

Cette vision de la démocratie et du développement de la Roumanie ignore deux éléments importants de politique : la question d'autres choix et l'importance de la justice. En fait, pour les *populistes-survivants,* la modernisation de la Roumanie n'est pas une question impliquant des coûts et des responsabilités diverses, selon les choix politiques adoptés, mais une simple question d'intégration de nouvelles institutions. Pour eux, les différences entre la société roumaine et les sociétés occidentales sont : *1) de nature législative et institutionnelle, la législation et les institutions roumaines subissant les distortions du régime politique communiste* et *2) de nature graduelle comme dans le cas des technologies et des indicateurs économiques*[285]. Les implications et les conséquences diverses de l'adoption de l'une ou de l'autre desdites législations, institutions ou des mesures nécessaires à la démocratisation sont ignorées ou analysées superficiellement au moyen de préoccupations générales, simplistes, faisant appel à l'*intérêt de la population, à la stabilité sociale, etc.* Une attitude similaire est observée en ce qui concerne la question de la justice ; celle-ci est généralement négligée au profit de considérations sur le caractère *flagrant des inégalités.*

Pour les *populistes-survivants,* l'économie est liée aux notions de distribution, de contrôle, de dirigisme social. À aucun moment, leur vision sur la réforme économique n'a été purement libérale, les différentes réformes économiques étant adoptées à contre-cœur, sous la pression d'impératifs de politique extérieure et sous la pression des autres élites (spécialement technocratiques).

---

[284] *Programul PDSR 1996-2000.*
[285] Vladimir PASTI, Mihaela MIROIU, Cornel CODITA. *România-starea de fapt.* Bucureşti : Nemira, 1997, p. 22.

Là où les *populistes-survivants* proposent un modèle nouveau de développement économique, ils le font en soutenant la mise en place d'un système de capitalisme d'État dans lequel les leviers économiques sont utilisés à l'appui et sous le contrôle des institutions politiques pour le bien-être théorique de la majorité. Le processus de réforme économique adopté par tous les pays de l'Est a été freiné en Roumanie par une politique de petits pas dans la libéralisation des prix et par le manque de transparence dans le processus de privatisation et de distribution des richesses.

La seule méthode de privatisation qui s'est révélée relativement rapide a été celle appelée MEBO, qui privilégiait les négociations directes entre l'État et la direction des unités économiques, soit précisément celle qui a permis aux *populistes-survivants* de maintenir et de développer leurs relations[286].

Cette méthode de développement d'un nouveau type de capitalisme (appelé aussi parfois *capitalisme rouge* et présent dans tous les pays de l'Est) liant le contrôle politique à l'exploitation des entreprises d'État a été défini par certains analystes comme la *privatisation de la directocratie*[287]. Les *populistes-survivants* qui en furent les principaux bénéficiaires, avec les *technocrates,* n'ont pas érigé en théorie ce modèle, pas plus qu'ils n'ont jamais montré de préférence soutenue pour la promotion d'un système particulier de développement économique. Le modèle asiatique ou *autoritaire* de développement, – qu'une partie de leurs adversaires considéraient comme étant devenu l'objectif des *populistes-survivants* – n'a jamais été pris au sérieux par ceux-ci. Ni les investissements dans la recherche et la technologie, ni la création de grandes entreprises nationales, ni la promotion d'une éthique de travail communautaire, ni la mise en place de barrières tarifaires n'ont attiré l'intérêt des *populistes-survivants*. La méthode adoptée d'accumulation de ressources se basait

---

[286] «Rezultatele programului de privatizare în masă» dans *Sfera Politicii.* N° 59, avril 1998, p. 8.
[287] «De la party hacks aux nouveaux riches» dans *Sfera Politicii.* N⁰ 59, avril 1998, p. 13-17.

uniquement sur l'existence de relations personnelles et d'appuis politiques (particulièrement nécessaires pour la protection judiciaire des entreprises douteuses financièrement). Ce n'est ni le développement de la classe moyenne, ni la défense de la propriété privée qui sont devenus des objectifs, mais la simple accumulation primitive des ressources de l'État. Il s'agissait donc d'un fonctionnement économique soumis aux exigences politiques, caractérisé fondamentalement par le manque de transparence, d'information et de responsabilisation quant aux exigences économiques publiques.

Ce système de fonctionnement économique comportait de surcroît une législation pléthorique et dissuasive à l'égard du développement de la libre entreprise. Le désengagement de l'État comme propriétaire (et donc comme responsable) du bon fonctionnement des entreprises du secteur public a créé une situation paradoxale et a été la source d'un désastre profond : *soudainement, pour une bonne partie de l'économie roumaine, personne n'était publiquement responsable de son administration*[288]. Le seul rôle de l'État est devenu celui d'actionnaire majoritaire et responsable de la privatisation éventuelle des entreprises, mais non de leurs résultats et de leur gestion.

Mis sur pied par le gouvernement de 1990, ce système s'est maintenu jusqu'en 1997, parce qu'il *correspondait aux intérêts de la clientèle politique des technocrates* et *des populistes-survivants*[289]. Le manque de transparence et d'information sur le rythme réel des privatisations et le refus de définir pendant sept ans la notion de *domaine public* – une loi dans ce sens aurait permis de savoir précisément ce qui appartient à l'État, ce qui revient à l'administration locale et ce qui est privatisable et donc de clarifier la juridiction concernant les biens – a donc encouragé les confusions, les abus administratifs et a rendu impossible l'identification des responsabilités précises qui en découlaient.

---

[288] «Proprietatea - o problema neclară în România», *Sfera Politicii* , N⁰ 61, juillet-août 1998, p. 32.
[289] *Ibid.*

L'intérêt des *populistes-survivants* a donc été de maintenir les structures économiques qui les avantagaient dans les négociations avec les *technocrates* et de saboter la mise en place de réformes de nature à encourager le développement d'une classe influente économiquement qui leur aurait été hostile. Pour cette raison, un des aspects de la politique économique qui a fait l'unanimité de façon durable chez les *populistes-survivants* a été la question de la rétrocession des propriétés privées et de la clarification du statut juridique des anciennes propriétés confisquées par l'État.

De manière systématique, la justice et le pouvoir politique se sont prononcés contre les mesures de rétrocession des biens locatifs et industriels aux anciens propriétaires, en adoptant des mesures législatives qui ne maintenaient même pas le *statu quo* de l'époque Ceaușescu et qui allaient jusqu'à permettre le transfert de ces propriétés au bénéfice de la *nomenklatura* reconvertie[290]. En 1994, le procureur général de la République, un proche d'Iliescu, déclarait même *qu'il était préférable de défendre les nouveaux propriétaires, plus vulnérables, tandis que les anciens propriétaires s'étaient désormais faits à l'idée de la perte définitive de leur propriété*[291].

Par la manipulation des ressentiments et des craintes de la population, ces élites politiques ont fait du retour des anciens propriétaires et d'une *privatisation sauvage* un des chefs d'accusation principaux à l'égard de l'opposition. La crainte d'ouverture et de perte de pouvoir politique qui s'ensuivit[292] s'est conjuguée, sur le plan économique, par le sabotage des réformes nécessaires à la mise sur pied d'un système de propriété privée fonctionnel et efficace. Ainsi le retour à la propriété agricole individuelle, présenté comme une des plus grandes réussites du gouvernement entre 1990 et 1994, n'a pas été accompagné d'une législation sur la privatisation de l'outillage agricole des

---

[290] «Proprietatea - o problemă neclară în România», *Sfera Politicii*. N° 61, juillet-août 1998, p. 30.

[291] *România Liberă*, 4-5 août 1994.

[292] *Sfera Politicii*. N° 29-30, juillet-août 1995.

anciennes coopératives d'État, ce qui a contribué à la création d'une agriculture de survie. *Cela a isolé la terre et les paysans de toutes les composantes indispensables à une agriculture moderne et, dans la même mesure, les a séparés de la société*[293]. Pendant ce temps, le système de distribution et d'achat des produits agricoles est resté un monopole d'État. En l'absence d'une loi sur la circulation des terres agricoles, le discours *populiste-survivant* a eu beau jeu de se plaindre de la *fragmentation hâtive des propriétés agricoles qui va à l'encontre d'une agriculture moderne*[294].

Un autre aspect typique de cette collusion entre intérêts économiques et politiques protégés par la justice est le scandale lié aux schémas d'investissements pyramidaux mis en place entre 1993 et 1996. Plus de 600 de ces pyramides financières ont été organisées avec la bénédiction de la justice et du ministère du Commerce. Lors de leurs faillites spectaculaires (qui ont ruiné plus d'un million de personnes), il a été révélé que les principaux bénéficiaires de ces pyramides étaient des commandants militaires, des représentants politiques et judiciaires du pouvoir.

Le silence de la justice est édifiant au sujet de ces escroqueries dont la télévision publique et les médias ont assuré la promotion[295].

Enfin, au niveau du discours, les préférences économiques des *populistes-survivants* sont doubles : la condamnation des inégalités et des conséquences néfastes de la réforme subies par la majorité de la population et la propagation de déclarations extrêmement simplistes et générales. Ainsi, le PDSR se déclare publiquement offensé par la situation des quelque 200 villas appartenant au protocole de l'État et accaparées par des leaders

---

[293] Vladimir PASTI, Mihaela MIROIU, Cornel CODITA. *România-starea de fapt.* Bucureşti : 1996, Nemira, p. 51.

[294] Ion ILIESCU. *Revoluţie şi Reformă.* Cluj : Ed. Enciclopedică, 1994, p. 219.

[295] En 1993, plusieurs émissions de la TVR (unique chaîne publique nationale) ont présenté I. Stoica, le patron du plus fameux de ces jeux, *Caritas,* comme l'iniateur d'un nouveau système économique assurant la prospérité au plus grand nombre.

politiques, même si le scandale en question les concerne aussi[296]. À une autre occasion, le président du groupe parlementaire PDSR rallie son parti à une généreuse démarche visant à réduire les salaires des parlementaires, mais passe sous silence les conflits d'intérêt nés de leur appartenance aux conseils d'administration des entreprises de l'État[297]. Enfin, la plate-forme politique du PDSR insinue que *la liberté reste formelle en l'absence de la prospérité* et prévoit *l'augmentation des revenus de la population et de son pouvoir d'achat... l'utilisation de la main-d'œuvre et la création de nouveaux emplois... la garantie d'un niveau d'existence décent pour les catégories sociales défavorisées... dans les conditions d'une croissance économique non inflationniste*[298]. Aucune solution concrète n'est proposée à l'appui de cette potion magique.

Depuis 1996, les *populistes-survivants* ont critiqué la politique économique menée par le gouvernement CDR-PD mais, à aucun moment, ils n'ont rendu publique une autre solution ou un programme économique. Tout aussi édifiante est la décision prise par l'Institut national d'économie (institution publique dirigée par des proches du PDSR) de produire une analyse critique du programme économique proposé par la Convention, mais de négliger de concevoir leur propre programme économique ou d'évaluer les promesses électorales du PDSR en termes économiques[299].

Si, sur le plan économique, les *populistes-survivants* ont collaboré avec les *technocrates* pour s'assurer des intérêts communs, sur le plan de la politique nationale, les positions des *populistes-survivants* ont, le plus souvent, été proches de celles des *nationalistes*.

---

[296] *Adevărul* 10-11 mai 1994. La propriété illégale de ces villas était partagée, dans des proportions égales, entre anciens hauts fonctionnaires du régime Ceauşescu, élites technocratiques (PD surtout) et élites PDSR.

[297] Adrian NASTASE. *Ideea politică a schimbării*. Bucureşti : Regia Autonomă Monitorul oficial, 1996, p. 204-206.

[298] *Platformă program PDSR 1996-2000*.

[299] Vladimir PASTI, Mihaela MIROIU, Cornel CODITA. *România - starea de fapt*. Bucureşti : Nemira, 1996, p. 80.

En 1990, les *populistes-survivants* ont utilisé un discours nationaliste pour discréditer les solutions différentes proposées par l'opposition (et ses leaders rentrés d'exil). Ce discours a aussi utilisé la plupart des clichés verbaux et images communes inculquées pendant la période communiste[300] par la culture officielle protochroniste.

Les *populistes-survivants* ont d'abord utilisé ces arguments nationalistes parce qu'ils étaient les plus familiers à la majorité de la population et parce qu'ils leur offraient une légitimité politique initiale. Après les élections, la position des *populistes-survivants* sur la question nationale s'est nuancée à cause des responsabilités qui leur revenaient en tant que nouveau pouvoir politique.

Sur le plan de la politique extérieure, le discours nationaliste s'est remodelé dans le sens d'une grande ouverture (voir plus bas). Sur le plan intérieur, les *populistes-survivants* se sont vu dépasser par l'apparition des élites *nationalistes,* plus véhémentes dans leurs revendications et ont commencé à osciller entre la tentation de promouvoir un *nationalisme réaliste*[301] et celle de gagner une crédibilité nationaliste aux dépens des *nationalistes* les plus extrémistes. Concrètement, cela s'est traduit par une hostilité permanente à l'égard des revendications des *nationalistes minoritaires* (UDMR), par la mise en place de rituels politiques *nationalistes populistes* (spécialement des cérémonies) et par la condamnation systématique des politiques *antinationales* menées par les élites politiques de l'opposition (libérales, élitistes, technocratiques, etc.). Enfin, les *populistes-survivants* accordent un soutien constant aux efforts d'intégration euro-atlantiques, mais expriment des réserves importantes face à la politique étrangère des pays occidentaux. La domination économique du pays, la politique occidentale

---

[300] Voir Katherine VERDERY. *Compromis şi rezistenţă*. Bucureşti : Humanitas, 1995.
[301] La formule appartient au directeur du quotidien *Adevărul*, l'experimenté D. Tinu, formé à l'école du parti.

dans les Balkans, le rôle de gendarme international joué par les États-Unis sont régulièrement dénoncés[302].

Les passéistes

Lorsque le régime de Ceauşescu s'écroule, en décembre 1989, aucune force politique n'est prête à le remplacer, à l'exception des *mandarins* de rang intermédiaire que nous avons désignés sous l'appellation de *populistes-survivants*. L'opposition, regroupée autour d'un noyau d'intellectuels (les *élitistes)* et de quelques partis politiques et associations récemment fondés (les *passéistes*), n'a pas de projet politique à proposer.

Pour les *passéistes*, dont les premiers leaders rentraient d'exil ou avaient souffert de nombreuses années d'emprisonnement, la lutte pour la légitimité politique se fait au nom de l'antithèse *communisme-anticommunisme*. Le combat pour la récupération des institutions politiques, dominées par les *populistes-survivants* est placé dans la la logique de cette dualité. Ainsi, une minorité légitime (les *passéistes*) représente le droit hérité des institutions traditionnelles, alors que tous les autres groupes d'intérêt sont illégitimes parce qu'ils ont participé au démantèlement de ces institutions. La démocratie devient alors synonyme de *restauration* des valeurs et des institutions que seuls les *passéistes* connaissent légitimement ; les autres élites du pays ne peuvent participer à sa reconstruction puisqu'ils représentent des intérêts hostiles à cette restauration. Dans cette bipolarité forcée, il n'y a ni négociations possibles ni de légitimité supérieure à celle qui est historique ; on en vient même à contester la validité des opinions exprimées par la majorité de la population (élections ou question de la monarchie) puisque celle-ci était nécessairement *manipulée*.

La bataille pour la démocratie devient ainsi une lutte pour la restauration d'une légitimité traditionnelle, les partis formés par

---

[302] Particulièrement après le début du conflit en Yougoslavie (mars 1999).

les *passéistes* ayant comme rôle de *mimer la fonctionnalité politique et de fonctionner dans l'espace public comme des symboles*[303] .

L'absence de projet politique et l'orientation vers une rhétorique de forme restauratrice est à l'origine de l'échec électoral des *passéistes* et de leur incapacité prolongée à organiser un réseau d'influence politique élargi. Le véritable enjeu des années 1990 à 1992, en Roumanie, ne fut pas le procès du communisme comme le souhaitaient les *élitistes,* ni la restauration d'une légitimité historique, comme le voulaient les *passéistes,* mais la réorganisation des rapports et du système de pouvoir. Sans projet politique en ce sens, misant sur *le plus-que-parfait idéatique des années d'avant le communisme* ou sur *l'imparfait des tentatives de coups de force et des manifestations*[304], les *passéistes* ont laissé le présent libre à l'action politique des *populistes-survivants.*

Après l'échec électoral de 1992, les *passéistes* vont s'efforcer de développer une stratégie de conquête plus pragmatique du pouvoir politique. Ils vont peu à peu faire évoluer leur discours de manière à intégrer une série de promesses électorales et offrir à la majorité de la population ce qu'elle attend : ordre, autorité, stabilité, subventions généreuses, espoirs d'amélioration de la situation[305]. Bien que le discours *passéiste* devienne ainsi plus réaliste, on continue de miser sur la bipolarité : démocratie/totalitarisme, cette dernière catégorie comprenant toutes les autres élites politiques. On impute au gouvernement et à l'administration toutes les déficiences de la société roumaine : corruption, violence, grèves diverses et jusqu'aux événements climatiques. On propose aussi le portrait type d'un leader communiste reconverti au capitalisme sauvage, qui réunit tous les défauts de son éducation idéologique et de la transition : *ancien cadre de l'administration locale communiste... devenu député*

---

[303] Daniel BARBU. *Şapte teme de politică românească* Bucureşti : Ed. Antet, 1998, p. 99.
[304] *Ibid.*
[305] Vladimir PASTI, Mihaela MIROIU, Cornel CODITA. *România : Starea de Fapt.* Bucureşti : Nemira, 1997, p. 210.

ou préfet... avide de richesses... corrompu... humble envers ses chefs, arrogant envers les subalternes... patriote dans les vers et internationaliste dans les affaires[306].

Face à ces ennemis de la démocratie, les *passéistes* proposent l'héritage de leur tradition morale et l'exemple de leur lutte pour la restauration politique. Les leaders *passéistes* se montrent sceptiques face *aux instances internationales ...* et définissent la morale chrétienne-démocrate comme un *code visant à filtrer les législations politiques et économiques... selon des critères de durabilité, d'honnêteté, d'humanité.* En somme, on souligne le facteur *déterminant que constitue l'homme et sa personnalité, clef de voûte de la pensée chrétienne-démocrate*[307].

Ainsi la démocratie en vient à être représentée par des hommes qui incarnent, avec leurs vertus, le destin du pays. Parmi les figures symboliques, récupérées dans l'histoire, se trouvent les rois Ferdinand ou Carol 1er dont les qualités de *leader proche des gens... humain, autoritaire, sage... généreux* reflètent un des mythes les plus familiers de la conscience roumaine, repris par tous les régimes politiques depuis le XIXe siècle : celui du prince idéal[308] dont le peuple n'est pas toujours digne. D'autres leaders historiques, encore vivants, comme le roi Michel, deviennent un symbole de la démocratie et sont investis de la mission sacrée de Sauveur, celui qui doit faire revenir le pays à son identité *réelle*[309]. C'est dans leur expérience et leur charisme que résident les garanties de la démocratisation du pays, et nullement dans les institutions ou l'abstraction législative. Le caractère formateur de l'expérience morale et

---

[306] «Scoala de vară pentru mass media : Eforie Nord - 10-12 août 1995». Repris dans *România Liberă*.

[307] Gabriel TEPELEA. *Din gândirea creştin-democrată românească* Bucureşti : Ed. PNTCDCD, 1995, p. 5-7.

[308] Lucian BOIA. *Istorie şi mit în conştiinţa românească*. Bucureşti : Humanitas, 1997, p. 242-244.

[309] D'où le slogan *La monarchie sauve la Roumanie*. Voir Mihai COMAN, «La ritualisation de la visite du roi Michel 1er à l'occasion de Pâques» dans *Analele Universităţii Bucureşti*, Istorie, 1993-1994, p. 79-89.

historique de ces leaders est le gage de la démocratie et la meilleure arme morale, politique, sociale contre le communisme[310]. Enfin, lorsque les *passéistes* accèdent aux fonctions publiques, ils ne le font pas pour soutenir un projet précis ou au nom de leur électorat ; il s'agit plutôt de l'*accomplissement du but et des convictions pour lesquels ils ont lutté toute leur vie*[311].

De même, lorsque les *passéistes* sont confrontés à des crises d'autorité dans l'exercice de leurs pouvoirs politiques, la référence à la démocratie devient l'alibi le plus utilisé pour justifier leur intolérance ou leur incapacité à trouver une solution négociée. En février 1998, en plein milieu de la crise politique qui menaçait de faire éclater la coalition et dont l'enjeu était la démission du premier ministre Ciorbea, un leader politique comme Vasile Lupu mentionnait *qu'il ne s'agissait de rien de moins que de la survie de la démocratie*[312].

Sur des sujets aussi sensibles que l'accès libre aux dossiers de la Securitate (qui aurait permis de découvrir le passé politique des politiciens contemporains) ou la clarification du rôle joué par l'armée dans les événements de décembre 1989, les leaders *passéistes* se contredisent et se montrent inconséquents. Bien qu'on déclare que la vérité, la justice et la transparence sont des valeurs fondamentales du programme politique et moral du PNTCD[313] on n'entreprend aucune action qui puisse menacer la tranquillité des officiers de l'armée, s'assurant ainsi de leur appui et de leur loyauté dans la défense de la démocratie[314].

Après 1996, les analystes sont généralement d'accord que la politique économique pratiquée par la coalition de la Convention démocratique ne peut être considérée comme

---

[310] Voir, par exemple, l'article de A. Pleşu à la mort de C. Coposu dans *Dilema*, N⁰ 149, 17-23 novembre 1995.

[311] Déclaration de Ion Diaconescu dans Graziela BARLA, *Personalităţi publice-politice*. Bucureşti : Holding reporter, 1994, p. 55.

[312] *Curierul Naţional*, 14 février 1998.

[313] Ion Diaconescu sur le rôle contestable de l'armée dans les événements de décembre 1989. *Dimineaţa*, 7 avril 1998.

[314] Voir la position du ministre PNTCDCD de la Défense, Constantin Dudu Ionescu, lors des événements de février 1999.

libérale. La campagne électorale de 1996, placée sous le symbole du *Contrat avec la Roumanie* avait vu la Convention démocratique déployer une offre populiste en termes de propositions économiques. On assurait les électeurs qu'en deçà de 200 jours, le nouveau gouvernement allait éliminer les impôts agricoles, assurer l'illumination des rues, paver des routes, construire des foyer étudiants etc., et ceci sous peine de démission immédiate[315].

À la fin de janvier 1997[316], le nouveau gouvernement Ciorbea, flanqué de représentants des institutions internationales, déclare sa détermination d'entreprendre un programme radical de mesures économiques tout en condamnant la lenteur et les hésitations réformistes des gouvernements précédents. Deux années plus tard, le bilan est maigre mais il n'est étonnant que pour la presse étrangère[317] qui connaissait moins bien le penchant des *passéistes* pour les mesures économiques populistes, centralisatrices et leur manque de connaissance des règles de l'économie de marché.

En effet, les *passéistes* ont toujours regardé d'un œil méfiant les propositions de politique économique avancées par les autres élites politiques. En 1991, ils n'ont pas hésité à se prononcer vigoureusement contre la première loi de privatisation, demandant par exemple une protection accrue pour le capital autochtone jusqu'à ce qu'il puisse concurrencer le capital étranger[318], et plaidant pour une version *populaire et nationale* de cette privatisation. Ils se sont aussi régulièrement prononcés contre le caractère diligent de la privatisation, préférant la soumettre à un *large débat démocratique* et désavouant la création d'institutions d'État chargées de la politique

---

[315] Voir *Contractul cu Românâ*. Manifeste politique du PNTCDCD (1996).
[316] TVR, émission spéciale, 29 janvier 1996.
[317] *Business Central Europe*. Février 1999.
[318] Gabriel Tepelea, vice-président du PNTCDCD.

économique parce qu'ils les soupçonnaient de servir les intérêts de leurs adversaires politiques[319].

Les *passéistes* ont toujours été plus à l'aise dans la pratique d'un discours politique populiste, restaurateur et moralisateur que dans celle détaillant des mesures concrètes de réformes. Lors de la campagne électorale de 1992, certaines des personnalités de la Convention démocratique ont laissé une impression de naïveté et de manque de connaissances économiques lors des confrontations directes avec les candidats plus expérimentés du PDSR[320].

Les leaders *passéistes* ont beaucoup de mal à cacher leur aversion pour la nouvelle classe d'hommes d'affaires issus de la technocratie financière et administrative. Ils se prononceront à plusieurs reprises contre ce qu'ils appellent le *mélange malsain des affaires et de la politique*, critiques qui visent généralement des leaders *technocrates*[321]. On leur repprochera à leur tour de manquer de pragmatisme et de passer sous silence les avantages personnels qu'ils obtiennent en protégeant des affaires illégales.

Manquant de doctrine et de compétences économiques, les *passéistes* réagissent à ce qu'ils ressentent comme une domination des institutions économiques par leurs adversaires politiques en changeant, dès qu'ils en ont l'occasion, les directeurs de ces institutions. Que ce soit dans les entreprises d'État ou dans les institutions publiques chargées de l'administration économique, après 1996 les *passéistes* cherchent à remplacer ou à s'attirer la coopération des directeurs de celles-ci en faveur d'appui politique[322]. Ils finissent aussi par adopter les pratiques observées chez les autres élites politiques : soutien des entreprises déficitaires en échange de faveurs économiques,

---

[319] Domnita STEFANESCU. *Cinci ani din istoria României.* Bucureşti : Ed. Maşina de Scris, 1995, p. 153.

[320] Émission «*Campagne électorale présidentielle*» , 7 octobre 1992.

[321] *România Liberă*, 16-18 mai 1996.

[322] Voir par exemple *Evenimentul Zilei*, 25 juillet 1998 pour une description des efforts du PNTCDCD et du PNL de dominer les conseils d'administration de régies autonomes d'État.

coopération avec la technocratie administrative et financière (particulièrement au niveau des institutions publiques). La nouvelle administration, soutenue par les politiques économiques adoptées par les *passéistes,* poursuit aussi les coutumes antérieures : protection des entreprises d'État, durcissement de la fiscalité, subventions. Afin de s'attirer l'appui de cette administration, les *passéistes* choisissent la libéralisation des prix et l'augmentation de la fiscalité au détriment de la politique de collection des taxes. En refusant de faire l'effort social et politique d'une amélioration de la discipline fiscale, les *passéistes* disposent après 1996 d'un moyen d'influence efficace sur la technocratie financière et industrielle, imitant en cela les agissements de leurs concurrents politiques[323].

Les élites *passéistes* sont généralement nationalistes en ce qui concerne la politique culturelle, l'héritage des traditions et la pratique d'un discours historiciste. En fait, comme nous l'avons vu plus haut, ils cherchent dans l'histoire du XIXe et du XXe siècle les principaux arguments de leur légitimité politique. En opposant au discours communiste récupérateur de l'histoire leur propre discours récupérateur, ils proposent d'autres héros. Leur panthéon est peuplé par la dynastie monarchique (Carol Ier, Carol II, Ferdinand et Michel) et par les héros de la bourgeoisie libérale et leur idéologie est celle de la *modernisation rapide, des rapports plus étroits avec l'Occident* et de la *création d'une véritable élite nationale*[324]. Cette dernière conviction vient se poser en opposition aux *fausses élites communistes* et permet d'occulter les thèmes majeurs de l'identité nationale, comme les divisions et les scissions à l'intérieur de l'élite politique d'avant-guerre, la répression de 1907 contre les paysans, l'alliance malheureuse avec l'Allemagne, le niveau médiocre de développement de la Roumanie d'entre les deux guerres. L'histoire nationale des

---

[323] Voir *Intreprinderi și bănci în dificultăți financiare. Perspective pentru restructurarea intreprinderilor.* București : Centrul pentru Studii Politice și analiză comparativă, 1997.
[324] Voir Lucian BOIA. *Istorie și mit în conștiința Românească.* București : Humanitas, 1997, particulièrement les deux derniers chapitres.

passéistes passe aussi sous silence l'apport du communisme en termes de bouleversements sociaux et de modifications économiques et psychologiques ; l'histoire récente est évoquée uniquement sous la forme de témoignages, de souvenirs et de dénonciations, particulièrement des crimes et des goulags que ce passé proche a engendrés[325]. Enfin, la sauvegarde de l'identité nationale passe nécessairement par la réappropriation des mythes comme le rôle *sauveur* du roi Michel, par l'éloignement des *communistes* des structures politiques et par l'intégration européenne.

Les technocrates

Les élites *technocrates* doivent leur engagement politique aux changements intervenus après 1989. À cette époque, dans un contexte de changement institutionnel, les nouveaux leaders politiques ont cherché l'appui des *technocrates* pour pouvoir dominer l'appareil d'État et organiser le gouvernement. Les *technocrates* ont connu ainsi leurs premières expériences de gouvernement public non pas grâce à une légitimité électorale, mais grâce à un concours de circonstances. Certains d'entre eux, comme le groupe proche de Petre Roman ou le futur directeur du poste de télévision Pro-TV, ont immédiatement été nommés dans des fonctions ministérielles.

Pour les élites *technocrates*, l'expérience de l'ouverture démocratique est d'abord une expérience de mobilité professionnelle et institutionnelle. Ils sont avant tout préoccupés de transformer les institutions nouvellement fondées ou celles dont ils ont pris la charge en mécanismes efficaces de pouvoir. L'objectif principal est de retrouver un État répondant à la

---

[325] Ainsi la collection publiée par Ion IOANID, *Inchisoarea noastră cea de toate zilele*. Bucureşti : Ed. Albatros, vol 1-5, entre 1991 et 1996, ou les témoignages des leaders politiques du PNTCDCD publiés dans les éditions de la Fondation Iuliu Maniu, après 1995.

normalité, identifié comme étant *la clé de la modernisation*[326], qui est éventuellement opposé aux *tentations totalitaristes, bolchéviques ou communistes.* Quoi qu'il en soit, qu'il s'agisse d'*adopter les institutions existantes* (services de sécurité, pouvoir juridique...) ou d'en *créer de nouvelles* (commission de surveillance bancaire, télévisions...), les *technocrates* se servent de l'argument de la *fonctionnalité nécessaire* pour justifier l'apparition et la manifestation de leur influence politique dans ces institutions. Le modèle européen ou occidental est souvent invoqué lorsqu'il faut justifier des investissements supplémentaires dans ces institutions ; dans ce cas, le discours prend une teinte plus libérale chez certains *technocrates.*

Le retard dans la démocratisation du pays et le rythme lent des changements est mis sur le compte de l'*absence de solutions de remplacement au gouvernement,* du manque d'*une infrastructure pragmatique et managériale* et du *fonctionnement de certains partis comme des institutions... autonomes... clientélistes... sans représentation sociale*[327]. Nulle part est-il fait référence à la responsabilité envers le public, à la création d'une culture participative ou aux obligations qui reviennent aux leaders *technocrates* dans la transformation institutionnelle. La démocratie devient ainsi un système nouveau de référence, *inaccessible aux anciens activistes politiques*[328], et l'État, une infrastructure de la société qui se trouve en pleine reconstruction et qui est l'enjeu de la concurrence entre élites *technocrates* (qui ont des solutions) et *élites politiques* (qui ont des réflexes idéologiques). La société civile, le renouvellement institutionnel et la participation des citoyens à la prise des décisions sont relégués au rang de priorités secondaires. Le discours libéral est rapidement abandonné.

---

[326] Petre ROMAN. *România, încotro?* Bucureşti : Fundaţia Ion Aurel Stoica, 1995, p. 17-18.
[327] Virgil MAGUREANU. *Studii de sociologie politică românească* Bucureşti : Albatros, 1997, p. 172-173.
[328] Vartan ARACHELIAN. *Faţă în faţă cu Petre Roman.* Bucureşti : Cartea Românească, 1996, p. 110.

La majorité des élites *technocrates* a une expérience de gestion économique de haut niveau. En effet, une étude récente a démontré que l'élite entrepreneuriale roumaine, à la fin des années 1990, est formée en grande partie de *technocrates* qui ont développé avant 1989 un ensemble d'atouts comme les relations, l'activité dans le commerce extérieur, une expérience de management supérieur[329]. Comme ailleurs en Europe de l'Est, sur les cinq catégories d'entrepreneurs identifiés, seuls ceux qui étaient très actifs dans l'économie souterraine et ceux qui étaient de hauts fonctionnaires d'État ont réussi à transformer leurs réseau informel en ressources pour le développement d'entreprises à succès[330].

En fait, les élites *technocrates* roumaines ne sont pas nécessairement les plus libérales, ni les plus compétentes dans le domaine économique, mais elles ont certainement un point commun : l'aptitude à développer un réseau informel et l'expérience du management supérieur à l'époque du communisme.

Leurs visions économiques sont nécessairement influencées par le bagage de leur formation professionnelle. Pour un homme d'affaires comme Viorel Cataramă, fondateur du groupe Elvila et politicien actif, la culture entrepreneuriale signifie avant tout la construction *d'un groupe d'influence économique et politique, qui fasse abstraction des... soucis des actionnaires provoqués par la campagne médiatique dirigée contre lui... parce qu'il est le seul politicien compétent, économiquement parlant*[331]. Lorsque son fonds d'investissement (SAFI) s'écroule à cause de graves malversations et de fraudes internes, sa réaction est de se

---

[329] Marian ZULEAN. *Emergenţa elitei antreprenoriale*, dans *Revista de cercetări sociale*, N⁰ 2, 1996. L'étude montre, par exemple, que 78% de la variation du revenu actuel (plus élevé que la moyenne des entrepreneurs) est explicable par les variables utilisées comme prédiction : relations, expérience de management, activité dans le commerce extérieur, logement supérieur, âge moyen.

[330] Steven SAMPSON. *«Money without culture, culture without money»*, in *Anthropological Journal of European Cultures,* vol 2, Spring 1993.

[331] Entrevue, 5 septembre 1997, avec Pia Luttman, assistante de direction du groupe Elvila.

présenter d'abord comme un *financier des partis politiques* et des *leaders politiques qui ont profité de lui*[332]. Les perdants seront les dizaines de milliers de petits actionnaires.

L'exemple est répété par des dizaines d'autres *technocrates*, chacun justifiant, à son niveau, sa compétence managériale et misant sur l'image d'une *élite entrepreneuriale roumaine nécessaire* pour couvrir les nombreux scandales de malversations, de crédits non remboursés et de fraudes. L'homme d'affaires George Pădure, candidat à la mairie de Bucarest, proche de Dan Voiculescu avant de rejoindre le parti libéral (printemps 1999), financera sa campagne électorale avec une souscription d'actions pour l'ouverture d'une chaîne de magasins (GEPA) qui n'aura jamais lieu. Les frères Păunescu entretiennent une campagne médiatique permanente dans leur quotidien (*Curierul Naţional*) au cours de 1998 en répondant aux accusations de fraude par des articles vantant le luxe et la qualité des hôtels qui leur appartiennent et promettant même des projets de développement à Bucarest[333]. Il n'est fait ainsi aucune différence entre l'intérêt public (la Bancorex est une banque d'État) et l'intérêt privé de quelques politiciens.

Certains des représentants des élites *technocrates* sont pourtant des économistes avisés et leur implication politique peut être vue comme la conséquence d'une frustration prolongée ressentie à l'égard de l'administration de l'économie nationale. Pour Daniel Dăianu, l'ancien économiste en chef de la Banque Nationale, qui a été pendant une courte période ministre des Finances, il faut chercher la cause du déclin économique du pays dans le *déséquilibre organisationnel* : incapacité des politiciens à promouvoir une politique efficace, pressions populistes, mauvaise connaissance des mécanismes nécessaires à la réforme, fonctionnement imparfait ou déformé des institutions économiques publiques et manque de crédibilité

---

[332] *România Liberă*, 16-18 mai 1996.
[333] Comme le projet du Financial Plaza, derrière l'hôtel Lido, qui n'a jamais été approuvé par la Commission du développement urbain de Bucarest mais qui est continuellement présenté comme un vaste investissement.

et de vision dans l'application des politiques économiques[334]. L'engagement politique de ce dernier se présente comme une action de réparation d'une politique économique qu'il estime déplorable, mais il ne saurait compenser le déficit institutionnel.

À l'autre extrême des pôles politiques, un *technocrate* comme Nicolae Văcăroiu, ancien premier ministre (1992-1996), estime qu'il est nécessaire de protégér les industries nationales et les intérêts des capitalistes roumains. Ses opinions viennent ainsi rejoindre et soutenir le point de vue des *populistes-survivants* : qu'il s'agisse de la méfiance envers les investisseurs étrangers, du rôle de l'État dans le développement d'une politique industrielle nationale, du soutien aux investisseurs roumains, il considère qu'une symbiose entre pouvoir politique et pouvoir économique national est nécessaire. Il va jusqu'à apprécier le rôle joué par la Bancorex et la collusion d'intérêts existant entre son ancien directeur[335] et les cercles politiques : *lorsqu'une banque fait circuler plusieurs dizaines de milliers de milliards de lei... on peut fermer les yeux sur quelques commandites... au bénéfice d'institutions publiques... ou de fondations* (proches du pouvoir)[336]. Il ne fait ainsi aucune différence entre l'intérêt public (la BANCOREX est une banque d'État) et l'intérêt privé de quelques politiciens.

L'influence des élites *technocrates* dans la politique publique s'est fait sentir d'une manière accentuée au chapitre des politiques économiques. Les raisons de cette influence tiennent à l'apparition de toute une série de nouvelles institutions[337] économiques et à la mise sur pied d'une série d'institutions publiques chargées directement de la politique économique de l'État : Fonds d'investissement chargés de la privatisation (au

---

[334] Voir Daniel DAIANU, *Transformarea ca proces real.* Bucuresti : Irli, 1997.

[335] Răzvan Temeşan, un proche du PDSR.

[336] Gheroghe SMEORANU. *România : jocuri de interese.* Bucureşti : Intact, 1998, p. 134.

[337] Le *Romanian Financial Director,* Bucureşti : Fin media, 1998, comptait 107 nouvelles institutions financières, bancaires et associations économiques diverses apparues après 1990 en Roumanie.

nombre de cinq), Fonds de la Propriété d'État, quatre agences gouvernementales, deux registres publics.

Les élites *technocrates* qui ont opté pour une carrière politique se sont retrouvées concentrées autour de ces nouvelles institutions qui avaient l'avantage d'être centrales, de supposer une collaboration permanente avec les politiques publiques et de ne pas être intégralement contrôlées par d'autres élites (comme c'était le cas des institutions militaires, de l'administration locale ou des institutions académiques).

Les cas les plus sensibles et les plus considérables en termes d'effet sur les politiques publiques sont les fonds de la propriété d'État. Le FPS (Fonds de la Propriété d'État), principal propriétaire des entreprises publiques (à 70%) et chargé de leur privatisation a longtemps été accusé de compter en son sein une majorité d'employés membres du PDSR et de militer pour le ralentissement de la privatisation. Malgré les discours régu-lièrement réformistes de ses directeurs, mettant l'accent sur *la compétence des employés... l'accélération de la privatisation... la supervision et l'encouragement des entreprises d'État profitables... la fin du soutien aux entreprises déficitaires*[338], le FPS est resté une institution peu transparente qui a exercé un lobby permanent auprès du gouvernement, intervenant à plusieurs reprises dans la modification de la législation économique. Notons enfin qu'aucun fonctionnaire du FPS n'a jamais été poursuivi en justice pour corruption malgré les innombrables articles accusateurs de la presse. Enfin, Sorin Dimitriu, député PNTCDCD, ex-président du FPS, ex-secrétaire d'État au ministère des Industries (1991-1992), ex-ministre de la Privatisation (1997) et le général V. A. Stănculescu, ancien ministre de la Défense reconverti dans l'exportation d'armement, sont accusés directement par les médias d'avoir mis sur pied une escroquerie de grande envergure. À travers la création d'entreprises fantômes, ils auraient prélevé des commissions de 3% sur les transactions

---

[338] *Capital,* 20 février 1997. Entrevue avec Sorin Dimitriu, alors président du FPS.

externes d'un géant de l'économie roumaine, le combinat sidérurgique Sidex[339] qui se trouvait sous l'administration du FPS et qui a ainsi été poussé vers la dégringolade économique[340]. En ce qui concerne les cinq fonds d'investissements publics qui représentent le programme de privatisation de masse, qui sont officiellement détenus par des millions d'actionnaires roumains et qui contrôlent 30% des avoirs des entreprises publiques, pendant cinq ans ils n'ont versé aucune dividende et n'ont présenté aucun rapport d'activité.

Dans le cas du FPS comme dans le cas des fonds d'investissements publics, les élites *technocrates* qui les contrôlaient se sont contentées de jouer le rôle de propriétaire commode, sans assumer la responsabilité de propriétaire, sans administrer ces entreprises, et en offrant leurs bénéfices aux différents partis politiques[341].

D'autres élites *technocrates* se sont préoccupées d'assurer le contrôle des nouvelles ressources créées, même s'il fallait pour cela agir en contradiction avec la politique du gouvernement dont ils faisaient partie. Le cas le plus récent est celui des leaders du parti démocrate qui insistent (en 1999) sur la création de caisses d'assurances spéciales pour le ministère des Transports et de la Défense (qu'ils dirigent) mettant ainsi en péril la réforme du système d'assurances de santé publique qui vient à peine de démarrer.

Au-delà de ces attitudes qui reflètent le positionnement personnel et les intérêts politiques et financiers des élites *technocrates*, celles-ci se déclarent d'une façon quasi unanime en faveur de réformes économiques. Le développement du marché libre, le respect de la propriété privée, le fonctionnement efficace des mécanismes de l'offre et de la demande, l'établissement d'une série de règles standardisées et équitables visant à

---

[339] Chiffre d'affaires : 1 Mds $/an en 1998, plus de trente mille employés.
[340] Dossier Balli, dans *România Liberă*, 16 février 1999.
[341] *Sfera Politicii*, N⁰ 61, 1998.

normaliser la vie économique sont les objectifs déclarés de la plupart des élites *technocrates* qui ont une vocation politique[342].

Les élites *technocrates* ont tendance à être moins imbues du nationalisme politique et culturel familier aux autres élites politiques. En fait, de par leurs fonctions, ces élites se sont trouvées en première ligne du commerce et des relations internationales. Des leaders comme Petre Roman, Daniel Dăianu, Theodor Meleşcanu, Mircea Coşa ou Sorin Dimitriu ont étudié et travaillé à l'étranger. Cette aise dans les relations extérieures a une autre particularité : non seulement elle touchait généralement des domaines inconnus aux autres élites (comme les *élitistes*), mais elle impliquait aussi une connaissance de l'Europe occidentale et de l'Amérique du Nord, régions généralement méconnues par les élites *nationalistes* ou *passéistes*. Enfin, les domaines habituels des *technocrates,* soit l'industrie, le management international, les finances, le droit international étaient aussi plus vastes et plus nombreux que ceux maîtrisés par les *élitistes*. En somme, par leur formation et leurs relations, les élites *technocrates* sont plus proches d'une culture corporative internationale qu'ils estiment et recherchent. La plupart d'entre eux ont publié, enseigné ou vécu à l'étranger où ils retournent régulièrement pour se ressourcer ou regagner une crédibilité politique locale (le cas de Théodor Stolojan).

La seule forme de nationalisme adopté constamment par les élites *technocrates* est le nationalisme de nature économique. D'une manière régulière, des hommes politiques, comme Viorel Cataramă, ou des industriels, comme Dan Voiculescu, plaident pour un relâchement des conditions fiscales et une politique *économique nationale qui soutienne les investisseurs autochtones*[343]. Les *technocrates* sont unanimes à reconnaître la supériorité du mode d'organisation de l'économie occidentale et à regretter le

---

[342] Voir la similarité des programmes de Mişu Negriţoiu (*Revista de cercetări sociale*, N⁰ 3, 1996) et celui de Mircea Coşa, deux économistes qui ont tous deux fait partie du gouvernement PDSR avant que le second rejoigne l'ApR...

[343] Voir, par exemple, l'entrevue de Viorel Cataramă dans *Cronica Română*, 13 janvier 1998.

sous-développement de la Roumanie. On ne trouve, chez eux, aucune nostalgie quant à la défense d'une identité culturelle ou d'une culture héritée du communisme ou appartenant à une époque révolue (comme chez les *populistes-survivants* ou les *passéistes)*. Fréquemment, les *technocrates* font référence au besoin *d'organiser* avec des *objectifs politiques* le *nationalisme*. Pour Adrian Năstase, il s'agit de proposer *une offre nationale compétitive... de se poser en concurrent face aux partis nationalistes ... et de mener une politique moderne... sans clichés historiques... une politique de reformulation de l'identité nationale*[344]. Pour Nicolae Văcăroiu, il s'agit avant tout de *réaliser que l'interdépendance... et l'économie globale... font que la Roumanie risque de perdre son indépendance économique et de se transformer en une colonie*[345]. Afin d'éviter cela, il faut soutenir en priorité le développement des industries locales et se montrer méfiant en ce qui concerne la perte de souveraineté économique et politique.

Les élites *technocrates* se sont montrées plus habiles que d'autres élites politiques dans la manipulation de l'imaginaire national. Des hommes d'affaires comme Viorel Cataramă (patron du groupe Elvila), Ion Tiriac (banquier, investisseur) ou Adrian Sârbu (directeur du poste de télévision Pro-TV) ont manifesté un soin attentif pour de ne pas apparaître aux yeux de l'opinion publique comme des *hommes d'affaires internationaux,* mais plutôt comme des *hommes d'affaires roumains d'envergure internationale.* Leurs succès ont été présentés comme des succès roumains, bien que certaines des entreprises qu'ils contrôlaient[346] aient été détenues en majorité par des actionnaires étrangers. Le poste de télévision Pro-TV a par ailleurs organisé toute une série d'émissions spéciales lors des

---

[344] Adrian NASTASE. *Ideea politică a schimbării.* Bucureşti : Monitorul Oficial, 1996, p. 154-156.
[345] Gheorghe SMEORANU. *România : jocuri de interese.* Bucureşti : Intact, 1998, p.196-198.
[346] Comme le groupe Media-Pro, détenu à 80% par CEM, une compagnie américaine.

fêtes nationales traditionnelles, encourageant la renaissance du sentiment national, particulièrement en province[347].

Toutefois, lorsque leurs intérêts particuliers se trouvent en opposition avec leurs opinions nationales, les *technocrates* se montrent très pragmatiques. Le poste de télévision Pro-TV s'est ainsi montré particulièrement actif dans la promotion des intérêts d'affaires américains. L'homme d'affaires Ion Tiriac n'a pas hésité à ouvrir sa banque aux intérêts des investisseurs institutionnels étrangers. Enfin, le lobby des *technocrates* en faveur d'une politique économique nationale a surtout visé des mesures favorables aux industriels et aux institutions financières plutôt que des mesures de protection sociale ou d'éducation.

Les élites *technocrates* sont unanimes dans la promotion des idées en faveur de l'intégration européene et euro-atlantique. Les politiciens technocrates ne manquent pas une occasion de se présenter comme les véritables garants de l'intégration européenne. Dans les affaires internationales, ils sont davantage préoccupés par le continent européen et le continent américain que par l'Asie ou le Moyen-Orient où ils n'ont ni relations ni connaissances. Leur approche de la politique étrangère est généralement légaliste et basée sur une compréhension du monde des relations internationales qu'ils estiment supérieure à celle des autres élites. Pour des politiciens comme Petre Roman, l'intégration à l'OTAN et à l'UE sont nécessaires pour garantir le développement démocratique et institutionnel interne dans une région menacée par l'instabilité et la pauvreté[348].

---

[347] À travers des émissions hebdomadaires comme celle intitulée *J'ai rencontré des Roumains heureux*, lancée en 1996 et qui a été la première à présenter les succès individuels de certains Roumains après 1989, provoquant du même coup l'irritation de la presse élitiste.

[348] «Rapport présenté à la commission politique de l'Assemblée parlementaire de l'Atlantique Nord -1994» dans Petre ROMAN, *România încotro?* Bucureşti : Fundaţia Aurel Stoica, 1995, p. 127 et suivantes.

Les élitistes

Les intellectuels *élitistes* bénéficient de l'atout qu'une petite partie d'entre eux ont été des dissidents à l'époque du communisme. Ainsi, le discours en faveur de la démocratie est devenu une des clés de voûte du discours politique des *élitistes*, même si les intellectuels n'ont pas participé de manière significative au renversement de la dictature en décembre 1989.

Face aux capacités d'organisation et aux ressources supérieures d'autres élites politiques, les intellectuels se sont retrouvés marginalisés. La vision de la démocratie qu'ils soutenaient s'est trouvée à en être influencée : *ce qui manquait de légitimité, ce n'était pas, en dernier ressort, la classe politique, mais le processus électoral par lequel elle s'est approprié la mainmise des structures de l'État*[349]. La tentation de culpabiliser le peuple pour son *aveuglement* et la persévérante arrogance avec laquelle les *élitistes* ont négligé les préoccupations réelles de la majorité de la population ont contribué grandement à l'échec électoral de leurs formations ou de leurs candidats politiques.

L'exemple le plus éloquent de cette attitude est la promotion systématique des convictions monarchistes d'une partie des *élitistes* en dépit des opinions solidement établies, clairement antimonarchistes, de la majorité de la population. Ces opinions, exprimées dans des sondages et dans un référendum sont alors considérées comme *illégitimes* puisqu'elles sont le fait *d'un électorat malade qui refuse de guérir, d'accepter la lumière*[350]. La démocratie, dans cette vision ne saurait être qu'une démocratie éclairée par la sagesse et l'intelligence des *élitistes* ; le peuple n'est souverain que lorsqu'il accepte son statut d'élève assidu et la légitimité n'est acquise qu'aux idées des *élitistes* adoptées par la majorité. Pour un autre intellectuel élitiste, proposé comme ambassadeur : *le peuple roumain n'a jamais parlé dans l'histoire et*

---

[349] Daniel BARBU. *Sapte teme de politică românească* Bucureşti : Antet, 1997, p. 84.
[350] Gabriel Liiceanu dans *22*, 17-24 janvier 1991.

lorsqu'il l'a fait (élections libres et directes) il a commencé à dire des âneries. Je crois avec conviction que l'avenir du progrès en Roumanie est le vote censitaire. La Roumanie n'évoluera que dans la mesure où le peuple («misera plebs») n'aura pas accès aux décisions[351].

Cependant, les *élitistes* ont aussi négligé de s'attirer les appuis des autres élites du pays, préférant consolider leur propre réseau de relations ; typique de cette attitude, une conférence de presse organisée par l'Alliance civique au cours de laquelle un porte-parole du mouvement déclare aux journalistes que *leurs questions ne viennent pas répondre à ses obsessions*[352]. Plus récemment, refusant de siéger au Conseil d'administration de la télévision nationale, une figure de proue des *élitistes* a justifié son attitude par la présence dans le dit conseil d'un adversaire politique, sans faire référence au Parlement roumain, qui nomme la majorité des membres du Conseil et à qui incombe la responsabilité de son fonctionnement[353].

Ici comme ailleurs, la légitimité démocratique n'est accordée au Parlement, à la presse ou aux procédures électorales que partiellement, lorsqu'elle concorde avec les intérêts et les obsessions politiques du groupe. Enfin, d'autres intellectuels anticommunistes, critiquant *la fuite vers le bien-être matériel... la drogue, l'obsession de la possession qui ronge l'âme*[354] sont les mêmes qui chassent les caméras de télévision venues filmer... luer maison nationalisée par l'État communiste et qui leur a été accordée comme un privilège, comme à tant d'autres intellectuels de ce groupe.

L'économie n'occupe pas une place importante dans le discours politique des *élitistes* ; le groupe est formé, nous l'avons vu, d'intellectuels dont aucun (ou presque) n'a de préoccupations ou de formation économique.

En fait, la problématique économique est complètement absente ; il n'y a pas de vision politique claire sur le

[351] H.R. PATAPIEVICI. *Politice*. Bucureşti : Humanitas, 1995, p. 68.
[352] Alina MUNGIU. *România-Mod de folosire*. Bucureşti : Staff, 1994, p. 25.
[353] *România Liberă*, 6-11 juillet 1998.
[354] Octavian PALER, *Transilvania*, 3-4, 1992.

développement économique souhaitable ou proposé pour le pays. Par ailleurs, ce qui est présent chez ces intellectuels dont l'appétit politique touche toutes les sphères, est une vision de l'économie qui met en avant la *tragédie économique et sociale qu'a signifié le communisme... le besoin de rebâtir une économie saine, authentique ... de réparer le tissu économique et politique du pays en revenant aux valeurs normales*[355]. Sur la signification de ces *valeurs authentiques* de l'économie *normale* roumaine, il n'y a cependant pas de consensus ni de débat, à moins que la gestion économique des institutions contrôlées par le groupe nous en donne une indication.

Le nationalisme politique est un des thèmes les plus débattus par les *élitistes*. D'une manière générale, pour eux, le nationalisme est condamné comme étant un outil de manipulation populaire utilisé par des élites politiques rivales. La Roumanie est vue comme un pays arriéré ayant une civilisation retardée, en grand besoin *d'intégration européenne* (voir plus bas). Les droits des minorités sont spécialement soutenus alors que le rôle de l'Église est décrié.

En fait, la problématique nationaliste occupe une place importante dans les médias, dans les publications et dans les événements publics organisés par les *élitistes*. C'est aussi dans ce domaine que les traductions de publications étrangères et les invitations à donner des conférences adressées à des universitaires européens sont les plus fréquentes (alors qu'elles sont rares dans le domaine économique). C'est enfin le domaine où les polémiques sont les plus intenses entre les différents courants du groupe et où les leaders d'opinion se contestent mutuellement avec ardeur la légitimité de se prononcer sur le sujet.

On peut distinguer entre plusieurs attitudes :

– celle du GDS et du comité Helsinki roumain qui déclare être lui-même le *symbole de la presse anti-extrémiste roumaine...* et

---

[355] Octavian PALER. *Vremea întrebărilor*. Bucureşti : Albatros, 1995, p. 117.

qui a le plus de *ressources et d'expérience dans la problématique des minorités*[356] ;

– celle des médias et des institutions culturelles et académiques dirigées par les *élitistes* qui proposent un discours antinationaliste, critiquent l'utilisation politique du discours nationaliste et le retard pris par la Roumanie dans sa culture politique, son organisation sociale, etc. ;

– celle des personnalités intellectuelles, principalement des écrivains qui optent pour un rejet total du nationalisme/nation roumaine (comme H.R. Patapievici) ou celles qui ont une vision romantique du nationalisme et de la culture roumaine, tout en rejetant ses aspirations politiques (comme O. Paler, N. Manolescu, M. Zaciu et d'autres écrivains).

Le GDS, avec le groupe Helsinki, s'est très tôt intéressé aux questions des minorités nationales. Un groupe restreint d'intellectuels, avec G. Andreescu, R. Weber, A. Cornea à Bucarest et Smaranda Enache à Târgu Mureş (Transylvanie) se sont impliqués dès 1990 (événements de mars) dans la protection des droits des minorités. La politique soutenue a été celle qui favorisait l'augmentation des droits à l'autonomie locale, le soutien du transfert de pouvoir de l'État central aux autorités et aux représentants de la minorité magyare. Sur d'autres questions aussi, impliquant les minorités (spécialement la minorité tsigane), le groupe *élitiste* (bénéficiant de soutiens financiers et institutionnels importants, voir plus haut) a exercé un lobby efficace. Il a choisi, comme déclare G. Andreescu, *d'avoir une différence d'attitude, de perception, de réfléchir à la vie dans des termes démocratiques, non pas dans des termes nationaux… Il s'agit de réfléchir aux questions de promotion des droits de l'homme, de pacte social entre minorités, de promouvoir un équilibre social et la paix civique… au lieu de s'intéresser à la préservation de l'identité spirituelle, nationale, géographique, historique*

---

[356] Gabriel ANDREESCU. *Naţionalişti… antinaţionalişti*. Iaşi : Polirom, 1996, p. 15.

roumaine.[357] Le *militantisme démocratique* de ses élites se manifeste par le refus des *solutions collectives nationales* et par l'acceptation et l'intégration des valeurs *européennes : accent sur les droits individuels tels qu'ils sont codifiés dans la Convention européenne des droits de l'homme, tolérance, réconciliation historique*[358].

Le refus du discours nationaliste s'accompagne aussi du refus de ceux qui le pratiquent, considérés comme des personnalités publiques opportunistes, médiocres ou culturellement marginales. Les idées d'Église nationale et de caractère national sont considérées comme dépassées ou dangereuses par les *élitistes*. Enfin, dans la problématique des minorités, le GDS, le comité Helsinki ainsi que la revue *22* ont défendu vigoureuseument l'extension des droits à l'autonomie locale et culturelle des Magyars de Roumanie et ont entrepris des campagnes condamnant le racisme pratiqué contre les gitans[359].

Les médias et les institutions éducatives et culturelles roumaines contrôlées par les *élitistes* ont mené une politique de longue haleine condamnant le discours nationaliste et son utilisation politique et prônant l'adoption des valeurs occidentales comme une étape nécessaire pour sortir du sous-développement économique et social.

Dès 1990 en effet, les intellectuels roumains qui avaient souffert de la domination des *proletcultistes* (nationalistes)[360] ont essayé sur le plan culturel de récupérer rapidement leur statut de marginalisés de l'Europe ; à ce niveau, national-communisme et la marginalisation culturelle étaient devenus synonymes pour eux. La condamnation de *l'arrogance, la suffisance nationaliste-chauvine, l'isolationnisme et l'autarcie intellectuelle*[361] sont devenus

---

[357] Gabriel ANDREESCU. *Naţionaliști, antinaţionaliști*. IaşI : Polirom, 1996, p. 41.
[358] *Ibid,* p. 110.
[359] Voir Gabriel ANDREESCU, Renate WEBER. *Evoluţia concepţiei UDMR privind drepturile minorităţii maghiare*. Bucureşti : Arta grafică , 1995.
[360] Voir Katherine VERDERY. *Ibid.*
[361] Adrian MARINO. *Politică și cultură* Iaşi : Polirom, 1996, p. 201.

des arguments politiques pour la montée au pouvoir institutionnel des intellectuels qui n'avaient pas été privilégiés par la culture d'État officielle de Ceauşescu. Le pouvoir post-communiste est accusé d'alimenter les tensions ethniques, de jouer la carte du nationalisme pour détourner la population des enjeux essentiels et pour s'assurer la complicité des services de sécurité et de l'armée, pour retarder la transition démocratique[362]. À l'Église orthodoxe, on reproche sa collaboration avec le communisme, sa contribution à l'autoritarisme étatique au cours de l'histoire, son affinité avec les églises orthodoxes slaves. Contre la doctrine de l'église nationale, les *élitistes* soutiennent *l'adaptation de l'Église orthodoxe à la modernité, la protection de la liberté du culte contre les initiatives des clercs, la liberté de conscience laïque*[363]. Dans toutes les sciences, et particulièrement en philosophie, en histoire et en littérature, les *élitistes* entreprennent une œuvre ambitieuse de remise en cause des acquis de la culture dominante et combattent le nationalisme comme une forme de manipulation du pouvoir communiste et de ses élites non reconverties.

Ainsi, au printemps 1998, la revue *Dilema* lance un débat fulminant condamnant l'utilisation politique du poète national Eminescu et minimisant beaucoup son talent. Ailleurs, c'est l'influence slave sur la langue roumaine et la relecture de l'histoire nationale dans le sens de la présentation du retard historique roumain qui sont proposées. Partout la contre-attaque culturelle des *élitistes* contre les interprétations dominantes de l'époque communiste se fait à l'appui d'arguments politiques. La politique identitaire nationale[364], le mouvement légionnaire, le discours sur la symbiose entre orthodoxie et nation roumaine, l'autorité des mythes des

---

[362] Voir par exemple Ana BLANDIANA, «Rădăcinile răului românesc de astăzi» dans Iordan CHIMET, *Momentul adevărului*. Cluj-Napoca : Dacia, 1996, p. 159-160.
[363] Gabriel ANDREESCU. *Naţionalişti, antinaţionalişti*. IaşI : Polirom, 1996, p. 116.
[364] Voir *22*, 14-20 juillet 1998.

commandants militaires, les cérémonies historiques sont condamnés comme étant des procédés de manipulation orchestrés par les élites communistes-nationalistes.

Le nationalisme est pris en dérision aussi par la forme primitive qu'en adopte la majorité de la population, considérée comme peu éduquée, retardée, incapable d'acquérir les reflexes de la modernité. *Les Roumains «mioritiques»*[365] *qui réunissent dans la même grimace l'Église, le vin, le génie saint d'Eminescu, les sarmales* (plat roumain), *la terre bessarabe et le charme de la voisine du palier... qui deviennent mystiques aux enterrements et patriotiques pendant les fêtes... doivent faire tant de choses pour changer, revenir à la base, à l'alphabet élémentaire*[366]. Là encore, les arguments d'ordre pédagogique viennent renforcer la condamnation du nationalisme archaïque, considéré comme la *part d'ombre de chaque Roumain*[367]. Les valeurs nationales de la majorité de la population sont, dans le meilleur des cas inférieures, dépassées, dans le pire des cas néfastes et dangereuses pour le développement du pays ; seule l'élite a la capacité de jouer un rôle d'éclaireur et de former les nouvelles mentalités. La culture de classe internationale est regardée comme incompatible avec toute forme de nationalisme populaire roumain (qui, lui, est dédaigné) ; ainsi dans une conférence internationale[368] portant sur la transition en Europe de l'Est, au repas du soir, tous les autres invités ont chanté des chansons nationales populaires (polonaises, françaises, allemandes, hongroises) alors que les principaux directeurs des institutions culturelles roumaines, les intellectuels *élitistes,* ont participé à ces chansons, mais n'ont pas chanté en roumain.

---

[365] Fait référence à une tradition basée sur une ballade populaire selon laquelle le fond de l'âme nationale est tolérant, fataliste et porté vers la métaphysique. Est utilisé généralement comme une généralisation du *Roumain typique.*

[366] *Dilema,* 21-27 janvier 1994.

[367] *Dilema,* 20-26 octobre 1995.

[368] *Les intellectuels en Europe de l'Est,* organisée par la Fondation culturelle roumaine, septembre 1997, Sibiu.

Individuellement, les intellectuels *élitistes* se sont prononcés fréquemment sur la question nationale. Le plus virulent fut H.R. Patapievici, qui s'est fait remarquer par sa haine impitoyable du caractère national qu'il considère comme responsable de la domination des élites post-communistes et du retard pris dans la démocratisation. Pour ce philosophe, les *Roumains sont intolérants, xénophobes, violents et lâches, agités et hésitants... être roumain n'est pas seulement un drame, c'est injuste, c'est une insulte*[369], l'histoire du pays est méprisable : *le corps du peuple roumain est à peine une ombre, il n'a pas de consistance, la radiographie des plaies roumaines est fétide*[370].

Il ne s'agit pas seulement d'opinions gratuites, elles ont aussi des implications politiques pour cet intellectuel impliqué dans plusieurs institutions publiques : *La Roumanie ne va évoluer que dans la mesure où le peuple,* misera plebs, *n'aura pas accès aux décisions... Seuls les créateurs des bibliothèques, Roumains aussi, mais avec ô par miracle!, un autre code génétique, d'autres instincts, d'autres goûts, d'autres talents sont estimables... autrement le roumain est une langue qu'on devrait arrêter de parler, si ce n'est pour jurer*[371].

Pour d'autres intellectuels, l'échec communiste et le désastre de l'autoritarisme militaire, royal ou politique est aussi celui du nationalisme roumain, culturel ou politique : (ils estiment) *que la mission historique de la roumanité métaphysique, homogène, agressive est accomplie*[372].

À l'opposé, d'autres intellectuels *élitistes*, en majorité écrivains, pratiquent un nationalisme modéré, d'ordre culturel, proposant l'intégration européenne avec l'acceptation du statut de la roumanité. Certains, comme A. Marino, proposent une nouvelle politique culturelle roumaine[373] ; d'autres, comme A. Paleologu, voudraient voir comme une spécificité roumaine

[369] H.R. PATAPIEVICI. *Politice*. Bucureşti : Humanitas, 1995, p. 49.

[370] *Ibid,* p. 63.

[371] *Ibid,* p. 68.

[372] Sorin Antohi dans *22* ; 13-20 décembre 1995.

[373] Adrian MARINO. *Politică şi cultură.* Iaşi : Polirom, 1996.

dans la diversité nationale et linguistique européenne. O. Paler, quant à lui, propose une voie médiane entre ce qu'il appelle *le nationalisme de grotte* et *les Européens de nulle part* : une culture roumaine qui participerait à la construction européenne en refusant de *voir ses priorités désignées par des diktats administratifs, une nation démocratique sans le servilisme occidental qui remplace le servilisme communiste*[374]. Pour eux, l'Europe ne saurait être *une simple dictature administrative et bureaucratique, communautaire, universelle et cosmopolite qui efface les distinctions et interdit le droit d'être français, roumain* [375].

Dans le domaine de la politique extérieure, les *élitistes* partagent aussi des convictions communes inspirées de leur expérience et de leurs priorités. L'Europe, continent où les élites culturelles dépassent leur statut national et contribuent au rapprochement des valeurs spirituelles, est leur principal modèle.

En fait, une grande partie du discours politique (voir plus haut) des *élitistes* mise sur la familiarité avec cette Europe présentée à la fois comme un objectif commun et comme une expérience différente, accessible à ceux qui sont des intellectuels. Les États-Unis d'Amérique, autant dans le discours que dans la pratique sont beaucoup plus absents; une partie des *élitistes* les connaissent, mais l'individualisme, les mythes politiques américains, l'organisation sociale, la vision du temps du continent fait peu d'adeptes puisqu'un intellectuel roumain disait ironiquement qu'*en Amérique, l'histoire se limite aux albums de famille*[376]. Enfin, l'Est (confondu généralement avec l'espace russe et communiste) suscite peu d'intérêt, sinon dans l'optique critique des séquelles du communisme.

La vision sur la politique extérieure des *élitistes* ignore essentiellement les notions communes d'intérêt national, de ressources, de dépendance, de négociation, de dissuasion, etc.

---

[374] *România Liberă*, 29 novembre 1995.

[375] A. PALEOLOGU dans *Adevărul literar şi artistic*, 26 novembre 1995.

[376] O. PALER, «Don Quijote în Est» dans G. ANDREESCU, *Naţionalişti, antinaţionalişti*. Iaşi : Polirom, 1996, p. 164.

Elle est très peu contemporaine, préférant utiliser ses propres concepts élitistes pour aborder l'intégration européenne et proposer des modèles de fonctionnement. *L'Europe qu'on nous propose... est uniforme et oublie ses propres valeurs historiques. Il existe une barbarie posthume, une barbarie progressiste et technocratique*[377], selon un de ces intellectuels – qui refuse d'accepter les règles du jeu diplomatique condamnant le sous-développement de la Roumanie. Les solutions envisagées sont celles d'un programme culturel roumain d'urgence[378] ou la constitution de *réseaux démocratiques, transterritoriaux formés d'intellectuels*[379] où sont maintenues des traditions culturelles, comme celle de *l'intellectuel non rentable, qui a une curiosité gratuite*[380].

Pour les *élitistes*, en majorité de culture classique, la solution passe par le recours à la mémoire historique qui a vu dans le passé *une poignée d'hommes visonnaires faire la Roumanie moderne*[381] ou par l'appel à un improbable *esprit européen*[382] dont la responsabilité de sa réalisation reste imprécise.

Parmi les problèmes les plus fréquemment évoqués dans les rapports internationaux par les *élitistes* il y a la question des visas exigés par les ambassades occidentales aux Roumains. La liberté de voyager pour les intellectuels est une des libertés fondamentales et c'est à ce niveau que la discrimination pratiquée par les pays de l'UE par rapport aux autres pays d'Europe centrale est la plus décriée.

Au niveau associatif et institutionnel, les *élitistes* ont adopté des positions politiques assez controversées dans le domaine de la politique extérieure. Ainsi, en 1995, un document produit par le GDS/le comité Helsinki et intitulé *La Roumanie et la Moldavie dans le contexte géopolitique* soutient que la Roumanie devrait

---

[377] Al. PALEOLOGU dans *Cotidianul*, 29 mai 1992.
[378] Adrian MARINO. *Pentru Europa.* Iaşi : Polirom, 1995.
[379] Sorin ANTOHI, *22*, 22-28 septembre 1993.
[380] A. PLESU, *Dilema*, 12-18 novembre 1993.
[381] *22*, 28 septembre-3 novembre 1993.
[382] *România Liberă*, 28 novembre 1991.

cesser de faire de la réunification avec la Moldavie un objectif de politique extérieure, et concentrer ses efforts sur la défense des droits des minorités (spécialement hongroise).

Une autre association, dirigée par S. Enache (proposée au poste d'ambassadeur par le ministre des Affaires étrangères, A. Pleşu), *Liga Pro-Europa,* organise entre 1990 et 1995 dix-neuf événements et conférences internationales pour promouvoir la tolérance ethnique, le respect des droits des minorités, et des séminaires de développement de la société civile. L'orientation de ces conférences, comme de celles préparées par le comité Helsinki et le GDS est claire : la priorité va au développement de la société civile et au respect des minorités comme principal argument de politique extérieure et de soutien à la modernisation roumaine.

Tous ces événements, y compris la monitorisation des incidents ethniques, feront de ces institutions *un partenaire crédible des organisations internationales*[383] et susciteront l'ire des autres élites politiques du pays qui n'en font pas partie. Pour ces institutions, *qui ont dû abandonner le privilège d'être un spectateur et qui participent activement à la sensibilisation de la société civile face aux thèmes majeurs de l'intégration européenne... les élites politiques au pouvoir instrumentalisent les conflits ethniques et compromettent les valeurs européennes.*

---

[383] *22,* 28 décembre-3 janvier 1995.

CONCLUSION

Lorsque nous avons commencé cette recherche, notre objectif principal était de proposer un travail de réflexion sur la logique de distribution du pouvoir politique, le type, les calculs, les représentations et le fonctionnement des intérêts et des relations que 440 élites politiques roumaines ont entretenu entre 1989 et 1999. Abordant la conclusion de ce travail, nous avons eu l'idée d'ajouter une image suggestive pour décrire symboliquement les logiques politiques.

Au mois de mars 1999, lorsque le premier ministre roumain de l'époque, Radu Vasile est hospitalisé à la suite d'une attaque cardiaque et que le président Constantinescu se trouve à l'étranger, il se produit un événement surprenant : l'économie locale se redresse temporairement. En effet, pendant une semaine, la Bourse connaît une envolée jamais enregistrée en deux ans et la monnaie nationale se raffermit face au dollar et à l'euro. On remarque avec une ironie dramatique que la Roumanie est probablement le seul pays au monde qui connaît une embellie économique lorsque ses dirigeants politiques sont indisponibles et hors d'état de prendre une décision. Cet événement fait écho à la campagne menée quelques années plus tôt par le journal *Caţavencu,* équivalent roumain du *Canard enchaîné,* qui avait accordé le sobriquet *«celui qui porte poisse»* à l'ancien président Iliescu, collectionnant avec une amusante régularité tous les incidents produits suite à la visite de ce dernier dans divers pays.

Quelle est donc cette génération de leaders politiques dont l'absence provoque la hausse de la Bourse et dont la présence sert aux collectionneurs d'incidents fantaisistes ?

Nous avons utilisé deux lentilles analytiques : la première nous a offert un parcours historique des événements et des acteurs politiques de cette période. La seconde fut une cartographie des intérêts, logiques et ressources des élites politiques sélectionnées. Comme lecteur, intrigué, nous avons pu juger pourquoi dans certains cas, l'anticipation du déraillement des logiques politiques était plus attirante (et pas seulement pour l'économie) que leur maintien.

À ce propos, jusqu'à maintenant, des analystes[1] ont établi une série de six attitudes politiques qu'il considèrent comme étant caractéristiques de l'élite gouvernante roumaine à travers les différents régimes. Il s'agit de : *la continuité d'une attitude autoritaire, le discrédit de l'opposition, l'adoption de méthodes dures envers l'opposition, l'adoption de valeurs traditionnelles, plutôt antidémocratiques et des attitudes autoritaires, la décentralisation et l'attitude anti-intellectualiste.*

En progressant dans notre recherche, nous avons ajouté plusieurs éléments cruciaux à cette analyse : la stérilité de toute vision basée sur la frontière entre rupture/continuité, la faible puissance explicative de la variable réformiste/traditionnel, la convergence de certaines pratiques, la diversité de façade et le fonctionnement inefficace des institutions. Ces conclusions nous ont montré sur quoi est basé le **consensus valorique** des élites et quel est le degré **d'intégration** de leurs ressources, leurs actions, leurs intérêts.

Rappelons toutes les **arènes institutionnelles et situation-nelles** dans lesquelles nous avons suivi les logiques de confrontation des élites. **Celles que nous avons définies sont les suivantes : organisation politique, message politique, ressources institutionnelles contrôlées, procédures et calculs politiques (spécialement recrutement, échange et négocia-tions) et, enfin, position par rapport aux enjeux suivants :**

---

[1] Gilbert TROND. *Romançais and Démocratique Values: Socialisation alter Continuums,* in Romania after Tyranny, Daniel Nelson (ed), Westview Press, 1992, p. 84-86.

développement démocratique, nature des rapports économiques, nationalisme et politique étrangère.

Le suivi des élites politiques dans ces arènes nous a permis de saisir au fil des années des tendances et des **lignes de force de ce consensus valorique** des élites et **le degré de convergence** de leurs structures institutionnelles, de leurs intérêts, discours, et répertoire d'actions. Rappelons les plus frappantes :

1) Sur le nombre de 440 élites roumaines, seulement 20 ont détenu avant 1989 des fonctions politiques. Ce chiffre comprend aussi bien les anciens cadres du parti communiste que les leaders des partis de l'opposition existants avant guerre. Le fait que moins de 5% des élites politiques roumaines ont détenu des fonctions politiques importantes avant 1989 nous amène à cette première conclusion : il y a très peu de corrélation entre le fait d'avoir eu une carrière politique avant 1989 et celui d'en maintenir une après 1989.

Les élites roumaines en 1999 sont donc, dans leur immense majorité, apparues sur la scène politique après 1989. Les critères de leur réussite et de leur influence doivent être cherchées dans leurs expériences professionnelles, dans le discours qu'ils pratiquent, dans les institutions qu'ils ont développées et contrôlées, dans une légitimité nouvelle qu'ils ont gagnée et non pas dans un héritage politique.

2) Seulement 22 des 440 élites politiques roumaines sont des femmes. Le monde de l'influence politique en Roumanie reste un monde très majoritairement masculin (plus de 95%). Non seulement le nombre de leaders politiques féminins est très réduit[2], mais même les domaines des médias, des institutions publiques et des ONG restent relativement fermés aux femmes. Les postes publics les plus importants détenus par les femmes en Roumanie ont été : premier conseiller présidentiel (Zoe Petre), vice-président de parti (Hildegard Puwak-PDSR), directeur de Banque d'État (Elena Petculescu) ou rédacteur en chef d'un journal (Gabriela Adameşteanu).

---

[2] Aucune femme ministre dans les deux derniers cabinets 1997-1999.

3) Troisième caractéristique des élites roumaines : leur structuration selon l'origine professionnelle : les plus nombreux (un tiers) ont à la base un métier technique. Le nombre de ceux qui ont à la base un métier en sciences sociales appliquées (sociologie, politologie) est inférieur à 8% et ce, en comptant parmi les élites les journalistes, analystes et directeurs d'organisations de la société civile. Ici, c'est l'influence du régime communiste et de la priorité accordée aux métiers techniques qui joue. Entre ces deux pôles, il y a ceux dont l'origine professionnelle est la pratique du droit ou des lettres (12% environ) et de l'économie (15%). L'origine professionnelle est un facteur déterminant de la poursuite de logiques spéficiques (sectorielles).

4) Quatrième caractéristique d'ordre général, remarquée par plusieurs analyses mais seulement sur des segments partiels : le décalage entre l'offre et la demande politique. Notre recherche nous a montré l'ampleur de cet échec commun des élites. Nous avons vu dans la dernière partie de notre exposé historique l'épuisement successif du pouvoir politique exercé par le PDSR et la CDR. Avec cela, nous n'aurions pas contribué à améliorer la compréhension intuitive de tout observateur de la scène politique roumaine. Plus importante a été l'analyse critique du parcours du message politique, de la légitimité des diverses élites qui forment l'environnement dans lequel l'essoufflement des divers projets de gouvernement s'est produit.

5) Les conclusions du désenclavement des représentations identitaires de l'électorat et de leur vote effectif n'ont pas amené les acteurs qui nous intéressent à repenser leur offre. Le fait que, en 1999, aucun politicien n'obtient un score positif de confiance (différence entre opinions favorables et opinions défavorables) n'est que le seuil de l'iceberg du décalage entre la société et ses élites. Plus graves sont les conséquences du fossé entre l'agenda politique de la majorité de l'électorat et celui soutenu par les élites du pays. Alors que l'opinion publique opte majoritairement pour le contrôle des prix, des profits, des salaires, de l'industrie, du commerce, des services essentiels, la compétition

politique[3], les principaux acquis du consensus des élites (le capitalisme, la liberté d'expression, la politique extérieure) suscitent la satisfaction de moins de 10% de l'électorat. Ce fossé ne semble pas susciter de débat au sein des élites roumaines ; il préfigure cependant des difficultés énormes d'administration pour n'importe quel gouvernement. Les enjeux politiques différents qui préoccupent l'opinion publique font peser une contrainte sur les calculs des élites. En tiendront-ils compte dans l'environnement actuel ?

6) Le premier élement du **consensus valorique** des élites est donc défini par le maintien d'un agenda politique différent des attentes de l'opinion publique et par leur indifférence face à celle-ci. La démocratie, le jeu électoral, la logique de distribution du pouvoir, l'orientation de la politique extérieure, le principe de l'économie de marché ont émergé comme des éléments constitutifs du consensus entre les élites. Celles-ci sont lancées dans un processus d'escalade dans la compétition de leur propre représentation. Au lieu de débattre de la construction objective de ces processus en hiérarchisant la gravité des options tolérées (jouables) dans le jeu politique, les élites ont plutôt exploré les représentations désordonnées qu'elles proposent à une société de plus en plus sceptique.

7) Une deuxième catégorie d'éléments consensuels est constituée par les calculs, processus de négociations, échanges, recrutement dominants parmi les élites. Le discrédit de l'adversaire, l'autoritarisme, la préférence pour les relations d'ordre clanique, l'accent mis sur la loyauté du groupe au détriment de la qualité ou de l'action, la négligence des projets au profit du prestige qui ne peut être qu'exclusif, la pratique d'une irresponsabilité morale et civique sont quelques-unes de ces caractéristiques remarquées dans divers contextes. Bien qu'antagonistes, les logiques sont similaires dans leurs excès,

---

[3] Sondage Metro-Media Transilvania, septembre 1999, entre autres. 58% désirent le contrôle des prix, 42% la limitation par la loi des profits, 60% le contrôle des salaires, 4% apprécient l'orientation de la politique extérieure, 7% sont satisfaits de la liberté accrue.

leurs répertoires, leur incapacité à faire progresser l'ouverture démocratique et la rationnalisation de l'offre et de la demande politique.

8) Ces consensus valoriques ont été accompagnés d'une très faible intégration structurelle de ces élites, de leurs réseaux de pouvoir et d'influence et, par une polarisation en miroir, de leurs discours politiques et des enjeux qu'ils définissent. Les divers secteurs d'influence politique ont gardé leur autonomie et leurs logiques alors que les espaces de confrontation se sont multipliés. Nous avons classé les élites en cinq secteurs qui mobilisent d'une façon convergente ressources, intérêts, légitimité, discours, valeurs, calculs, rythmes, logiques des acteurs. Nous aurions certainement pu nuancer davantage ces secteurs, en poursuivant une œuvre plus patiente d'identification du processus qui façonne les logiques des acteurs. Un tel effort aurait éclairé le rythme des interactions entre acteurs mais n'aurait pas ajouté à la force de la démonstration principale. Les logiques et les calculs des élites restent confinés dans des représentations propres alors que le mécanisme d'échange entre elles et vers la société est négligé ou vicié.

9) Les routines sectorielles sont suffisamment balisées par des indices institutionnels, des repères procéduraux, des activités de représentation publique pour être prévisibles pour les autres acteurs. Combiné au consensus sur les grandes orientations du jeu politique (point 6 et 7) ce constat nous a suffi pour comprendre que malgré les conjonctures changeantes, le système politique n'a pas connu de grandes redéfinitions. L'incertitude structurelle, la perte d'efficacité des instruments d'évaluation des adversaires, les contraintes des diverses crises n'ont pas été suffisament graves pour désectoriser les structures de pouvoir, les calculs d'intérêt. Leur effet s'est fait sentir sur l'ensemble des acteurs (élites) d'une manière proportionnelle.

10) La faible intégration structurelle combinée au consensus valorique partiel et aux routines des logiques sectorielles ont nui au renforcement de la légitimité, de la transparence, de la stabilité, et du fonctionnement efficace du système politique en

place. La démocratie reste procédurale, l'autorité fragile, les enjeux débattus limités, la modernisation difficile.

* * *

Que l'on se place au seuil de représentations qu'elles se font de la réalité politique, que l'on choisisse d'observer ce que deviennent leurs logiques spécifiques dans les arènes de confrontation, ou que l'on se donne comme objet la manière dont opèrent leurs calculs de redistribution des ressources, l'éclairage de la réalité des élites roumaines se transforme. En d'autres termes, ces échelons ne sont que des points de vue légèrement décalés les uns par rapport aux autres sur les mêmes processus réels.

Ce qui nous amène à une question émergeant dans ce travail et qui est valable pour toutes les situations complexes qui impliquent des acteurs aux intérêts divers et aux logiques autonomes. Dans quelle mesure le système observé, soumis à des contraintes, peut-il se réformer ? L'attraction qu'exercent les saillances situationnelles ou institutionnelles analysées contraint tous les acteurs à définir leur position.

La persistance de ces saillances, même lorsqu'elles comportent des rétributions négatives (décalage entre l'offre et la demande ou coût social plus élevé de réforme économique à laquelle se sont engagées la plupart des élites) les oblige à en tenir compte. Même lorsque les acteurs cherchent à se soustraire à ces saillances, par exemple dans notre cas, en considérant acquise la question constitutionnelle ou celle de la politique étrangère, ils doivent se définir par rapport à celles-ci. De surcroît cette contrainte est renforcée dans les cas de crise ; en effet, alors privés des points de repère et d'anticipation que constituent les logiques routinières des acteurs, ceux-ci doivent nécessairement déchiffrer leur définition de la situation dans ces arènes ou saillances que nous avons détaillées.

La fluidité conjoncturelle peut donc tout à fait pousser les acteurs à se transformer et les secteurs à se redéfinir. Dans des conjonctures tendues (décalage entre offre et demande politique, épuisement des ressources de légitimité...) d'autres acteurs peuvent émerger, d'autres opérateurs d'identité sectorielle peuvent apparaître et d'autres consensus valoriques peuvent devenir efficaces.

Dès lors, pour nous, il n'y a pas raison de penser que la vulnérabilité du système politique roumain tient à son instabilité.

ANNEXES

1) Identification et courte présentation*

Nationalistes   Selon leurs adversaires : Extrémistes. Selon eux : patriotes. Pratiquent un discours nationaliste de type ethnique. Présents principalement dans les partis PRM et le PUNR. Jouent un rôle important à partir de 1992. Participent au gouvernement jusqu'en 1996. Popularité en hausse depuis 1992.

Populistes-survivants   Selon leurs adversaires : crypto-communistes, néo-communistes, communistes de la seconde vague. Selon eux : représentants de la Révolution, première force démocratique du pays. Apparus en décembre 1989 au sein du FSN. Les autres forces politiques se sont définies en opposition à eux. Présents dans le FDSN et le PDSR. Contrôlent le pouvoir politique jusqu'en 1996. En déclin entre 1996 et 1999.

Passéistes   Selon leurs adversaires : revanchards, conservateurs. Selon eux : seule force démocratique, seule force politique légitime historiquement. Reprennent la tradition et l'appellation des partis politique d'avant- guerre. Principalement dans le PNTCD et dans le PNL. En opposition jusqu'en 1996. Au pouvoir depuis 1996, en déclin depuis 1998.

Technocrates   Selon leurs adversaires : mafia administrative. Selon eux : seule force politique responsable. Présents dans le FSN, en rupture avec celui-ci depuis 1991. Présents dans le PD, l'ApR, le PNR, et l'UFD. Participent régulièrement depuis 1990 au pouvoir politique. Influence constante.

* Légende
Notre appellation   *Selon leurs adversaires. Selon eux-mêmes. Points communs. Partis politiques. Tendances.*

335

Élitistes	Selon leurs adversaires : moralistes, Européens de nulle part, intelligentsia traître. Selon eux : représentants de la société civile. Présents dans le FSN, dans le PAC. Leurs représentants participent régulièrement au pouvoir depuis 1990. Influence constante.

2) Discours et légitimité revendiquée

Nationalistes	Discours basé sur la défense des mythes collectifs. La légitimité revendiquée est celle de la protection de l'identité nationale. L'appartenance à une communauté ethnique prime sur les autres appartenances, y compris politique ou sociale. S'inspirent du mouvement protochronistes et de la culture officielle du régime de Ceauşescu. Proclament la supériorité de la culture, de l'identité roumaine qui ne requièrent aucune modernisation. La nation trahie avant 1989 est retrouvée, mais menacée par les *complots*. Sous Ceauşescu, la Roumanie a connu une prospérité et un rôle international enviable.
Populistes-survivants	Discours basé sur la résistance au changement. La légitimité revendiquée se fonde sur la représentation des intérêts de la majorité de la population. Ils font appel à des mentalités et des clichés idéologiques établis. Nostalgies autoritaires, centralisatrices, étatistes, communautaires, anti-individualistes. Appel récurrent au sentiment d'appartenance au groupe. Populistes, autochtonistes, hostiles face aux modèles importés. À partir de 1992, virage vers la social-démocratie. Ils se présentent comme modérés, clament leur esprit équilibré, contre l'instabilité, comme la seule force politique rassurante, digne de confiance. Le discours vieillit mais ne change pas en 1996. Il soutient la thèse du *changement supportable*. Accusent leurs adversaires d'incompétence après 1996 et se présentent comme seule force politique *responsable,* qui prendra soin des *plus défavorisés*.
Passéistes	Discours basé sur la restauration. La légitimité revendiquée est l'appartenance à un univers de valeurs antérieur et supérieur au communisme. Le pouvoir politique leur est destiné comme *un héritage* ; continuité

336

historique de la *légitimité, malgré l'accident du communisme.*
Ils sont plus *moraux, authentiques, que les communistes.*
Plaidoyers monarchistes, anticommunistes, vantant leur
martyre en 1990-1991. Le discours ne change pas
jusqu'en 1996. Il reste *moralisateur, critique, dénonciateur.*
En 1996, le discours devient populiste, unitaire, critique la
corruption, propose un *nouveau pacte social.* Les individus
et non les institutions sont la solution de la renaissance
morale et politique. Après 1998, le discours redevient
défensif : *seule alternative face au communisme.*

Technocrates   Discours basé sur la compétence. La légitimité
revendiquée est celle provenant de leurs aptitudes
supérieures d'administration. Ils sont des *hommes d'action,*
modernes, responsables, crédibles. En 1990, discours
rassurant, *continuité administrative.* Le changement des
institutions n'est pas une priorité, leur contrôle si. À partir
de 1991, on mise sur la *capacité, le caractère utile, précieux,*
indispensable de leurs actions. On construit une *image de*
professionnels. À partir de 1996, on soutient que le pays
mérite de meilleurs leaders politiques que les leaders actuels. À
partir de 1998, ils misent sur leur capacité à proposer des
actions réparatoires.

Élitistes   Discours basé sur la supériorité morale. La légitimité
revendiquée est celle d'arbitre moral de la société. Les
valeurs sont leurs *armes stratégiques.* Discours moralisateur,
désintéressé. Ils sont les *médecins spirituels de la société.* Ils
vont la *guérir du mal absolu.* Ils posent les *vrais problèmes.*
Ils sont *différents des autres Roumains,* ils ont d'*autres*
talents, d'autres attentes, d'autres intérêts. Ils sont *Européens.*
Le discours ne change pas entre 1990 et 1999.

3) Institutions desquelles ils sont originaires et qu'ils contrôlent

Nationalistes   Principalement l'administration de l'État, les cercles de la
culture officielle. Revues : *România Mare, Timpul, Politica.*
Fondations *România Mare, Anastasia, Vatra Românească*
Cercles de l'armée et des services de sécurité mis à l'écart
après 1989. Ministères jusqu'en 1996. Mairies.

337

Populistes-survivants	Administration de l'État. Principales institutions de l'État entre 1991 et 1996. Progressivement des institutions économiques après 1992. La télévision publique jusqu'en 1996. Restent influents dans les journaux *Adevărul, Cotidianul, Jurnalul Naţonal.* PDSR. Administration locale, industrielle. Forum démocratique roumain.
Passéistes	Exclus de la vie politique avant 1989. Partis d'opposition, *Forum anti-totalitaire roumain.* Commissions parlementaires, gouvernement après 1996. La télévision publique après 1996. Prima TV. CDR. Institutions économiques publiques après 1996. Quotidiens : *România Liberă, Evenimentul Zilei, Cronica Română, Liga studenţilor, Fundaţia Memoria, Centrul român de comunicare.*
Technocrates	Administration. Institutions financières privées et publiques. Présents dans le PD, ApR, PNR, PNTCD, UFD, PDSR. Régulièrement présents au gouvernement depuis 1989. PRO TV, Antena 1. Quotidiens : *Monitorul, Curentul, Libertatea, Naţonal.* Associations d'hommes d'affaires AOR, UGIR.
Élitistes	Institutions culturelles. Présents dans le PAC et comme conseillers ou ministres depuis 1989. Revues : *22, Dilema, Sfera politicii.* Fondations : GDS, New Europe College, Soros, Pro Europa, Apador CH.

4) Habitudes et procédures de recrutement, négociations et collaboration

Nationalistes	Réunissant des personnalités ayant déjà joué un rôle public avant 1989 et se connaissant entre elles. Entretiennent une relation ambivalente avec les *populistes-survivants,* avec qui ils ont des intérêts complémentaires/différents. Montrent des grandes habiletés dans le recrutement de nouveaux alliés parmi ceux mis à l'écart du pouvoir et pour produire des personnalités médiatiques. Se spécialisent dans les agissements politiques spectaculaires, les coups d'éclat et la contestation. Les conflits qu'ils ont avec les populistes-

338

survivants sont résolus par la modération. Habiles négociateurs, intolérants envers les autres élites.

Populistes-survivants   Originaires des nouvelles classes de cadres apparues dans les années '60. Leur autorité est basée sur la loyauté et sur la capacité hiérarchique de destituer ou de nommer des subordonnés. Création de relations féodales, les hommes des structures peuvent faire ce qui leur passe par la tête à condition d'appuyer leur supérieur en cas de besoin. Le renouvellement se fait systématiquement à l'intérieur du groupe, en fonction de critères personnels. Les négociations ont un caractère autoritaire, paternaliste, grégaire et sans transparence. À partir de 1992, on assiste à une consolidation et à une reproduction de leurs structures d'influence.

Passéistes   Cadres des partis politiques d'avant-guerre et leurs sympathisants. Ils ont en commun d'avoir été exclus de la vie politique avant 1989, d'avoir été *inadaptés* au régime communiste pour lequel ils n'ont que de l'aversion. Ils deviennent un refuge pour les contestataires après 1989. Apprécient la loyauté, l'unité, souffrent du syndrome de pérsécution. Refusent de faire des calculs rationnels et de négocier avec les *héritiers du communisme* (populistes-survivants). Incapables de dissocier les actions de leurs adversaires de leurs mobiles, voient partout des complots organisés pour étouffer la démocratie naissante. Après 1996, pratiquent le clientélisme et mélangent intrasingeance apparente avec des calculs de realpolitik. Ils considèrent les négociations comme des compromis, les opinions différentes comme des actions de sabotage et, de manière générale, se considèrent peu responsables de leurs échecs qu'ils mettent sur le compte du contexte et de leurs adversaires.

Technocrates   Hauts cadres de l'administration et de la technocratie qui s'impliquent dans la politique après 1989. Disposent de plus de ressources financières et institutionnelles que d'appuis électoraux. Fondent de nouvelles institutions. Deviennent incontournables. Grande mobilité politique. Capables d'alliances diverses, refusent de se compromettre. Exercent le pouvoir d'une manière personnalisée, ne militent pas pour l'intégration d'autres élites. Fonctionnent comme des cercles d'influence durables et exclusivistes.

Élitistes Personnalités culturelles impliquées dans la vie politique. Construisent dans le domaine politique un contre-pouvoir, basé sur des relations en cercle fermé. Gardent la maîtrise de leurs institutions, n'incluent jamais des personnalités différentes, ne transfèrent pas ces institutions. Celles-ci n'ont aucune personnalité distincte de celle de leurs leaders. Manquent de flexibilité et affichent leur désunion. Incapables de construire un consensus large. La priorité est de promouvoir leur propre groupe en imposant son prestige dans l'arène sociale, négligeant le but économique ou les attentes de la majorité de l'électorat.

5) Principales attitudes des élites – La démocratie, l'économie, la nation, la politique étrangère

Nationalistes La démocratie n'est pas une priorité politique. Ils accusent leurs adversaires politiques de se servir de l'alibi démocratique pour organiser la destruction du pays, le vol des biens nationaux, pour affaiblir l'unité nationale. Ils sont légalistes lorsque la démocratie correspond à leur intérêt : constitution, unité nationale, protection des leaders nationalistes, usage de la force. Condamnent l'appauvrissement de la majorité de la population qu'ils mettent sur le compte d'une politique économique visant à asservir le pays aux intérêts étrangers. Particulièrement actifs dans les propositions de mesures de protection sociale. Soutiennent une hypothétique troisième voie, le *capitalisme populaire* pour assurer la *souveraineté économique nationale.* Aucune stratégie cohérente de développement économique. Ils estiment que la politique extérieure menée par Ceauşescu est un exemple de compétence et d'indépendance. Discours isolationniste, ils ne trouvent aucun allié pour la Roumanie, mais voient des ennemis partout. La Hongrie, la Russie, l'Ukraine sont des ennemis héréditaires et les Roumains habitant les territoires étrangers forment l'axe principal de leur discours de politique étrangère. Le nouvel ordre international est consideré comme décadent, et soumis aux intérêts américains. L'Europe est vue comme un exemple de pays colonisés ou impérialistes. Les petits pays marginaux du système international, la Chine sont loués pour leur esprit de résistance au diktat occidental.

Populistes-survivants
La démocratie est vue comme la certitude logique de leur ascension au pouvoir politique. Le consensus qu'ils organisent et leur prééminence dans la transition démocratique leur paraissent comme une évidence; ils supportent très mal la contestation. Le vrais dangers pour la démocratie sont, selon eux, les nostalgies restauratrices, les intérêts des minorités et l'instabilité. La chemin de la démocratie passe par la création ou la modification graduelle de nouvelles institutions ; leur fonctionnement, les choix alternatifs, ne sont pas des considérations importantes. L'économie est liée aux notions de distribution, de contrôle, de dirigisme social. Soutiennent le capitalisme d'État en collaboration avec les technocrates. Collusion des intérêts économiques et politiques. Pratique d'un discours social-démocrate, s'opposant aux réformes radicales, mais protection constante de leurs privilèges. Ont utilisé fréquemment des clichés nationalistes parce qu'ils correspondent au public cible qu'ils représentent. Dépassés par la véhémence des nationalistes, et par l'acceptation sans réserve du modèle occidental par les technocrates et les élitistes, ils sont modérés. Ils plaident pour un rôle important de la Roumanie dans les affaires internationales, en faveur de l'intégration euro-atlantique, mais acceptent très mal les normes et les rapports de force internationaux.

Passéistes
La lutte politique pour la démocratie se fait dans la logique de l'antithèse du communisme. En tant qu'héritiers des institutions de droit existantes avant le communisme, ils ont une légitimité politique que leurs adversaires n'auront jamais. Dans cette dualité il n'y a aucun compromis possible. Ils représentent les symboles démocratiques, ils luttent pour la restauration de leurs droits. Ils misent sur le rôle détérminant des personnalités politiques historiques et des convictions qui les animaient au détriment de l'opinion de la majorité de la population. Ils considèrent toutes les

341

attaques contre eux comme des menaces adressées à la démocratie elle-même. Demandent une protection du capital autochtone, ont une aversion déclarée à l'égard des élites qui mélangent influence politique et économique, mais pratiquent aussi les coalitions avec les leaders économiques influents. Leur pensée économique est autoritaire, dirigiste, mise sur la discipline fiscale, sur les mesures monétaristes, le contrôle bureaucratique. Pratiquent un nationalisme culturel, discursif, traditionnel, mais plaident pour l'intégration euro-atlantique. Ils proposent un nationalisme récupérateur des mythes individuels, des personnalités historiques rejetées ou interdites par les communistes, une autre histoire nationale. La sauvegarde de l'identité nationale passe selon eux par la réappropriation de ces mythes. Se déclarent en faveur de l'intégration euro-atlantique.

Technocrates

Participent à la vie politique grâce à un concours de circonstances. L'ouverture démocratique est pour eux d'abord une expérience de mobilité professionnelle. Les modèles démocratiques occidentaux sont invoqués en termes de fonctionnalité non pas en termes de participation civique, de contrôle démocratique ou de responsabilité envers les citoyens. Leur culture économique les entraîne à considérer la construction d'une élite entrepreneuriale locale comme une priorité. Leur engagement politique vient combler ce qu'ils estiment être un déficit organisationnel qui cause les difficultés économiques du pays. Ils s'allient aux populistes-survivants pour constituer et contrôler des institutions économiques centrales, influentes politiquement. Ils plaident pour un climat économique favorable aux investisseurs. Proches d'une culture corporative internationale, ils sont peu intéressés par le nationalisme politique ou culturel. Ils sont foncièrement nationalistes dans le domaine économique, ils regrettent le sous-développement de la Roumanie et soutiennent l'adaptation et l'organisation politique du nationalisme en rapport avec les exigences modernes. Soutiennent l'intégration euro-atlantique comme seule voie pour sortir du sous-développement.

Élitistes   Le discours en faveur de la démocratie est la clef de
voûte de leur participation politique Pour eux, la
démocratie ne saurait fonctionner en Roumanie sans
que le peuple ne soit éclairé. Ils vont jusqu'à soutenir le
vote censitaire et à considérer la majeure partie de
l'opinion publique comme un frein à la démocratisation
nécessaire du pays. La problématique économique est
absente de leurs préoccupations. Le nationalisme est un
des thèmes qui les préoccupent le plus: il s'agit, selon
eux, d'un outil de manipulation de l'opinion publique
par les autres élites. Les droits des minorités, la critique
du modèle d'organisation sociale national et parfois le
refus de se considérer comme appartenant à la culture
roumaine sont objets d'intérêt. L'intégration euro-
atlantique est vue comme la seule solution pour se
débarrasser d'un nationalisme nocif. Les mythes
populaires les plus connus de l'identité nationale sont
disséqués, critiqués, et les valeurs traditionnelles sont
dans le meilleur des cas inférieures, dans le pire
dangeureuses pour le développement du pays. La culture
internationale est, selon eux, un passeport pour la
démocratie, qu'ils détiennent.

BIBLIOGRAPHIE

LIVRES

Attila AGH. *The Politics of Central Europe*. Sage Publication, 1998.

A.G. ALMOND et S. VERBA. *The Civic Culture : Political Attitudes and Democracy in Five Nations*. Princeton University Press, 1963.

Gabriel ANDREESCU. *Patru ani de revoluție*. București : Litera, 1994.

Gabriel ANDREESCU, Renate WEBER. *Evoluția concepției UDMR privind drepturile minorităților maghiare*. București : Arta grafică, 1995.

Gabriel ANDREESCU. *Naționaliști... antinaționaliști*. Iași : Polirom, 1996.

Liviu ANTONESEI. *O prostie a lui Platon – Intelectualii în politică* Iași : Polirom, 1997.

Vartan ARACHELIAN. *Față în față cu Petre Roman*. București : Editura Cartea Românească, 1996.

Hannah ARENDT. *Originile totalitarismului*. București : Humanitas, 1994.

Raymond ARON. *Démocratie et totalitarisme*. Paris : Gallimard, 1965 .

Timothy Garton ASH. *The Magic Lantern*. London : Vintage Books, 1990.

T.G. ASH. *Foloasele Prigoanei. Lanterna Magică*. București : Editura Fundației Culturale Române, 1997.

F.G. BAILEY. *Les règles du jeu politique*. Paris : PUF, 1971.

Georges BALANDIER. *Afrique ambiguë*. Paris : Plon, 1975.

Daniel BARBU. *Sapte teme de politică românească* București : Antet, 1997.

Graziela BARLA *Personalități publice politice1992-1994*. București : Holding Reporter, 1994.

Mihnea BERINDEI, Ariadna COMBES, Anne PLANCHE. *România, cartea albă*. București : Humanitas, 1991.

Istvan BIBO. *Misère des petits États d'Europe de l'Est*. Paris : Bibliothèque Albin Michel – Idées, 1993.

Norberto BOBBIO. *Droite et Gauche, Essai sur une distinction politique*. Paris : Seuil, 1996.

Norberto BOBBIO. *Stato, governo, società. Per una teoria generale della politica*. Milano : Einaudi, 1985.

Cristian BOCANCEA. *La Roumanie du communisme au post-communisme*. Paris : L'Harmattan, 1998.

P. BIRNBAUM (dir.). *Sociologie des nationalismes*. Paris : PUF, 1997.

Victor BARSAN. *De la post-comunism la pre-tranziţie*. Bucureşti : Pythagora, 1996.

Ana BLANDIANA, «Rădăcinile răului românesc de astăzi» dans Iordan CHIMET, *Momentul adevărului*. Cluj-Napoca : Dacia, 1996.

Iosif BODA. *Cinci ani la Cotroceni*. Bucureşti : Evenimentul Românesc, 1998.

Silviu BRUCAN. *De la capitalism la socialism şi retur*. Bucureşti : Nemira, 1998.

Silviu BRUCAN. *Stâlpii noii puteri în România*. Bucureşti : Nemira,1996.

Georges BURDEAU. *Traité de Science Politique*. Paris : Librairie Générale de Droit et de Jurisprudence, 1985.

Pavel CAMPEANU, Ariadna COMBES, Mihnea BERINDEI. *România înainte şi după alegerile de la 20 mai*. Bucureşti : Humanitas, 1991.

Pavel CAMPEANU. *De patru ori in faţa urnelor*. Bucureşti : Ed. All, 1993.

Tilly CHARLES, «Reflections on the History of European Statemaking» in Charles Tilly (ed), *The Formation of Nation States in Western Europe*. Princeton University Press, 1975.

Constantin COJOCARU. *Ieşirea din Prăpastie*. Bucureşti : Bravo Press, 1998.

Pavel CAMPEANU, Andrei CORNEA, «Directocraţia», *Centrul pentru Studii politice şi analize comparate*. Bucureşti, 1995.

Andrei CORNEA. *Directocraţia şi sfârşitul tranziţiei*. Bucureşti : CSPAC, 1995.

Mircea COSEA. *Jurnal în tranziţie*. Bucureşti : 1995.

Keith CRAWFORD. *East Central European politics today*. Manchester : Manchester University Press, 1996.

Daniel DAIANU. *Transformarea ca proces real*. Bucureşti : Irli, 1997.

Robert DAHL. *Dilemmas of Pluralist Democracy*. Yale University Press, 1982.

Ralf DAHRENDORF. *Réflexions sur la révolution en Europe 1989-1990*. Paris : Seuil, 1991.

Paul DOBRESCU. *Iliescu contra Iliescu*. Bucureşti : Diogene, 1997.

Michel DOBRY. *Sociologie des crises politiques*. Paris : Presses de la Fondation Nationale de Sciences Politiques, 1992.

Ioan DRAGAN, «Tipologii ale comportamentului electoral în România» dans *Construcţia simbolică a câmpului electoral*. Iaşi : Institutul European, 1998.

Catherine DURANDIN. *Histoire de la nation roumaine*. Paris : Complexe – Questions au XXe siècle, 1994.

Catherine DURANDIN. *L'engagement des intellectuels à l'Est : Mémoires et analyses de Roumanie*. Paris : L'Harmattan, 1994.

Papu EDGAR. «Protocronismul românesc» dans *Secolul XX* (5-6), 1974.

François FEJTO (avec la collaboration de Ewa Kulesza-Mietkowski). *La fin des démocraties populaires – Les chemins du postcommunisme.* Paris : Seuil, 1992.

Tom GALLAGHER. *Romania after Ceausescu.* Edinburgh University Press, 1995.

Vlad GEORGESCU. *Romanians.* Ohio State University Press, 1991.

Raul GIRARDET. *Mituri și mitologii politice.* Iași : Institutul European, 1997.

Burdeau GEORGES. *Traité de Science Politique,* tome V. Paris : Librairie Générale de Droit et de Jurisprudence, 1885.

Jack HAYWARD (ed). *Elitism, populism and european politics.* Oxford: Clarendon Press ,1996.

Guy HERMET. *La démocratie.* Paris : Flammarion,1997.

Guy HERMET. *La trahison démocratique. Populistes, républicains et démocrates.* Paris: Flammarion, 1998.

Guy HERMET. *Les désenchantements de la liberté. La sortie des dictatures dans les années '90.* Paris : Fayard, 1993.

John HINGLEY, Richard GUNTHER. *Elites and Democratic consolidation in Latin America and Southern Europe* («Elites transformation and Democratic Reforms»)

Samuel P. HUNTINGTON. *The Third Wave – Democratisation in the Late Twentieth Century.* University of Oklahoma Press, 1991.

O.HIRSCHMAN, «The changing Tolerance for income inequality in the course of economic development» in HIRSCHMAN A. O., *Essays in trespassing. Economics to Politics and Beyond.* Cambridge University Press, 1981.

Ronald INGLEHART. *Cultural Schift in Advanced Industrial Societies.* Princeton University Press, 1990.

Ion ILIESCU. *Momente de Istorie.* București : Editura Enciclopedică,1995.

Ion ILIESCU. *Revoluție și Reformă.* Cluj: Ed. Enciclopedică, 1994.

Ronald INGLEHART. *Modernization and Postmodernization – Cultural Economic and Political Change in 43 societies.* Princeton University Press, 1997.

Ion IOANID. *Închisoarea noastră cea de toate zilele.* București : Ed. Albatros. Vol 1-5.

Ghiță IONESCU. *Comunismul în România.* București : Litera, 1994.

Higley JOHN, Gwen MOORE, «Elite integration in the United States and Australia» in *American Political Science Review,* 75, 1981.

Gabriel LIICEANU. *Apel către lichele.* București : Humanitas, 1995.

Juan J. LINZ et Alfred STEPAN, *Problems of democratic transition and consolidation.* Baltimore: the John Hopkins University Press, 1996.

Monica LOVINESCU. *Pragul.* București : Humanitas, 1995.

Bernand MANIN. *Principes du gouvernement représentatif.* Paris : Calmann-Lévy, 1995.

Nicolae MANOLESCU. *Le droit à la normalité : le discours politique et la réalité.* București : Editura Litera, 1997.

Adrian MARINO. *Pentru Europa. Integrarea României. Aspecte ideologice şi culturale.* Iaşi : Polirom, 1995.

Adrian MARINO. *Politică şi cultură.* Iaşi : Polirom, 1996.

Virgil MAGUREANU. *Studii de sociologie politică românească* Bucureşti : Albatros, 1997.

M.MOLNAR *La démocratie se lève à l'Est. Société civile et communisme en Europe de l'Est: Pologne et Hongrie.* Paris : PUF, 1990.

Alina MUNGIU. *Românii după 1989.* Bucureşti : Editura Humanitas, 1995.

Alina MUNGIU. *România-Mod de folosire.* Bucureşti : Ed. Staff, 1994.

Adrian NASTASE. *Ideea politică a schimbării.* Bucureşti : Monitorul Oficial, 1996.

Carl OFFE, «La théorie de la démocratie et de la transition en Europe de l'Est» in *Revue Française de Science Politique*, vol. 4, N⁰ 6, décembre 1992.

Octavian PALER. *Vremea întrebărilor.* Bucureşti : Ed. Albatros, 1995.

Octavian PALER. «Don Quijote in Est» dans G. ANDREESCU, *Naţionalişti, antinaţionalişti.* Iaşi: Polirom, 1996.

Octavian PALER, *Transilvania.* 3-4, 1992.

Vilfredo PARETO. *Traité de sociologie générale.* Paris : 1933.

Vladimir PASTI, Mihaela MIROIU, Cornel CODITA. *România-starea de fapt.* Bucureşti : Nemira, 1997.

Vladimir PASTI. *România în tranziţie.* Bucureşti : Editura Nemira, 1995.

Dan PAVEL. *Leviathanul bizantin.* Iaşi : Ed. Polirom, 1998.

H. R. PATAPIEVICI. *Politice.* Bucureşti : Humanitas, 1996.

Karl POPPER. *La leçon de ce siècle.* Anatolia, 1993.

Ilie PURCARU. *Literatură şi naţiune.* Bucureşti : Eminescu, 1986.

John RAWLS. *Political Liberalism.* Columbia University Press, 1993.

Jacques RUPNIK. *L'autre Europe. Crise et fin du communisme.* Paris : Éditions Odile Jacob, 1993.

Jacques RUPNIK (éd). *Le déchirement des nations.* Saint-Amand : Seuil, 1995.

Petre ROMAN. *România, încotro?* Bucureşti : Fundaţia Ion Aurel Stoica, 1995.

Steven SAMPSON. «Money without culture, culture without money» in *Anthropological Journal of European Cultures.* Vol 2. Spring 1993.

Dumitru SANDU. *Sociologia tranziţiei - Valori şi tipuri sociale în România.* Bucureşti: Staff, 1996.

Giovanni SARTORI. *The Theory of Democracy Revisited.* Chatham House Publishing, 1987.

Gheorghe SMEOREANU. *România, jocuri de interese.* Bucureşti : Ed. Intact, 1998.

Lavinia STAN (ed), *Romania in transition,* Darmouth, 1997.

Constantin STANESCU. *Interviuri în tranziţie.* Bucureşti : Fundaţia Culturală Română, 1993.

Domnita STEFANESCU. *Cinci ani din Istoria României*. Bucureşti : Maşina de Scris, 1995.

Gina STOICIU. *L'aveuglement de Janus*. Montréal-Bucureşti: Ed. Humanitas-Libra, 1998.

Gina STOICIU, Andrei STOICIU. «La dynamique de la communication et son rôle dans la reconstruction de l'identité roumaine» dans Roger TESSIER, *La transition en Roumanie*. Québec : Presses de l'Université du Québec, 1995.

Stelian TANASE. *Revoluţia ca eşec*. Iaşi : Polirom, 1996.

Gabriel TEPELEA. *Din gândirea creştin-democrată românească* Bucureşti : PNTCDCD, 1995.

Roger TESSIER (éd). *La transition en Roumanie – Communications et qualité de vie*. Québec: Presses de l'UQAM, 1995.

Vladimir TISMANEANU. *Reinventarea politicului. Europa Răsăriteană de la Stalin la Havel*. Iaşi :Polirom, 1997.

Françoise THOM. *Sfârşiturile comunismului*. Iaşi : Polirom, 1996.

Alain TOURAINE. *La parole et le sang. Politique et société en Amérique Latine*. Paris: Éditions Odile Jacob, 1998.

Gilbert TROND. «Socialization alter Continuums» in *Romania after Tyranny*, Daniel Nelson (ed), Westview Press, 1992.

Katherine VERDERY. *Compromis şi rezistenţă*. Bucureşti : Humanitas, 1995.

Alexandre ZINOVIEV. *Le communisme comme réalité*. Genève : L'Âge d'Homme, 1981.

Danilo ZOLO. *Democracy and Complexity. A Realist Approch*. Polity Press, 1992.

Max WEBER. *Le savant et le politique*. Paris : Plon, 1963.

Max WEBER. *Etica protestantă şi spiritul capitalismului*. Bucureşti : Humanitas, 1993.

Daniel N. WELSON (ed). *Romania after Tyranny*. Westview Press, 1992.

Michel WIEVIORKA. *La démocratie à l'épreuve. Nationalisme, populisme, ethnicité*. Paris : la Découverte, 1993.

Cătălin ZAMFIR et Lazăr VLASCEANU (coord). *Dicţionar de sociologie*. Bucureşti : Ed. Babel, 1992.

Dan ZAMFIRESCU dans Monica LOVINESCU, *Posterităţi contemporane-III*, Bucureşti: Humanitas, 1994.

*** *Personalităţi publice şi politice*. Bucureşti : Ed. Holding Reporter, 1992 et 1995.

*** *Protagonişti ai vieţii publice*. Bucureşti : Ed. Rompress, *Catalogul experţilor*, Bucureşti: SAR, 1997.

*** *Arta succesului la Români*. Bucureşti : Ed. Miracol, 1993.

*** *Cartea Albă a guvernării Roman*. Bucureşti : România Azi, 1992.

*** L'annuaire de *Business Central Europe magasine*.

*** *Anuarul statistic al României.*

*** *Revenirea în Europa.* Craiova : Aius, 1996.

*** *Romanian Financial Directory.* Bucureşti : Finmedia, 1998.

*** Fundaţia România de Mâine, *Starea naţiunii.* Bucureşti : Ed. Fundaţiei România de Mâine, 1996.

*** *Intreprinderi şi bănci în dificultăţi financiare. Perspective pentru restructurarea întreprinderilor.* Bucureşti : Centru pentru Studii Politice şi analiză comparativă,1997.

*** *Unire în Belşug*, programme de gouvernement du parti. Bucureşti : Ed. România Mare, 1997.

REVUES ET JOURNAUX

- *REVUES*

American Sociological Review
American Journal of Sociology
Nouvelle Alternative – Revue
Romanian Financial Director
Revista de cercetări sociale
American Political Science Review
Pro-patria
Express Magazin
Sfera Politicii
România Literară
Adevărul literar şi artistic
Adevărul literar

- *JOURNAUX (1989-1999)*

Jurnalul Naţional
Evenimentul Zilei
Cotidianul
Cronica română
Curentul
Adevărul
Tineretul Liber
Contemporanul
Libertatea

Viitorul
Dimineața
Capital
România liberă
Ziua
Azi
București
Cațavencu
Curierul național
Național
Interval
Curentul național
Baricada
Neamul Românesc
România Mare
Republica
Piața fimanciară

ARTICLES

Călin ANASTASIU. *Democrația în Europa de Est: sistem la cheie sau model sui-generis,* p. 3-4, Polis, N⁰ 3/1994.

Gabriel ANDREESCU. *Tema stării de urgență din perspectiva tentativei de lovitură de stat* in «Sfera Politicii», N⁰ 67/1999.

Benedict ANDERSON. *Naționalismul la mare distanță. Capitalismul mondial și ascensiunea politică identitară* in Polis, p. 5 -16, N⁰ 9, 1994.

Georges BALANDIER. *Tradition et continuité* in «Sociologie», p. 1-12,   vol. XLIV, 1968.

Mircea BOARI. *Originile sociale ale ordinii totalitare - Scepticismul democratic în urma prabușirii comunismului,* in Polis, p. 32-55, vol 4, N⁰ 2, 1997.

Pavel CAMPEANU. *Cozia inainte și după,* in "Sfera Politicii", N⁰ 67/1999.

A.CAPPELLE-POGACEAN. *Les représentations de la nation chez les intellectuels hongrois, magyars de Roumanie et roumains après 1989 (Esquisse d'un parallèle),* in «Revue d'études comparatives est-ouest», p. 5-33, vol. 29, mars 1998.

Pavel CAMPEANU. *Cozia: înainte și după* in «Sfera Politicii», N⁰ 67/1999.

Mihai COMAN. «La ritualisation de la visite du Roi Michel 1ᵉʳ à l'occasion de Pâques» dans *Analele Universității București,* Istorie, 1993-1994.

J.S. EARLE et A. TELEDGDY. *Capitalismul românesc azi,* in Sfera Politicii, N⁰ 63, 1999.

351

Diane ÉTHIER. *Le paradoxe est-européen. Attachement et insatisfaction envers la démocratie* in «Transitions. Ex-revue des pays de l'Est», p. 5 - 28, vol. XXXIX, N⁰ 2, 1998.

François FURET. *L'énigme de la désagrégation communiste,* in «Le Débat», nov-déc. 1990.

Jurgen HABERMAS. *The Rectifying Revolution* in «The New Left Review», N⁰ 183, sept.-oct. 1990.

GOSSELIN. *Les idéologies et l'électeur rationnel,* dans «Hermès», N⁰ 17-18, Paris, CNRS, 1995.

Tom GALLAGHER. *A Feeble Embrace: Romania's Engagement with Democracy, 1989-1994,* in «The Journal of Communist Studies and Transition Politics», p. 145-172, vol. 12, N⁰ 2, June 1996.

Ernest GELLNER. *Mitul națiunii și mitul claselor* in «Polis», p. 17-58, N⁰ 2, 1994.

Jean-Michel DE WAELE. *La théorie de la transition à l'épreuve de la démocratisation en Europe Centrale et Orientale* in «La démocratisation en Europe Centrale – La coopération paneuropéenne des partis politiques», J.-M. De Waele et Pascal Delwit (coord), p. 29 - 69, L'Harmattan France et L'Harmattan INC -Montréal, 1998.

Anneli Ute GABANY. *Neue Wirtschaftelitenin Rumänien* in «Sudost Europa - Zeitschrift für Gegenwartsforschung», N⁰ 1-2, 1999.

Vaclav HAVEL & Joseph BRODSKY. «Le cauchemar du monde post-communiste», Anatolia, 1994.

Guy HERMET. *Présentation: le temps de la démocratie* in «Revue Internationale des Sciences sociales», p. 265-274, mai 1991.

Eric HOBSBAWM. *Etnicitate și naționalism în Europa contemporană* in «Polis», p. 59-69, N⁰ 2, 1994.

Claude KARNOOUCH. *Esquisse d'une histoire sociale, politique et culturelle de la Roumanie moderne,* in «Transitions. Ex-revue des pays de l'Est», p. 5-42, vol. XXXVI, N⁰ 1&2, 1995.

Milan KUNDERA. *Un Occident kidnappé ou la tragédie de l'Europe Centrale,* in «Le Débat», N⁰ 27/1983, p. 3-22.

Edith LHOMEL. *Dossier: Roumanie, tourner la page – Introduction* in «La Nouvelle Alternative - Revue pour les droits et les libertés démocratiques en Europe de l'Est», N⁰ 44, décembre 1996.

Ernst NOLTE. *Die Unvollstandige Revolution. Die Rehabilitierung des Burgertums und des defensiven Nationalismus* in «Frankfurter Allgemeine Zeitung», le 2 janvier 1991.

Carl OFFE. *La théorie de la démocratie et de la transformation en Europe de l'Est,* in «Revue Française de Science Politique», p. 923 - 942, vol. 42, N⁰ 6, décembre 1992.

H.R. PATAPIEVICI. *Un stat slab, o societate fracturată,* in «22», N⁰ 6, le 9-15 février, 1999.

H.R. PATAPIEVICI. *Sofismele şi coabitarea cu răul,* in «22», le 23 février-1 mars 1999.

H.R PATAPIEVICI. *Mineriada: radiografia unei instituţi,* in «22», N⁰ 2-8 février 1999.

H.R. PATAPIEVICI. *Hainele noi ale preşedintelui,* in «22», N⁰ 47, 1998.

Dan PAVEL. *Tehnica loviturii de stat, mineriadele şi Justiţia,* in «22», le 2-8 mars 1999.

Dan PAVEL. *Măseaua stricată, despre scoaterea în afara legii a PRM,* in «22», le 2-8 février 1999.

Dan PAVEL. *O hermeneutică a statului de drept,* in «22», N⁰ 45, 1999.

Ilie SERBANESCU. *Clasa Politică şi prăbuşirea economică,* in «22», N⁰ 46/1998.

Laurentiu STEFAN-SCARLAT. *Partidul România Mare. Profil Doctrinar,* in «Sfera Politicii», N⁰ 67/1999.

Pierre-André TAGUIEFF. *Le populisme et la science politique du mirage conceptuel aux vrais problèmes,* in «Le vingtième siècle», p. 4-33, N⁰ 56, oct -déc., 1997.

Vladimir TISMANEANU. *The Quasi-Revolution and Its Discontents : Emerging Political Pluralism in Post-Ceausescu Romania,* in «East European Politics and Societies», p. 309- 349, vol 7, N°2, 1993.

Vladimir TISMANEANU. *Excepţionalim românesc? Democraţie, etnocraţie şi pluralism incert în România post-Ceauşescu (III),* in «Sfera Politicii», N⁰ 62, 1998.

Vladimir TISMANEANU. *După Marx: reîntoarcerea mitului politic,* in «Polis», p. 5-31, vol 4, N⁰ 2, 1997.

Vladimir TISMANEANU. *Mitul bunului sălbatic şi iluziile stângii radicale,* in «22», N⁰ 12, 1999.

Alain TOURAINE. *Qu'est-ce que la démocratie aujourd'hui?,* in «Revue internationale des Sciences sociales», p. 275-284, mai 1997.

M-A. VACHUDOVA et T. SNYDER. *Are transitions transitory? Two types of political change in Eastern Europe since 1989,* in «East European Politics and Societies», p. 1-35, Vol. 11, N⁰ 1, hiver 1997.

Marian ZULEAN. *Emergenţa elitei antreprenoriale* dans *Revista de cercetări sociale.* N⁰ 2. 1996.

CONFÉRENCES

Winners and loosers in the transition, conférence présentée par prof. I. Szelenyi au New Europe College, Roumanie.

TV+ RADIO (monitorisation effectuée par Idee Communication)

SONDAGES : IRSOP ; IMAS ; ICCV ; CIS ; CURS ; Metro-Media Transilvania ; CIS

TABLE DES MATIÈRES

Avant-propos   9
Introduction   11

PREMIÈRE PARTIE – Évolutions politiques   25

Chapitre premier
L'éclatement d'un système (1989-1990)   27
    La Révolution   27
    Ivresse de la liberté ou fin de la participation ?   29

Chapitre deuxième
Du conflit inaugural   43
    Structuration du CPUN :
    un pouvoir plus représentatif   47
    Entre la Place de l'Université et les élections : les ruptures   54

Chapitre troisième
L'ouverture du jeu politique :
nouveaux acteurs, nouveaux enjeux   79
    Entre réformes et résistances   79
    Les élections locales de 1992 et
    la mise en place de processus d'échange politique   93
    1992-1994 : la reformulation des intérêts politiques   100
    Les élections de 1996 :
    le fossé entre l'offre et la demande politique   108
    Les illusions des ruptures et
    des continuités 1996-1999   115
    Conclusion   129

DEUXIÈME PARTIE – Les élites roumaines   137

Précisions méthodologiques   139

Chapitre premier
De la formation à l'organisation politique de chaque secteur   145
    Les nationalistes   145
    Les populistes-survivants   151
    Les passéistes   156
    Les technocrates   161
    Les élitistes – élites politiques et intellectuelles   165

Chapitre deuxième
Légitimité et discours politique des différents secteurs   169
    Les nationalistes :
    un discours basé sur la défense de mythes collectifs   169
    Les populistes-survivants :
    un discours basé sur la résistance au changement   175
    Les passéistes : un discours basé sur la restauration   184
    Les technocrates :
    un discours misant sur la compétence   192
    Les élitistes : un discours basé sur la supériorité morale   198

Chapitre troisième
Ressources institutionnelles   203
    Les nationalistes   203
    Les populistes-survivants   208
    Les passéistes   217
    Les technocrates   227
    Les élitistes   267

Chapitre quatrième
Répertoire d'actions, procédures de recrutement, de négociations,
flexibilité des échanges   243
    Les nationalistes : une logique des coups d'éclat
    et des nuances dans la définition des ennemis   243
    Les populistes-survivants : une logique sultanique   249
    Les passéistes : des calculs et des logiques
    instables entre maladresse et intransigeance   257

Les technocrates : des exclusivistes et incontournables   265
Les élitistes : une logique de reproduction
dans une tour d'ivoire   271

Chapitre cinquième
Attitude face aux principaux enjeux politiques   279
Les nationalistes   279
Les populistes-survivants   288
Les passéistes   298
Les technocrates   305
Les élitistes   315

Conclusion   327

Annexes   335
1 : Identification et courte présentation   335
2 : Discours et légitimité revendiquée   336
3 : Institutions desquelles ils sont originaires
et qu'ils contrôlent   337
4 : Habitudes et procédures de recrutement,
négociations et collaboration   338
5 : Principales attitudes des élites – La démocratie, l'économie,
la nation, la politique étrangère   340

Bibliographie   345

Achevé d'imprimer en mai 2000 chez

VEILLEUX
IMPRESSION À DEMANDE INC.

à Longueuil, Québec